中公文庫

ナチス軍需相の証言（上）

シュペーア回想録

アルベルト・シュペーア
品田豊治訳

中央公論新社

ナチス軍需相の証言　上巻目次

下巻目次

日本語版によせて

一九六六年の十月まで、私は、四か国、つまりアメリカ、ソ連、イギリス、フランスの共同管理の刑務所のなかにいた。それは、西ベルリンにある巨大な建築物であって、たった七人の囚人がそのなかで孤独な生活を営んでいた。我々は、ニュルンベルク国際軍事法廷による裁判の生き残り（二二人の被告のうち一二人が死刑、無罪が三人）であった。日本の読者諸氏は、この二一年の長い拘禁生活について、私としては不愉快な思い出をもっているとお考えであろう。しかし、事実はそうではなかった。我々の国に起こったことは、決定的な点において、日本のそれとは異なっていた。ヒトラーは、一方では戦争を指導しつつ、同時にわが国民の一部であるユダヤ人を迫害し、ヨーロッパの占領地域の彼らの同胞と同じく、彼らを殺すために全力をつくしたのであった。何百万人もがこうして殺された。この非人道性に対する現在の私の態度は、本書の「まえがき」、第八章および最後の二章について読んでいただきたい。

当時、さきの見えないほど長く思われた刑期の、はじめの二、三年ののち、私は、私の子供たちが、私の運命についてきびし過ぎる見方をとることもありうると心配であった。私は、すべてがどのように起こってきたか、また、私がそれに対してどのように対処したかを理解できるように、子供たちを助けてやろうと考えた。刑務所のなかで、私はオランダ人の忠実な看護人と友だちになっていた。彼は、私の自伝を書き下ろした膨大な原稿を、こっそり外部へ持ち出してくれたのである。この本は、この、私の家族に対する考慮というきっかけなくして生まれるものではなかった。この本を正しく読み、正しく理解したいと考える人は、この本が、若い人を対象に書かれたものであることを知ってほしい。

刑務所のなかで私は、諸国の新しい建築を勉強する機会をもった。私は、日本の建築について、たくさんの本を手に入れた。そして、この繊細な感覚を持ち、芸術的才能の豊かな民族が、その伝統と手工芸的能力とを、近代の生活形態と結びつけて、ひとつの共存を実現する方法を理解していることに驚嘆したのであった。この繊細な感覚をもって、私が解明しようとこころみた困難な諸問題を理解されんことを、日本の読者諸氏に、切に期待する次第である。

一九七〇年九月二十八日　ハイデルベルクにて

アルベルト・シュペーア

まえがき

「どうです、回想録を書いてみませんか？」

一九四五年五月、フレンスブルクで会った最初のアメリカ人の一人が、私にこう水を向けてきたことがある。それから二四年。そのうち二一年間を私はシュパンダウ刑務所の独房で過ごした。長い、長い年月であった。

いま私は自分の思い出を人に語ろうとしている。私は過去を自分が体験したままに語ろうと努力した。しかしある人には、これが歪《ゆが》んだ姿に見えるだろうし、またある人は、私の見方が正しくないと思うかもしれない。これが当たっていようといまいと、私がかつて体験した通りを、そして今日それが私の目に見えるままに書いたつもりである。その際、過去について一切の逃げ口上をいうまいと心に決めた。私の意図は、あの時代の熱狂からも恐怖からも目をそむけないことであった。きっと関係者たちは私に批判を浴びせるだろう。しかしそれもいたし方ない。私は正直でありたかったのだ。

この回想録は、あの時代がついに行きついた最後の破局を、ほとんど必然的に招き寄せた条件が果たしてなんであったのかを、若干明らかにすることだろう。一人の人間が無制限の権力を一手に握ったことが、どんな結果を招いたかを明らかにすることだろう。またこの人間が、どういう資質の持ち主であったかもはっきりさせるだろう。ニュルンベルクの法廷で私はこういった――もしヒトラーに友人がいたとすれば、私がその友人であったろう。私の青春の歓《よろこ》びと栄光も、それから後の恐怖と罪も、ともに彼のおかげである――と。

ヒトラーが私や他の人たちにどう対したかを述べる私の言葉に、ある共感的な色合いが見てとれるかもしれない。また反対に、多くの点において能力がありながら犠牲にされた人間という印象が浮かぶかもしれない。しかし私は、書き進めるにつれて、それは表面的な特徴であったと、ますます感じるようになった。というのも、その印象とは裏腹の一つの忘れがたい経験があるからである。それはニュルンベルク裁判であった。夫と妻と子どもたちのユダヤ人一家が、死へ向かっていくありさまを写した一つの記録を、私は生涯忘れないだろう。それはいまだに私の眼前に浮かんでいる。

ニュルンベルクで私は二〇年の禁錮《きんこ》刑を宣告された。軍事法廷の判決文は、歴史を十分に描ききっていないとはいえ、一つの罪を定義しようとした。そしてその罪が歴史的責任の重大さに比べればものの数でないとはいえ、市民としての私に一つのけりをつけた。しかしあのユダヤ人一家の姿は、私の人生から最も大事なものを奪いとってしまった。それは判決よりさらに長く、いつまでも私の心の中に残ったからである。

一九六九年一月十一日

アルベルト・シュペーア

ナチス軍需相の証言　上　シュペーア回想録

第I部

第1章　少年時代

わが家の系譜

私の先祖はシュヴァーベン人と、ヴェスターヴァルトの貧しい農民との混血で、シュレジエン人とヴェストファーレン人の血もはいっていた。いずれにせよ、みんな、いつのまにか生まれては死んでいく名もない人たちである。一つだけ例外があった。それは神聖ローマ帝国の世襲の大臣家の一人であるフリードリヒ・フェルディナント・ツー・パッペンハイム伯爵（一七〇二―九三）で、彼は私の先祖の一人であるフメリンとのあいだに、正式な結婚関係はなかったが、八人の息子をもうけた。しかし彼はその子どもたちの面倒をあまり見なかったらしい。

それから三代目が私の祖父ヘルマン・ホンメルである。彼はシュヴァルツヴァルトの貧しい森林管理官の息子であったが、晩年にはドイツでも指折りの工作機械商会と精密器具製造工場の単独所有者となった。彼は金持ちだったが、暮らしはつつましく、部下にはやさしかった。また自身が勤勉だっただけでなく、すすんで仕事をするように人を仕向けるのがうまかった。その人柄を一口でいえば、森の中のベンチになん時間も一言もいわないですわっていられるあのシュヴァルツヴァルト気質の瞑想家であった。

もう一人の祖父であるベルトルト・シュペーアは、やはり同じころのドルトムントの裕福な建築家であった。彼は当時の流行であるクラシックスタイルの建物をたくさん作っている。わりに早死にだったが、四人の息子の養育に十分な遺産を残した。

この祖父たちが産を成し得たのは、十九世紀後半に始まった工業化のおかげである。しかしそれも、当時のだれもがそうだったわけではなく、もっと恵まれたスタートを切りながら、工業化の波に乗れなかった人もたくさんいた。私の父の母、つまり父方の祖母は早くから髪が白かったが、孫の私にはむしろおっかないおばあさんだった。彼女は素朴な人生観と不屈のエネルギーを持つまじめな女性で、周囲をがちっと押えていた。

家庭と少年時代

一九〇五年三月十九日の日曜日の正午に、私はマンハイムで呱々《ここ》の声をあげた。そのとき春雷がとどろき、近くの教会の鐘の音を圧したというのが、母の語り草である。

私の父は、一八九二年に二九歳で独立してから、当時上り坂にあったバーデン州の工業都市であるマンハイムでも指折りの繁盛した建築家であった。そして彼が一九〇〇年にマインツの裕福な商家の娘と結婚したころには、すでに相当な資産を作っていた。

そのブルジョワ風のわが家は、両親の成功と名声にふさわしいものであった。まず、アラベスク模様の鉄の門が大きく開き、車は前庭を通って玄関へ向かう。車が停まった先に大邸宅にふさわしい玄関の階段があった。といっても、子供たち、つまり私と兄弟二人は裏階段を使わせられた。そこは暗い上に、急で狭く、その先の玄関はかなり質素であった。しかし絨緞《じゅうたん》を敷きつめた立派な表玄関のほうは、子供たちには縁がなかった。

子供たちの国は、裏棟の子供部屋から広い台所までだった。台所のわきを通ると、一四室ある母家へと通ずる。客たちは、オランダ風の家具と高価なデルフト・タイル製の飾り暖炉のある玄関から、フランス風の家具とアンピール様式（ナポレオン一世時代の芸術様式）の装飾を施された大きな部屋へ招かれる。今日まで私の記憶に特に焼きついているのが、水晶がきらきら光る豪華なシャンデリアとサンルームである。このサンルームを飾るために父が一九〇〇年のパリ万国博覧会で買ってきた彫りもの細工でできた家具、刺しゅうのカーテン、緞子《どんす》の寝いす、シュロなどの熱帯植物が異国情緒を漂わせていた。ここで両親は朝食をとり、父は子供たちに、故郷のヴェストファーレンから取り寄せたハム・サンドをわけてやるのだった。それに続く居間の記憶は薄れてしまったが、ネオ・ゴシック風の板壁の食堂は実に立派だった。食卓には二〇人以上もすわれた。私の洗礼のお祝いもここでだったし、一家のパーティーともなれば、必ずこの食堂が使われた。

母は、わが家がマンハイムの名家の一つにふさわしくあるように、誇りと喜びをもって世話をやいた。この町でこれくらい大きい構えを保てる家は、わずかに二、三〇軒しかなかったのである。そのためにたくさんの召し使いが使われていた。子供たちから非常に好かれていた料理女のほかに、台所女中が一人、部屋女中が一人、ときには下男が一人雇われたし、運転手はいつもいた。子供の監督には別に扶育係の女性が一人いた。女中たちは白い帽子に黒い服、それに白いエプロンをかけ、下男は金ボタンのついたすみれ色のお仕着せを着ていた。一番立派なのは運転手だった。

両親は子供たちが楽しい少年時代を送れるように、なにくれとなく気を配った。しかしその願いを果たさせたものは、やはり富と名声であり、社会的義務感であり、膨大な家計と召し使いたちであった。私は今でもこの世界の虚飾と堅苦しさを思い出す。そのころ私は、ときどきめまいを起こし卒倒することがよくあった。診察したハイデルベルク大学の教授は「血管神経虚弱症」という診断を下した。この弱点が私の大きな精神的負担となり、早くから私を外的圧力にさらした。その苦痛は、遊び仲間や兄弟たちの身体はがんじょうで、とても彼らにかなわないと思っていただけになおさらだった。彼らが子供の気ままさで、私にことさら敗北感を味わわせたのは一度や二度のことではなかった。弱点はそれを補う長所を生み出すことがある。とにかく、その弱点のおかげで、私は外界に柔軟に対応することを学んだ。のちに私が不愉快な人間関係の中を粘り強く切り抜けられたのも、結局は、子供時代のこの肉体的弱さによるものだと思う。

フランス人の家庭教師のところへ教えてもらいに行くときは、社会的地位にふさわしく、きちんとした身なりで行かなければいけなかった。町の公園へ遊びに行くのさえままならなかったし、通りで遊ぶなんてとんでもなかった。そこでどうしても遊び場は、数階建てのアパートに囲まれた、せいぜい家の数室分程度の中庭に限りられた。この庭には、風通しが悪くて発育が悪いプラタナスが二、三本と、木蔦《きづた》をはわせた壁があり、隅に洞穴を模した凝灰岩があった。春ともなれば厚い煤《すす》が木々や葉をおおった。とにかくなにかにさわれば、たちまち私たちは汚い都会っ子に一変した。家令の娘のフリーダが、就学前の私の遊び友達だった。私は地階の暗い質素な彼女の家に行くのが好きだった。その貧しい雰囲気と、肩を寄せあって生きているような暮らしぶりが、私にはたまらない魅力だったのだ。

学校時代

マンハイムの上流家庭の子女に読み書きを教える、ある立派な私立学校で、私は最初の教育を受けた。ついで高等実科学校に進んだが、お蚕ぐるみで育った私には、暴れん坊たちに囲まれたここでの初めの数か月がひどくつらかった。だがそのうちに友達のクヴェンツェルが私にいろいろと悪さを教え込んだ。自分のこづかいでサッカーボールを買うことを教えたのも彼である。こんなことでも、彼が貧しい家の子であるだけに、家に知れたら大目玉を食いそうな不良行為なのである。事実の統計的処理への嗜好《しこう》が私に芽生えたのもこのころである。つまり私はエンマ帳の注意事項を自分用の「生徒カレンダー」に写し、だれが一番頻繁に記録されたかを毎月数えた。これだって、私がときどきこの表のトップを飾る見込みがなければ、絶対にやりはしなかったろう。

父の建築事務所は家の地続きにあった。ここで建て主のための大きな見取り図が描かれ、青っぽい油紙の上であらゆる種類の図面が生まれた。今でもその匂いをかぐと、あの事務所を思い出すくらいである。父の建築はネオ・ルネッサンス様式の影響を受けていて、ユーゲント様式を乗りこえていた。さらに後には、ベルリン市の建築官であったルートヴィヒ・ホフマンの落ち着いたクラシックスタイルが父の手本となった。

私が一二歳のころ、父への誕生日の贈りものとして、この事務所で私の最初の作品が生まれた。それは、コリント風の柱とその頭の渦巻き模様の飾りにささえられた豪華絢爛《けんらん》たるケースに収まっている、一種の万年時計のスケッチであった。それを描くために私は手当たりしだいの絵の具を使った。事務所の人たちに手伝ってもらってでき上がったこの芸術品は、すでにはっきりと「後期アンピール」様式への私の好みを表わしていた。

私の両親は一九一四年（第一次大戦勃発）前まで、夏用のオープンカーのほかに、冬に街中で使う屋根付きの車を持っていた。この二台の車が私の技術的夢想の中心であった。第一次大戦が始まると、タイヤを節約するために、自動車はお蔵入りしなければならなくなった。しかし私たちは、運転手と仲良くすれば、ガレージの中で運転手席にすわることができた。これが、まだ技術化されなかった時代に私が味わった最初の技術的陶酔感であった。私が後にシュパンダウ刑務所で二〇年間、まるで十九世紀の人間のように、ラジオ、テレビ、電話、自動車もなしに暮らし、電灯のスイッチさえいじらせてもらえなかったころ、一〇年ぶりに電気掃除機を使わせてもらったときも、またあの時と同じような感激に浸ったものだった。

一九一五年に、私はそのころの技術革新の一つにめぐりあった。ロンドン空襲に使われたツェッペリン飛行船の中の一機がマンハイムに駐留したのである。まもなく船長と部下の将校たちが私の家の常連の客になった。私の家族は飛行船見学に招かれた。一〇歳の私は巨人機の前にたたずみ、機関室に登り、胴体内の薄暗い秘密めいた歩廊を抜けて司令室に上った。夕方飛行船が出発するとき、船長は私の家の上空で美しいカーブをきり、将校たちは私の母からもらった布切れをゴンドラの中から振ってみせた。それからは毎夜、飛行船が火に包まれて、友達がみんな死んでしまう夢が私を悩ませた。

私は戦争のこと、前線の一進一退のこと、兵士たちの苦しみに思いを馳せた。夜になるとときどきヴェルダンの消耗戦の遠い砲声が聞こえた。子供らしい焼けつくような共感から、私はときどきいく晩も、柔らかいベッドのわきの堅い床の上で寝た。堅い床の方が第一線の兵隊さんたちと苦労を共にするのにふさわしいと思ったからである。

大都市の食糧不足と「かぶらの冬」を、わが家も避けられなかった。私たちはあらゆる富を持っていたが、食糧事情のよい地方に親類縁者がなかった。母は手をかえ品をかえ、いろいろなかぶら料理を考え出したが、私はときどきたまりかねて、まだ平和なころに作られたこちんこちんの犬用のビスケットを、人に隠れてがつがつ食べるようになった。今日の常識から見ればとるにたらないようなものだが、マンハイム空襲がたび重なるようになった。そのうちに小さな爆弾が隣家に命中した。そのときから私の青春の一ページが始まったのである。

ハイデルベルクの近くに私たちは夏別荘を持っていた。この家は、近くのハイデルベルク城の建設に使われたといわれる石切り場の小山の上にあった。敷地の背後にオーデンヴァルトの稜線《りょうせん》が連なり、散歩道は斜面に沿って古い森のあいだを抜け、林道のところどころからネッカー川の谷を見渡すことができた。ここには安らぎと美しい庭と野菜があり、おまけに隣家には牛までいた。一九一八年夏に私たちは移転した。

まもなく私の健康状態はよくなった。毎日、雨が降っても風が吹いても、私は学校まで四〇分の道のりを歩き、ときどきはマラソンをすることもあった。経済的に苦しかった終戦直後は、自転車もなかったからである。

通学路の途中にボートクラブのハウスがあった。一九一九年、私はそのクラブにはいり、二年間、四人乗りや八人乗りの競艇の舵手になった。まだ虚弱なほうだったけれども、いつのまにか私は熱心なこぎ手の一人になっていた。一六歳で私は四人乗りと八人乗りの整調手に出世し、若干のレースに出場した。生まれて初めて私は名誉心にとらわれた。それは、自分でも信じられないような力を私からひき出した。私の生涯の最初の情熱だった。どうせちっぽけなチームの中で人の注目を浴びるチャンスをつかむということより、私のリズムによってチームのリズムを定めるという感動のほうが、はるかに私をひきつけたのである。

私のチームはたいてい負けた。しかしチームワークが問題なのだから、私個人のエラーかどうかは問われなかった。逆に、一致団結的な団体行動に対する共感が生まれ、互いに節制を誓いあうところにも、この種のトレーニングの良さがあった。そのころの私は、ダンスや酒や煙草に青年期の初めての満足感を見いだしている同輩を軽蔑したものである。

通学中の一七歳のとき、後に生涯の伴侶となる女性と知りあった。このことが学校の勉強にいっそうの拍車をかけさせた。というのは、あと一年経って学校を終えたら結婚しようと私たちは約束したからである。前から私は数学が得意だったが、そうなると他の科目の成績もぐんぐんよくなって、とうとうクラスのトップの一人になった。

熱心な民主主義者であった国語の先生が、ときどき教室で自由主義的な「フランクフルター・ツァイトゥング」紙を読んで聞かせてくれた。もしこの先生がいなかったら、学校での私はまったくのノン・ポリになっていたことだろう。というのは、当時の教育の基準はブルジョワ的・保守的な世界観にもとづいており、革命を経験していながらも依然として社会における権力配分や伝統的な権威が、神の御旨《みむね》として押しつけられていたからである。二〇年代の初めころにあらゆる方面からわき起こったさまざまな潮流に、我々はほとんど目をふさがれていた。学校や教材への批判、あるいは目上の人への批判はいうまでもなく押えられ、学校の不可侵的権威への絶対服従だけが要求された。だから我々は、秩序を疑うなどとは思ってもみなかったのである。学校での我々は、ある程度絶対的な支配体制に服従するだけだった。おまけに、政治的判断力を養ってくれるような社会的教科がまるでなかった。たとえば、国語の授業では、（高等実科学校の）最上級学年になっても、社会問題について考えるなぞまかりならず、ただ文学的知識をつめこむだけだった。このような学校の隔離政策から、当然、学園の内と外とを問わず、およそ政治問題にある立場をとることは妨げられた。その他に、外国旅行ができなかったことも、当時と今との大きなちがいである。旅費はあっても、青年を受け入れる態勢がなかった。これらの欠陥が、当時は早くから専門分化していた熟練者養成体制に、青年を羊の群れのように引き渡した元凶であったと、私は声を大にしていいたい。

家庭でも政治的な会話は交わされなかった。このことは、私の父がすでに一九一四年以前に熱烈な自由主義者であっただけに、驚くべきことである。

父は毎朝「フランクフルター・ツァイトゥング」紙の配達を待ちかまえていたし、「ジンプリツィシムス」や「ユーゲント」などという批判的な雑誌を毎週読んでいた。ドイツの社会改革に尽力したフリードリヒ・ナウマンの精神に共鳴し、一九二三年以後はクーデンホーフ＝カレルギー伯の賛同者で、その汎ヨーロッパ主義を熱心に弁護した。むろん父だって、できれば政治について私と話したかったのだろうが、本当は私のほうがそれを避けたのであり、またそれを無理強《じ》いする父でもなかった。私のこの政治的無関心は、打ち続く敗戦と革命とインフレに疲れ絶望した青年のやむをえない反応ともいえるが、逆にその態度がまた、私が政治的判断の基準を学ぶことを妨げたのである。そんなものより、学校への道すがら、ハイデルベルク城公園を通って、そこのテラスからしばらく旧市街や古城をながめるほうが私は好きだった。この古城や曲がりくねった裏通りに対する私のロマンチックな愛着は、その後もずっと残って、郷土的なもの特にハイデルベルク派のロマン主義者のものの収集熱となってあらわれた。城へ向かう道すがら、私はときどき詩人のシュテファン・ゲオルゲに出会った。彼はいかにも傲岸不遜《ごうがんふそん》な面持ちで、後光を背にしているようだった。偉大な伝道者というものは、いずれも彼みたいに、なにか磁力のようなものを放ったにちがいない。私の兄は最上級のときこの巨匠のサークルに出入りしていた。

私を一番ひきつけたのは音楽であった。マンハイムで私は一九二二年まで若きフルトヴエングラーやエーリヒ・クライバーを聞いた。そのころの私はヴァーグナーよりヴェルディに感激し、プッチーニは大嫌いだった。リムスキー＝コルサコフの交響曲は大好きだった。マーラーの第五交響曲は、かなり複雑な感じがしたが気に入った。劇場から帰ると、私は「ゲオルク・カイザーは現代で最も重要な劇作家で、彼はその作品で金の概念、価値および力を問題にしている」と記し、イプセンの『野鴨』で私は、社会の指導者層の特性が我々には滑稽《こっけい》に見え、その人間たちが「喜劇的」であることを知った。ロマン・ロランは『ジャン・クリストフ』を通して私のベートーヴェン熱をあおった。

わが家の豪華な社交生活が私の目に不愉快に見えたとすれば、それは若者らしい反抗心というものであろう。社会批判的な書物に気持ちが傾き、ボートチームあるいは山岳会の山小屋によき友を求めたことも、実は、反抗的性格によるものであった。素朴な職人家庭と接触することすら、両親の家を含む遮蔽《しゃへい》された社会階層の中だけに交際と未来の配偶を求めるという常識に反することだった。それどころか極左への共感すら、それが具体的な形になって表われるということはなかったが、私は感じていた。しかし、なんらかの形で政治に参加することには抵抗があったのである。その点では、私はナショナルな気分をもち、たとえば一九二三年のフランス軍のルール占領の時、苦々しい慰みごとや石炭危機に私が激昂したときでも変わらなかった。

驚いたことに、私はその年度で最優秀の高校卒業論文を書いた。だが、校長が卒業式で、今や卒業生たちの「前途は洋々たるものがある」とぶったときでも、「そんなことはおまえにはほとんど問題ではないのだぞ」と、心の中で思っていた。

数学の成績が最優秀だったので、私はそれを専攻したかった。しかし父は私の志望に反対した。その理由が至極もっともなので、それに従わなければ、私は論理に明るい数学者とはいえないだろう。そこで次に浮かび上がったのが、私が小さいときから非常に影響を受けてきた建築家の道であった。私は父や祖父と同じように建築家になることにきめた。父が大喜びしたことはいうまでもない。

インフレーション

インフレが日に日にひどくなっていた時代で、私は経済的理由によって一学期は隣町のカールスルーエの工業大学で学んだ。インフレのために私は毎週為替をもらいに行かなければならなかった。驚くほどの大金も週の終わりにはもうゼロ同然になるのである。一九二三年九月中旬のシュヴァルツヴァルトの自転車旅行の旅先から私はこういう手紙を書いた。「当地はなんと安いんでしょう。一晩の宿泊料が四〇万マルク、夕食一八〇万マルク。ミルク半リットルが二五万マルクです」。それから六週間後のインフレ終息直前には、レストランの昼食が一〇〇億ないし二〇〇億マルク、学生食堂でも一〇億マルク以上した。劇場の入場料は三億ないし四億マルクであった。

私の一家はこのパニックによってとうとう亡くなった祖父の商会と工場をあるコンツェルンに売らなければならなくなった。しかし売った金の一部をドルで受け取ったので、その後私の毎月の為替は一六ドルとなり、それで私は、なんの心配もない優雅な生活ができた。

インフレの終息後、私は一九二四年春にミュンヘン工業大学へ移った。そこに私は一九二五年夏まで在籍した。その間にヒトラーが刑務所から釈放され、後一九二五年春に再び世間を騒がせたはずであるが、私はそんなことをまるで知らなかった。そのころ、私が婚約者に出した長い手紙の中身は、夜遅くまで勉強していること、三、四年のうちには結婚しようなどという話ばかりだった。

休暇になると、彼女と私は、ときどき数人の学生とオーストリア・アルプスのヒュッテを渡り歩いた。汗をたらして登っていると、本当になにかをやっているという充実感があった。ときには私は仲間を頑として説き伏せてどんな荒天であっても、氷雨が降ろうが風が吹こうが、頂上へ登ったところで霧でなにも見えないとわかっていても、いったん決めた行程は絶対に破らせなかった。

晴れれば、頂上から、遥かな平地の上に浮かぶ濃い灰色の雲表がながめられた。その下に、我々の言い方をすれば、悩める人々が住んでいるのだ。しかしおれたちは彼らの上に超然と立っている。お上品な連中だけが山で迷うのさ、などと、若いそしていささか青臭い確信を我々は抱いていた。ところでやがて山からしょうことなく平地の日常生活へ戻ると、しばしのあいだ、町中のめまぐるしさに私のほうがむしろ面くらうのである。

折りたたみ式のボートで「自然との接触」を求めることもあった。この種の放浪生活はそのころはまだ珍しく、今のように各種のボートが水面に群がっているということはなかった。私たちは静かに流れを下り、夕方になると景色のよい場所にテントを張った。こういったのんびり旅行は、昔ならだれもがもっていたはずの幸福を、ちょっぴりだが私たちにも分けてくれるものだった。私の父などは、一八八五年になっても徒歩と馬車でミュンヘンからナポリまでの往復旅行を敢行したことがあるが、後に父が自分の自動車でヨーロッパ中を走れるようになったころも、昔のあの道中を生涯で一番素晴らしい旅だったとなつかしがったものである。

私たちの世代にも、そのような形の自然との触れ合いを求めるものは多かった。それは市民生活のせせこましさに対するロマンチックな反抗というだけではなかった。たしかに複雑な社会のさまざまな抑圧から逃れるという面はあったが、私たちの心を支配していたのは、社会全体がバランスを失っているという観念だった。山々と谷川にはまだ創造の調和が感じとれるのだ。人跡まれな山奥ほど、ひと気のない谷川ほど私を引きつけた。といって、私はボーイスカウトやワンダーフォーゲルなどには加わらなかった。その種の団体行動はかえって、私が求めた孤独への憧れをつぶしてしまうのであり、私はむしろ孤独を愛した。

一九二五年秋、私はミュンヘンの建築科学生の一団と、ベルリン゠シャルロッテンブルク工業大学へ移った。私はペルツィヒ教授を指導教授に選んだが、教授はその設計ゼミナールの参加人員を制限していた。私は製図が不得手で、ゼミナールに入れてもらえなかった。実は、そういうことがなくても、自分が一人前の建築家になれるかどうかにわれながら疑問をもっていたので、そのことで特にショックは受けなかった。次の学期に民芸的なものの理解者であったハインリヒ・テッセノウ教授がベルリンへ招聘《しょうへい》された。彼は自分の建築方法を一言で、「最低の経費は最良の方法」と主張していた。私はすぐ私の婚約者にこう書いて送った。

「ぼくの新しい教授は、ぼくが出会った中で一番切れる人です。私は彼にすっかり惚れこんで、今は一生懸命勉強しています。彼は現代的ではありませんが、ある意味でいえば他のだれよりも現代的です。彼は外へ向かっては、ちょうどぼくみたいに鬼面人を驚かすところがなくて、万事ひかえめです。しかし彼の建築には、体験によって着実に裏打ちされたものがあります。彼の頭は驚くほどシャープです。一年ぐらいで彼に弟子入りすることは無理でしょうが、さらに一年たったら彼の助手にしてもらうよう運動してみるつもりです。これはちょっと甘すぎる考えかもしれませんが、とにかくうまくいったらそうなれるでしょう」

ところが試験を終えて半年したら、私は彼の助手になってしまった。私は彼の中に私の最初の触媒を見いだしたのだった。その七年後に、もっと大きな触媒が彼にとって代わるのであるが。

建築史のダニエル・クレンカー教授も私は高くかった。アルザス生まれの教授は熱心な考古学者であっただけでなく、情熱的な愛国者でもあった。たとえば、講義でストラスブールの大聖堂（当時フランスに割譲されていた）を示したとき、彼は泣き出して講義を止めてしまったほどである。彼の下で私はアルプレヒト・ハウプトの『ゲルマン人の建築芸術』という本について報告をしたことがある。そのとき私は婚約者に次のような手紙を書いた。

「混血度が低いことはよいことにはちがいありません。しかし今日のドイツ人が下り坂にあるとすれば、それはドイツ人が混血民族だからではありません。なぜなら、ドイツ人がまだ体内に力強い核をもっていて、外へ力を伸ばしていった中世に、すでにドイツ人は混血民族だったのですし、スラブ民族をプロイセンから駆逐し、さらに後にヨーロッパ文化をアメリカへ移植した時代も、むろんそうだったからです。今日のぼくらが下り坂にあるのは、ぼくらの力が使い果たされてしまったからです。ちょうどエジプト人、ギリシャ人あるいはローマ人にも同じことがあったようにです。その点ではやっぱり変わらないものですね」

一九二〇年代のベルリンは、学生の私に霊感を吹きこんでくれる絶好の舞台だった。マックス・ラインハルトの「真夏の夜の夢」の演出、ショーの「聖女ジャンヌ・ダルク」におけるエリザベート・ベルクナー、ピスカトール演出の「兵士シュヴェイク」におけるパレンベルク、といった名舞台に私は感激した。カレルの大がかりな装置レビューにも夢中になった。しかしセシル・B・デミルのばかでかい、ごてごてした映画にはすこしも感心せず、まさか一〇年後に私自身がこのセットを凌駕《りょうが》するようなものを作ろうとは夢にも思わなかった。そのころは映画なんて「アメリカ的低俗品」と思っていたのである。

しかし反面、当時は貧困と失業のため世間の空気は暗かった。シュペングラーの『西洋の没落』は、我々が、風俗の退廃、インフレ、国家の無力といったローマ末期と、よく似た没落の時代にいることを確信させた。彼の評論『プロイセン精神と社会主義』における奢侈《しゃし》と安逸に対する攻撃が私をとらえた。この点ではシュペングラー説とテッセノウ説は一致していた。ただテッセノウは、シュペングラーとちがって、未来に希望をもっていた。彼は当時の「英雄待望」気分を皮肉たっぷりに攻撃した。「人に理解されない、本当に『偉大な英雄』などというものは、そこいらにいくらでもいるだろう。そういう人間は、なんでも思い通りにできるようになると、どんな残酷なことでも座興ぐらいにしか思わないものだ。手工芸や地方都市が再び栄えるためには、その前に硫黄《いおう》のようなものが雨あられと降って焼きつくさなければだめだろう。そしてそういう試練をくぐり抜けた国民にはじめて民芸の花が訪れるのではないか」

結婚

四年半の勉強の末、私は一九二七年の夏に学位試験に合格した。その翌春、二三歳で私は大学最年少の助手の一人になった。思えば戦争の最後の年（一九一八年）に、あるバザーで女占い師が私に、「あんたは出世が早いよ」と予言したことがあった。だからそのとき私はこの予言を思い出した。自分が望みさえしたら、いつかは指導教授と同じ工業大学の教授になれるのではないか、といささかの確信をもって予感できるようになったからである。

とにかく助手になったおかげで結婚もできた。新婚旅行はベニスでなく、折りたたみボートとテントをかついで、メクレンブルクの人里はなれた森の中の湖をめぐったのである。そのとき私たちがボートを浮かべた湖の一つは、後に私が二〇年間をそこで過ごすことになったシュパンダウ刑務所から数百メートルと離れていなかったのである。

第2章　召命

テッセノウ研究室

一九二八年、私はすんでのところで宮廷のおかかえ建築家になるところだった。アフガニスタン国王アマーヌッラー・ハーンが国土改良を志し、そのため若いドイツ人技師を希望した。そこで都市および道路建設の専門家であるヨーゼフ・ブリクス教授がそのグループを編成し、私は都市計画家兼建築家として、さらにカブールに設立予定の工業学校の建築学教師に予定された。妻は私と一緒に、この辺境の国について手にはいる限りの文献を集めた。私たちはどうしたら単純な建て方で風土に合ったスタイルを出せるかを考え、また未踏の山々を思い浮かべてスキー旅行の計画まで練った。ところが、ことが万事とんとん拍子に進み、国王が国賓としてヒンデンブルク大統領に招かれるところまできたとき、アフガニスタンは政変によって王制が倒れてしまった。

しかしその埋め合わせみたいに、テッセノウ教授の下で引き続き研究できる見込みがついた。すでに前から将来について一抹の不安がきざしていたので、アマーヌッラー・ハーンの失脚によって決断を免れたことに私はむしろほっとした。研究室では週に三日働けばよく、その上、年間五か月の休暇があった。それで三〇〇レンテンマルクをもらえるのだ。この額は今日の相場では八〇〇マルクに相当する。テッセノウは講義をしないで、研究室の大きな部屋で五〇人ほどの学生の研究に手を入れるだけだった。だから彼は週に四―六時間しか出てこず、他の時間には、学生たちはもっぱら私に意見や指導を求めた。

特にはじめの数か月がたいへんだった。学生たちは私に対してはじめは批判的な目でながめ、私のどこかに弱点か無知を見つけようとかまえていた。そのうちにだんだんと、はじめの緊張もほぐれてきた。自由な時間がたっぷりあるからそのあいだに片づけられると思った設計の注文は、ほとんどないに等しかった。それはたぶん私が青くさい感じを与えたからだろうし、それに不景気のため建築そのものが低調だったからでもある。例外はハイデルベルクにある妻の両親の家の新築である。これはそれほどめだった建物ではなかったが、それでも、ヴァンゼー湖畔別荘用の二戸のガレージとベルリンの「学術交流会館」の設備などに、若干の模倣者があらわれた。

一九三〇年、私たちは二隻の折りたたみボートでドナウ川をウィーンまで下った。その旅行からもどってきた九月十四日に国会選挙があった。私がそれを覚えているのは、その結果が父を非常に興奮させたからである。すなわち、この選挙でナチ党が一〇七議席を獲得して一躍政治の中心におどり出たのである。この予想外の結果は、とくにナチスの社会主義的傾向に反対していた父に、深刻な恐怖感を呼び起こした。つまり父はすでに社会民主党や共産党の強さにも不安を感じていたのである。

その間に我々の工業大学は国民社会主義運動の一センターと化していた。ペルツィヒ教授の研究室が共産主義的な建築科学生を吸引していたのに対し、国民社会主義的な学生たちは、本当はテッセノウがヒトラー運動の公然たる敵対者であったにもかかわらず、テッセノウの研究室に集まった。というのも、テッセノウの理論とナチスのイデオロギーとのあいだには、はっきりとではなくまた故意でもないが、ある並行関係があり、実はテッセノウ自身がその並行関係に気がつかなかっただけなのである。もし彼の考え方とナチスのそれとの親近性に気がついたら、彼はきっと愕然《がくぜん》としただろう。

テッセノウは次のように教えた。「様式は国民から生まれる。人が故郷を愛するのは自然の理である。真の文化はインターナショナルではあり得ない。それは国民という母胎からしか生まれないのだ」。ヒトラーも芸術の国際化に反対し、彼の同志たちは郷土の中に革新の源泉を求めた。テッセノウは大都会を非難し、その対極に農民的考え方をおいた。「大都会は忌むべきものだ。大都会は旧と新との渦巻くところだ。大都会は戦い、それも凄惨《せいさん》な戦いだ。心を和らげるようなものは都会の外におくべきである。……都会的なものと農民的なものとが出会うと、農民精神はだめになる。残念なことに、世の中はもはや農民的な考え方ができなくなっている」。ほかならぬヒトラーも大都会における風俗の退廃を非難し、国民の生物的存在を脅かすような文明の害に警告を発し、国家をささえる核としての健全な農民精神の重要性を強調していたのである。

たしかにヒトラーは、時代の意識の中に一部はまだ曖昧模糊《あいまいもこ》としてあったそのような諸潮流をはっきり際立たせて、それを自分の目的に合うようにとりこむ才能をもっていた。

学生指導の機会に、国民社会主義派の学生たちはしばしば私を政治討論にひきずりこんだ。当然そういうときにはテッセノウの意見が熱心に討論された。私が父の口癖の中から拾い集めた薄弱な反論などは、巧みな弁証法で軽くねじ伏せられてしまった。

当時の若い学生たちは主として急進主義《ラジカリズム》に理想を求めた。そしてヒトラーの党はまさにこの過激な世代の理想主義に触手を伸ばしたのであった。テッセノウも結局は彼らの信念を励ましたのではなかったろうか。彼は一九三二年にいみじくもこういっている。「いつかは、ものをまったく単純に考える人間があらわれるにちがいない。今日の思考はあまりにも複雑化している。無教養な人間、たとえば農民などだったら、どんなことでももっとずっと単純に解決しているだろう。なぜなら彼らはまだ退廃していないからだ。そして農民だったら、その単純な考えを実行に移す力をもっているだろう」。この控えめな言い方がヒトラーに役立つのだと、我々には思えたのである。

ヒトラーとの出会い

このころヒトラーがベルリンの「ハーゼンハイデ」で、ベルリン大学と工業大学の学生たちに演説したことがあった。まだ確信はなかったものの、すでに動揺していた私は、学生たちに同行を迫られて一緒に出かけた。汚い壁、狭い入り口、乱雑な内部がいかにも見すぼらしい印象を与えた。ここはふだん労働者たちのビールパーティーが開かれる場所だった。ホールは超満員だった。まるでベルリン中の学生が、崇拝者からは神のごとく崇《あが》められ、敵からは悪態の限りをいわれているこの人物の話を聞き、その姿を見ようと集まったかのようだった。飾りけのない桟敷《さじき》の中央の特別席には、多くの教授連が居並んでいた。彼らの出席がこの集会に重みを与えていた。我々のグループも、演壇から遠くない上席に陣取った。

ヒトラーは学生の中の多数の支持者たちから万雷の拍手をあびて登壇した。すでにこの拍手からして、私は心を動かされた。しかしそれにもまして私をとらえたのは、彼の登場ぶりだった。ユニフォームに肩帯をかけ、腕に鉤十字《ハーケンクロイツ》の腕章をまき、額に長髪をたらした姿は、プラカードや漫画でなじんでいた。しかしそこへ現われた彼は、よく似合う青い背広で、市民的な生まじめさを見せ、すべてが折り目正しい印象を私に与えた。後に私は、彼が、意識的にか本能的にか、周囲に自分を合わせるのが実にうまいことを知った。

数分に及ぶ大喝采《かっさい》を、彼はほとんど拒むかのように、懸命に止めさせようとした。それから低い声で、ためらいがちに、いささか内気に、演説というより一種の語りかけを始めていったようすが、私には魅力的であった。それは、彼の敵側の宣伝、すなわち「ヒステリックな扇動家」「ユニフォームを着て大見栄を切る狂信家」というのとまったく相反していただけになおさらだった。彼は、嵐のような拍手を受けても、講義をしているようなその調子を崩さなかった。

彼は将来への憂慮を腹蔵なく語った。彼のアイロニーは自意識的なユーモアによって和らげられ、彼の南ドイツ風な優雅さが私の郷愁をさそった。これがプロイセン的な冷たい人間だったら、こうもひきつけられることはまずなかったろう。そのうちにヒトラーのはじめの控えめさは消え、ときどき音程をあげ、暗示的な説得力で聴衆の胸の中へ踏みこんできた。話の内容はよく覚えていないが、印象のほうはあとあとまで強烈に残った。

また、言葉を一語一語まさに物理的にしっかりささえている演説者の精神力にもひかれた。それは疑いを差しはさむすきをあたえなかった。敵側は一矢も報いることができなかった。そこで、すくなくとも一時は、会場全体に一枚岩的な雰囲気が生じた。ヒトラーは最後には、説き伏せるために話しているのではなく、むしろ今や一団となった聴衆が彼になにを期待しているかがわかっていて、それを語っているのだと確信しているふうだった。ドイツの二つの大学の学生と教授団の一部を思うままにあやつるくらいは、赤児の手をひねるようなものだといわんばかりだった。その晩の彼がまだ批判を許さぬ絶対君主でなく、八方からの攻撃にさらされていたにもかかわらず、なおそうだったのである。

他の連中はなお一杯のビールを傾けながら、この興奮の一夜を話題にしたかもしれない。私の学生たちも私をそれに誘った。しかし私は自分に決着をつけ、迷いをふっきらなければならなかった。私はひとりになりたかった。矢もたてもたまらず、私は自分の小さな車で闇の中を突っ走り、ハーフェル河畔のとある松林で車を止め、長いことほっつき歩いた。

ここに一つの希望がある。新しい思想、新しい立場、新しい使命があると思った。シュペングラーの暗い予言がこれで克服され、同時に、専制君主制の時が来るという彼の予言も的中したのだ。たえず権力に近づきつつあるかに見える共産主義の危険は除くべきだと、ヒトラーは我々に確信させた。そうすればついには、救いようのない失業の代わりに経済的繁栄さえありうるのだ。ユダヤ人問題には彼はすこししか触れなかった。私はもともと反ユダヤ主義者でなかったし、学生時代を通じて、たいていのものがそうであったようにユダヤ人の友人をもっていたが、今はもうその問題は私の頭になかった。

入党

私にとってきわめて重要であったこの演説会から二、三週間たって、友人たちが私を体育館でのデモンストレーションに誘った。ベルリン大管区指導者ゲッベルスが演説した。

ヒトラーとは印象がちがった。それは、けばけばしく飾りたてられた美辞麗句の羅列であり、しだいに熱狂的な陶酔と憎悪の嵐に導かれていく群衆であり、私がそれまでは自転車耐久レースの夜にしか経験したことのない情熱のるつぼであった。私は抵抗を感じた。これで私に対するヒトラーのプラス作用が、帳消しにならないまでも、割り引きはされた。

体育館はからっぽになり、人々はポツダム通りを粛々とデモった。ゲッベルスの演説によって自意識を煽《あお》られた群衆が車道いっぱいをわがもの顔に占領したので、自動車も電車も止まった。警察ははじめは黙認していた。たぶん群衆を刺激したくなかったのだろう。しかしわき道には騎馬隊と警官を満載したトラックが待機していた。騎馬警官たちが車道をあけるために、ゴムのコン棒を振りあげて群衆の中に乗りこんだ。私は興奮して事態を追った。こんな暴力沙汰を経験したことがなかったのだ。同時に私は、政治的動機とはなんの関係もないのだろうが、同情と反抗心とが入りまじった一種の判官びいきにとらわれたのを感じた。本当は、なにも変わった事件ではなかったのだ。負傷者は一人もいなかった。それから数日たった一九三一年一月のある日、私は入党を申し出て、国民社会主義ドイツ労働者党（ナチ党）の党員四七四四八一号となった。

およそドラマチックなところのない決断だった。それだけに、そのときも、それからも、自分がある政党の党員なのだという自覚はあまりなかった。私はナチ党を選んだのではなく、その出現が最初の出会いから、私を暗示にかけ、それ以来私を離さなくなったあのヒトラーに、私は賭けたのだった。彼の説得力、決して美しくはないその声の独特な魔力、むしろ陳腐といってよいわざとらしさのもつ異様さ、我々の複雑な問題をてきぱきと片づける指導者的明快さ、それらのすべてが私をひっかきまわし、がんじがらめにしてしまったのである。彼の政策など、私は無知に等しかった。私が理解するより先に、彼が私をつかまえてしまったのだ。

「ドイツ文化闘争同盟」という民間団体の催しに参加してみると、師のテッセノウ教授が意図していた多くのものが捨てられていたけれども、私は怒りを感じなかった。講演者の一人は古代ゲルマンの形式と芸術観へ帰ることを求め、近代のそれを攻撃し、最後に建築家団体である「デア・リング」をののしった。この団体にはテッセノウのほかにグロピウス、ミース・ファン・デア・ローエ、シャロウン、メンデルゾーン、タウト、ベーレンス、ペルツィヒなどが所属していたのだ。それに対して学生の一人がヒトラーに手紙を送り、この講演に反対であることを表明し、弟子としての熱情をもって恩師をたたえた。それからほどなくこの学生は公式の形でテッセノウの業績には最高の敬意を払っているという党本部のいきとどいた返書を受けとった。我々にはこのことがかなり意味の深いことのように思えた。ただ、そのときでも私はテッセノウに自分の入党のことは話さなかった。

私の母がハイデルベルクの街頭でナチス突撃隊（ＳＡ）の行進を見たのも、だいたいこのころであったろう。混乱した時代における整然たるその姿、多くが無気力感にひたっていた中でのその力強い印象が、母をもとらえたにちがいない。彼女は一言の演説も聞かず、一片の文書も読まずに入党を志願した。そして二人ともが、この決断が、わが家の自由主義的な伝統を破壊するものと感じていたらしい。とにかく二人とも、入党のことを互いにも、そして父にも隠していた。ようやく数年たって、私がヒトラーの側近の一人になって初めて、偶然なことからお互いにとうの昔に入党していたことがわかったのである。

売れない建築家

あの時代を語るには、主として私の職業生活や、家族のことや私の傾向について語るほうが正しいだろう。というのは、私の思考の中では新しい体験も副次的な役割しか演じなかったからである。なによりも私は建築家だった。

自家用車の持ち主として私は新設された党の自動車運転手連合（国民社会主義自動車軍団：NSKK）に加入した。新しい組織だったので、私は居住地のヴァンゼー地区の会長になった。しかしはじめは、まじめな政党活動というにはほど遠かった。とにかくヴァンゼーで自動車をもっているのは私ひとりだった。他の会員は、彼らの夢見る「革命」が成就した暁に車を手に入れようと思っているだけだったのだ。ただその準備として彼らは、未来の日のための適当な車置き場を、この豊かな郊外住宅地に求めていたのである。

ただこの職務がら、私は、単純ではあるが、知性がありエネルギーにあふれる若い製粉工場の工員カール・ハンケの指導する西管区指導部へときどき行った。ちょうど彼は高級別荘地グルーネヴァルトに、管区組織本部用に一軒の別荘を借りていた。というのは一九三〇年九月十四日の選挙大勝後、力をもった党は上流階級に支持基盤を拡大することに力を注いだからである。彼は私に別荘を建てるように頼んできた。むろん無報酬である。

我々は敷物、カーテンおよび塗料について相談した。若い管区指導者は、「共産主義的」な敷物だと私が断わったのに、私の提案を入れてバウハウスの敷物を選んだ。その私の断わりを、彼は大きく手をふってさえぎった。「共産主義者が作ったものであろうとなかろうと、いいものはいいんだよ」。彼は、ヒトラーとその同志たちがすでに数年前からやっていたことを、それでいったわけである。すなわち成果のあがるものならどこからでも、イデオロギーにかまわずに集めるということ、そしてイデオロギーの問題は、それが選択者に及ぼす影響に応じてきまるということである。

私は控の間をけばけばしい赤色で、作業室を強い黄色で塗装した。その上に赤いカーテンがいっそうけばけばしさを強めた。私は長く押えられていた建築家としての意欲で、革命精神を表現しようとしたのであるが、こういう表現にはむろん賛否両論があった。

一九三二年春に助手の給与が切り下げられた。国家の財政窮迫を救うためのささやかな寄与であった。大きな建築は見込みがなく、経済情勢はお先まっくらだった。三年の助手の期限が切れた。妻と私はテッセノウの下にいることをやめて、マンハイムへ移る決心をした。一家の持ち物である家作の管理によって経済的安定を図り、これまでこれといって名を成すこともなかった建築家としての仕事に本気で打ち込みたかった。そこで私は「一本立ちの建築家」として、周辺の企業や父の事業仲間に無数の手紙を書いた。しかし二六歳の建築家をためしてやろうという奇特な施主があらわれるはずがなかった。マンハイムに昔からいる建築家ですら、当時はまったく注文がなかったくらいである。設計競技に参加して名を売ろうともしてみた。しかし三等賞か、せいぜい「買い上げ」以上を出なかった。両親所有の貸し店舗の改築がこの希望のない時代の唯一の仕事であった。

党内にはバーデン気質ののん気さがあった。私がだんだん深入りしたベルリンの党活動には激しさがあったが、マンハイムへ来てみると、まるで囲碁クラブみたいな空気だったのである。国民社会主義自動車軍団はなく、したがって私はベルリンから自動車親衛隊のほうを紹介された。当時の私の気持ちでは隊員にちがいなかったが、実はお客さまみたいなものだった。たとえば一九四二年に私が党員証を更新しようとしたとき、自分は自動車親衛隊にはいっていないと申告したくらいである。

一九三二年七月三十一日の選挙の準備が始まると、妻と私は、活発な選挙戦の雰囲気を味わい、できれば手伝うつもりでベルリンへ行った。本職のほうはあいかわらずお先まっくらだし、私の政治的関心、あるいは私がそう称しているものが強くなったからである。私は自分の力をヒトラーの選挙勝利に捧げたかった。といっても、それには数日間しかあてないつもりだった。というのは、私たちはベルリンからさらに、ずっと以前から予定していた東プロイセン湖沼群のボート旅行に出かけるはずだったのである。

第3章　転機

運命の分かれ道

私は自動車をもってベルリン西管区指導部の国民社会主義自動車軍団（NSKK）の団長ヴィル・ナーゲルのところへ出頭した。ナーゲルは私を各支部への伝令役に投入した。その役で「赤色分子」が陣取っている地区へはいるたびに、私は再三非常に不愉快な気分を味わった。穴蔵といったほうがふさわしい地下の住居にナチスの細胞が巣食って、逃亡者のような生活をしているのだった。ナチス支配地域における共産側の先兵も同じようなものだった。当時最も危険な地区の一つだったモアビート街のどまん中のある細胞指導者の、寝不足でやつれた、おどおどした顔がいまだに忘れられない。この人たちは、権力欲に凝り固まった一人の男の妄想に利用されるだけとも知らないで、一つの理念のために生命を賭けていたのだ。

一九三二年七月二十七日にヒトラーはエーベルスヴァルデにおける朝のデモンストレー

ションから、ベルリン＝シュターケン飛行場へ到着するはずだった。私は一人の伝令をシュターケンから次のデモンストレーションの場所であるブランデンブルクのスタジアムへ運ぶ仕事を割り当てられた。三発飛行機が着陸して、ヒトラーと数人の同志および副官が降りた。飛行場には我々以外にほとんどひと気がなかった。私は礼を失しない程度の距離に立っていたが、自動車がまだ到着しないといってヒトラーが随員の一人を神経質にどなりつけているのを見た。彼はぷりぷりしながら行ったり来たりし、犬鞭《むち》で自分の長靴の胴をぴしゃぴしゃ打って、まるで同志を虫けらみたいに扱う、抑制のきかない、しょっちゅうガミガミいっている男という印象だった。

このヒトラーは、私が学生集会で会ったときの、落ち着いて、洗練された人物というのとはひどく食いちがっていた。そのときはあまりよく考えなかったのだろうが、ヒトラーの百面相的な面に私は初めてぶつかったわけである。彼は俳優のような直感で、人前での態度を周囲の変化にさっと合わせるかと思うと、他方で、部下とか補佐官といった身近の者には自分を押し通すのである。

車が来た。私は伝令と一緒に、エンジンをうならせる私のスポーツカーに乗りこみ、ヒトラーの自動車の列の数分先を猛スピードで走った。

ブランデンブルクのスタジアム近くの道路端は社会民主党員や共産党員が占領し、我々は人がきをかきわけて進まなければならなかった。数分後にヒトラーとその随員が到着すると、群衆は怒り狂う暴徒と化して車道へ押し寄せた。そこを自動車がのろのろとかきわけ、ヒトラーは運転手のわきにすっくと立っていた。私はそのときの彼の勇気にすっかりかぶとを脱いだ。その感じは今もありありと覚えている。私が飛行場で受けた否定的な印象は、この光景によって再び打ち消された。

私は自動車とともにスタジアムの外で待っていた。だから演説は聞かなかったが、それでも数分間も中断させる万雷の拍手はよく聞こえた。党歌が閉幕を告げると、我々は再び走り出した。この日はまだベルリン・スタジアムでの三回目のデモンストレーションでヒトラーが演説することになっていたからである。ここも立錐《りっすい》の余地もない盛況で、場外の通りには入場できなかった数千の人々が立ちつくしていた。彼らは数時間前からじっと待っていたのだ。ヒトラーの到着がここでも予定より遅れたのである。しかしまもなく彼が到着するというハンケへの私の報告がスピーカーを通して知らされると、すぐに怒濤《どとう》のごとく拍手が起こった。これが、私の口でひき起こした最初にして最後の拍手であった。

次の日がその後の私の運命を決したのである。すでに折りたたみボートが駅で待っており、東プロイセン行きの切符が買ってあって、出発日はその日の晩ときまっていた。ところが昼になって私は電話を受けた。国民社会主義自動車軍団の団長ナーゲルが私に、ベルリン大管区組織部長に昇進したハンケが会いたがっていると伝えてきた。ハンケは私を喜んで迎えた。

「ぼくは君をずいぶん捜したんだ。どうかね、我々の新しい大管区本部を改築してくれないか」と、彼は私がはいってくるなりいった。「ぼくは今日中にでもこのことをゲッベルス博士に提案してみる。とにかく急いでいるんだ」。これが数時間あとだったら、私は列車に乗ってしまっていて、東プロイセンの静かな湖畔にいることとなんぞだれにも分らなかったろう。そうしたら大管区は他の建築家を捜したろう。長いあいだ私は、この偶然を生涯の最大の転機と考えていた。ポイントは切り換えられたのだ。二〇年後に私は、シュパンダウ刑務所でジェームズ・ジーンズの次の言葉を読んだ。「列車の運行は大部分がレールによってきっちりと定められている。しかしところどころに分岐点があって、いろいろな方向への転換が可能であり、ポイントの切り換えに必要なごくわずかなエネルギーによって、いずれかの方向へ導くことができる」

ヒトラーの首相就任

新しい大管区本部はドイツ諸州の出先機関に囲まれた荘重なフォス街にあった。背後の窓から八〇歳の大統領が隣接の公園を散歩する姿がながめられた。政治家や軍人がお供していることもまれではなかった。ハンケが私に話したところでは、党は、視覚的にも政治権力の中枢に近づき、それによって党の政治的要求を表現したがっていた。しかし私への注文はそれほど大げさでなかった。それはまたもや壁の塗りかえと、こまごました修理だけだった。会議室と大管区指導者室の設備も、一つには資金不足と、もう一つにはテッセノウの影響を受けて、わりあい簡素であった。しかしこの簡素さも泡沫《ほうまつ》会社乱立時代（一八七一—七三）のこけおどしの装飾に侵されていた。私は昼夜兼行で働いた。大管区組織本部が完成を急がせたからである。ときたま私はゲッベルスに会った。しかし彼は一九三二年十一月六日の選挙戦に没頭していて、数回、それもたいして関心もなさそうに、すっかりしわがれた声で、忙しげに部屋を見て回るだけだった。

改築は完了し、工事見積もりを大幅に上回り、選挙も敗北に終わった。党員は減少し、財務係は殺到する勘定書に手をあげ、職人たちには空の金庫を見せるしかなかった。そして党員の職人たちは破産を避けるために、数か月の支払い猶予に同意せざるを得なかった。

落成の数か月後に、ヒトラーが彼の名を冠せられた大管区本部を視察した。この改築が彼の気に入ったようである。はたして私が建築的に目ざした簡素さをほめたのか、それともヴィルヘルム期の装飾過多をほめたのかはわからなかったが、私は誇らしい気分になった。

それからまもなく私はマンハイムの事務所へもどった。すべてはもとどおりだった。経済情勢と、したがって注文のあてはいっそう暗く、政治情勢はますます混沌としていた。一見なにも変わらなかったので、我々にはうかがい知れなかったのだが、危機はその間に次から次へと起こっていたのである。一九三三年一月三十日に私はヒトラーの首相指名のニュースを聞いた。しかしそれも私には、とりあえずはどうということでもなかった。それからまもなく私はマンハイム地区の党員集会に参加した。党にはなんとわずかな人間と頭脳しか集まらないのかというのが、そのときの私の印象だった。「こんな連中で一国が統治できるか」と私は思った。その心配は杞憂《きゆう》であった。昔ながらの官僚機構はヒトラーの治下でもとどこおりなく職務を遂行していた。

党大会の設計

それから一九三三年三月五日の選挙がやってきた。そして一週間後にベルリンから長距離電話を受けとった。大管区組織部長ハンケが電話口に出た。「どう、ベルリンへ来ないか。君に予定されている仕事があるんだ。いつごろ来られる」と彼は聞いた。私たちの小さなスポーツカーを満タンにし、スーツケース一つをのせて、私たちは一晩走りつづけてベルリンへ向かった。一睡もせずその日の朝、私は大管区本部のハンケのところに出頭した。「すぐ車で博士を乗せていってくれたまえ。彼は新しい自分の省を視察するんだ」

そこで私はゲッベルスと一緒に、ヴィルヘルム広場に建つシンケル設計の壮麗な建物へ乗りこんだ。たぶんヒトラーの到着を待っているらしい数百の人々が新大臣に向かって手をあげた。ベルリンに新しい生命がよみがえったのだと私が感じたのは、このときだけでなかった。いたるところで人々は、長い危機を乗りこえた末に、再びいきいきと、希望に満ちているようだった。こんどばかりはありきたりの政権交代でないことを人々は知っていた。決定的瞬間なんだという気持ちが人々の胸にあった。路上に人々がいくつかの群れをなしていた。一面識もなくてもちょっとしたものをやりとりし、談笑し、あるいはこんどのことに政治的賛意を示しあっていた。その間、どこかでは、政治の歯車が長年にわたる権力闘争の相手をひそかに清算し、数十万の人々が、その出生、その宗教、その信念のゆえにおののいていたのだが。

建物の視察を終えると、ゲッベルスは彼の庁舎を改築し、オフィスや会議室などのおもな部屋を新たに作るように私に依頼した。彼は、工事の見積もりなどを待たず、予算があるかどうかなぞ気にしないで、すぐに仕事にかかれと私にいいつけた。これは、あとでわかったことだが、いささか独断的だったのだ。この改築予算はおろか、新設の宣伝省にはまだ一文の予算もきまっていなかったのである。私はシンケルの内部設計をできるだけ尊重する形で工事を進めるように努力した。ところがゲッベルスから見ると、その調度に威厳がなさすぎた。数か月後彼はミュンヘンの工芸連盟に、各室を「豪華船スタイル」で仕上げ直すことを頼んだ。

宣伝省内で、ハンケは「宣伝省次官」という実権的地位につき、官房を縦横に支配した。そのころ私は彼のところで、テンペルホーフで五月一日の夜に予定されている大集会のためのベルリン市当局立案の計画書を見た。これが、私の革命家的な、また建築家的な感情を触発したのである。「これではまるで射撃大会の装飾だな」。ハンケがいった。「君がもっといいのを作れるなら、やってみてくれ！」

その晩に大演壇の設計案ができ上がった。演壇の後に一〇階建てほどの三本の巨大な木の支柱に旗を張る。その中の二本は黒・白・赤の三色旗で、中央がハーケンクロイツ旗である。力学的にいえば、これは冒険である。風が強いと、これらの旗が帆のようにはためくからだ。そしてちょうど舞台装置のように、ひときわ高い中央の旗に強いスポットライトを当てて、これをいっそう強烈に浮かび上がらせるのである。この案は直ちに採択された。私はまたワンステップ上がった。

完成した作品を私は誇らしげにテッセノウに見せた。しかし彼は、手工芸的な地道な行き方にあくまで固執していた。「あれで創作したとでも思っているのかね。目にたつ。それだけだ」。それに反して、ハンケの語るところでは、ヒトラーがこの装置に感心したということだった。むろんゲッベルスは、この成功を自分のせいにしてしまったが。

それから数週間して、ゲッベルスは食糧省の庁舎に移転した。彼はそれを若干強引に分捕ってしまったのだ。というのは食糧大臣フーゲンベルクが、この庁舎はあくまで食糧省の管轄であると主張したからであるが、この争いはまもなく六月二十六日にフーゲンベルクが閣外に追放されて解消してしまった。

私には大臣官邸の設備だけでなく、大広間の増築もまかされた。私はやや軽率に、二か月で引っ越しできるところまで仕上げてみせると約束した。ヒトラーはこの期限が守れるとは信じなかった。そのことをゲッベルスは、私を督励するつもりでわざわざ私に伝えてきた。私は昼夜三交代で工事を進ませ、さまざまの工程を細部まで調整して、最後の数日は大きな乾燥機を動員して、ついに約束の期日ぴったりに建物を引き渡した。

ベルリン国立美術館館長エーバーハルト・ハンフシュテングルから、私はゲッベルス官邸を飾るためにノルデの水彩画を数枚あずかった。ゲッベルス夫妻は大喜びした。ところがヒトラーが視察に来て、これに激怒したので、大臣はすぐさま私を呼びつけた。「この絵をすぐもっていけ。こんなものを飾っておけるわけはないじゃないか！」

一九三七年にはことごとく「退廃的」として燃やされた近代絵画のある傾向の作品も、三三年の政権掌握直後の数か月は、まだ日の目を見る機会があった。というのは、黄金党章をもつエッセン出身の古い党員であるハンス・ヴァイデマンが、宣伝省の美術部長をつとめていたからである。彼はノルデの水彩画の一件を知らずに、ゲッベルスのために、ノルデ＝ムンク派の絵をたくさん集め、それらを革命的・国民的芸術として大臣に推薦した。利口になったゲッベルスは、このあぶなかしい絵をすぐ除かせた。そこでヴァイデマンが、近代派をみそもくそも一緒くたに排斥することをことわると、まもなく彼は省内の低い地位に左遷された。このとき、こういった権力と服従との二人三脚が私の身にも波及したのである。ヒトラーが、たかが趣味の問題でも、長年苦楽を共にした同志にさえどんなに権威をふりかざすものかは、思い出してもぞっとするほどであった。ゲッベルスはヒトラーのいいなりだった。我々すべてがそうだった。近代芸術に親しんでいた私も、ヒトラーの決定の前には黙るしかなかったのである。

ゲッベルスの注文を終えるとすぐ、一九三三年七月に私はニュルンベルクから呼び出しを受けた。そこでは、与党となって最初の党大会の準備が進められていた。しかし党が獲得した権力を演劇的に誇示する方針は定まっていたが、当地の建築家では満足できるプランを出せなかったのである。

私は飛行機でニュルンベルクへ連れていかれ数枚のスケッチを描いた。それは五月一日のプランにひどく似ているわけでもなかったが、ただツェッペリン飛行場でのクライマックスとして、旗の代わりに幅三〇メートル以上の巨大な鷲《わし》を考え、それを標本箱の蝶《ちょう》のように一基の木組にとりつけるというものであった。

ニュルンベルクの組織部長は、この提案をひとりで裁断できず、私をミュンヘンの党本部へ派遣した。それとは別に一通の添書が送られた。ベルリン以外の地区では私はいまだまったく無名だったからである。ミュンヘンの党本部「ブラウネスハウス」では、建築というよりむしろ祭典の装飾である党大会場のプランを非常に重要視している様子だった。数分後に私は図面をもって、豪華な部屋で副総統ヘスの前に立った。彼は私にいった。「こういうことは総統ご自身しか決定できない」。彼は手短に電話をかけてこういった。

「総統はお宅においでだ。君はすぐそちらへ行ってもらう」。そのとき初めて私は、「建築」という魔法の言葉がヒトラーの下ではどういう意味をもつものかをつかんだ。

我々は摂政殿下劇場《プリンツレゲンテン・テアーター》の近くにある数階建てのアパートの前で止まった。段を二つ上がると、俗悪な記念品類が並んだ控の間へはいった。家具も悪趣味だった。副官がきて、ドアをあけ、形式ばらずに「どうぞ」といった。私は強大な宰相ヒトラーの前に立った。彼の前のテーブルの上には一丁のピストルが分解されてあり、今しがたまで彼はそれを掃除していたようであった。「図面をそこにおきたまえ」と彼は手短にいって、私の顔を見ずに、ピストルの部品をわきへどけて、興味深げに設計図をながめた。

「よし」。それだけだった。再び彼がピストルのほうに顔を向けたので、私は少々あわてて部屋を出た。

私がニュルンベルクで、ヒトラーからじきじきに承諾を得たと報告すると、びっくりするほどのもて方だった。もしもここの上層部が、設計プランというものがヒトラーに対してどんなに磁力があるものかを知っていたら、大代表団を組んでミュンヘンへ出かけ、私なんぞせいぜい下っ端の随員に加えられる程度だったろう。しかしヒトラーの設計趣味は、当時はまだ知れわたっていなかったのである。

首相官邸改築工事

一九三三年秋にヒトラーは、外洋船「ヨーロッパ号」の内部デザインや、「ブラウネスハウス」の改築をしたミュンヘンの建築家パウル・ルートヴィヒ・トロースト に、ベルリンの首相官邸をまったく新しく作り直すことを依頼した。しかも工事はできるだけ短期間に終えてほしいということだった。トローストの工事主任がミュンヘンからやってきたが、ベルリンの建築会社や建築習慣がわからず途方にくれていた。そのときヒトラーは、ゲッベルスのところの若い建築家が予想外の短期間で増築をやりとげたことを思い出した。彼は私を呼んで、ミュンヘンからきた工事主任が工事会社を選択するのを手伝うこと、ベルリンの建築市場の知識を彼に提供すること、そして改築をできるだけ早く完了するように必要なことに手をかすことを命じた。

この手伝いは、ヒトラーと彼の建設総監トローストと私の三人による首相官邸の総点検から始まった。六年後の一九三九年春にヒトラーが官邸の昔の状態について述べた一文で次のように書いている。「一九一八年の革命後、官邸はしだいに腐朽しはじめた。屋根組みが大部分朽ちただけでなく、土台もすっかり腐っていた……私の前任者たち自体が一般に在任期間を三、四か月しか見込めなかったので、この家の汚れを始末しようとしなかったし、後任のものが自分より住みよくなるように考えてやることもしなかった。外国に対して威信を保つ義務感すら持ち合わせていなかった。なぜなら、そんなことはもともと彼らの念頭になかったからだ。こうして建物はすっかり朽ち果て、天井と床にかびが生え、敷物は腐り、全体に耐えがたいほどの臭気が立ちこめていた」

これは誇張した表現だが、確かに官邸の老朽ぶりは信じられないほどだった。台所の照明はうす暗く、設備としては時代がかったかまどがあるきりだった。官邸全住人のための浴室はたった一つしかなく、しかもその設備は十九世紀末のものであった。室内装飾の無趣味さもひどいものであった。扉は自然木を模した塗装をほどこしたものであり、大理石の花器とみえたのもその実、大理石を模したブリキの容器だった。ヒトラーは勝ったのだ。「ここにあるものはまさに、旧共和国の完全な腐敗である。こんな首相官邸は二度と外国人に見せられまい。私だったら、こんなところで客を迎えるなどご免こうむるね」

およそ三時間におよんだこの徹底的調査のあいだ、我々は屋根裏の部屋にも上がった。管理人が説明した。「これが隣の建物へ通ずる扉です」「どうなっているのだ?」「この屋根裏から全大臣のところを経てホテル・アドロンまで抜け道があるのです」「なぜ?」「ヴァイマール共和国の初期の動乱のとき、反乱者が首相を官邸に閉じこめるかもしれないという心配があったのです。この抜け道を通ればいつでも逃げられます」

ヒトラーは扉をあけさせた。確かに隣の外務省に出た。「この扉を壁でふさいでしまえ。こんなものは必要はない」と彼はいった。

改築が始まると、ヒトラーはほとんど毎日昼ごろ、副官をお供に現場へ現われ、進捗状態を見回り、内部がしだいにでき上がっていくのを楽しんでいた。まもなく大勢の建築労働者たちが彼に進んでざっくばらんなあいさつをするようになった。二人の平服の親衛隊員がそっと背後に立っていたが、それはまったくくったくのない情景だった。ヒトラーはまるで「現場の人間だ」などといわれた。そういうとき彼はやすっぽい人気取りはしなかった。

工事主任と私はこの見回りについていった。ヒトラーは我々に、無愛想ではないが、簡潔な質問を浴びせた。「この部屋はいつ塗るのかね」「ここの窓はいつできるのか」「ミュンヘンから詳細図面が到着しているのか。どうしてまだなのだ。私が自分で教授（彼はトローストをいつもそう呼んでいた）のところへ行って、聞いてみよう」。新しい部屋を見てはいった。「ここはもう塗り上がったのか。昨日はまだだった。しかしこの天井の模様はとてもきれいだ。教授はこういうものがうまいな」「君はいつ仕上がると思うね。私は急いでいる。今は屋根裏の小さな官房長官の部屋しかないのだからな。あそこでは人を招待できん。共和国のけちん坊ぶりはお笑い草だ。君は玄関を見たかね。エレベーターはどうだね。どこのデパートのだってあれよりましだよ」。確かにエレベーターはときどき故障し、おまけに三人しか乗れなかった。

ヒトラーはこんな具合だった。この自然さが私に感銘を与えたことは大いに考えられる。

とにかく彼は首相であっただけでなく、彼を通して全ドイツが息を吹き返しはじめ、失業者に再び職を与え、大きな経済計画を始動させた人物であった。あのときもかなりの宣伝的計算が働いていたのではないかとおぼろげに私が思いはじめたのは、ずっとあとになって、ちょっしたつまらぬことからだった。

たぶんもう二、三〇回も彼のお供をしたあとのある巡回のとき、彼は「今日一緒に食事をしないか?」と私を誘った。彼の容易に人を寄せつけない印象から、まさかそんなことがあろうとは思ってもみなかったので、私はむろんこの意外な申し出がうれしかった。

私は現場の足場を上ることがたびたびあったが、ちょうどこの日は、どこかの足場で壁土を服や顔につけ、私はかなりみっともない顔をしていたにちがいない。というのは、ヒトラーがこういったからだ。「まあ来たまえ。上へ行ってきれいにしよう」

室内に数人の客が待っていた。その中にゲッベルスがいて、私が現われたのを見てびっくりした表情をした。ヒトラーは私を私室へ連れていった。召し使いが来てヒトラー自身の上着につづいて濃紺の上着をもってきた。「しばらくこれでも着ていたまえ」。私はヒトラーの後について食堂へはいり、客たちを尻目に彼の横にすわらされた。明らかに私が気に入ったのである。ゲッベルスは私がすっかりあがっているのを見つけていった。「君は総統のおぼしめしにあずかったね。おや、これは君の上着じゃないだろう?」。ヒトラーが私の答えをとった。「それは私のものである」

この食事のときにヒトラーは初めて私に若干の個人的質問をした。そこで初めて私が五月一日の装置を設計した本人であることを知ったのである。「そうなのか。そしてニュルンベルクも君がやったのか？　あのとき一人の建築家が図面をもって私のところへ来た。そうか、あれが君だったのか……ゲッベルスの家を期限通りに完成させたのも君だったとはね」。私が党員かどうかを彼は聞かなかった。芸術家の場合そんなことはたいしたことではないと考えているようだった。その代わりに、私の生まれのこと、建築家としての履歴、父や祖父の建築のことをいろいろ知りたがった。

後年ヒトラーはこの招待のことをふり返っていった。「君は見回りのとき私の目にとまった。私はいつか自分の建設計画をまかせられるような建築家を捜していたのだ。その人間は若くなけりゃいかん。というのも、これらの計画は長期にわたるものだからだ。私の死後も私の後継者と一緒にやれる人間が必要なのだ。その人間が君だと私は思った」

何年もむだな努力をしたあとで、私は無性に仕事がしたかった。私は二八歳だった。大仕事をやらせてもらえるなら、ファウストみたいに魂を売ってもよいという気持ちだった。そういうところへ、私のメフィストが現われたのである。彼はゲーテのそれに劣らず魅惑的だった。

第4章　私の触媒

触媒としてのヒトラー

私は勤勉なほうだが、新しい能力とエネルギーを発揮するには、常にそれ相当の刺激を必要とした。いま私は、そのための触媒を見いだしたのである。これほど強力な力をもつ触媒に私は会ったことがない。私のエネルギーはますます急テンポに、ますます大量に吐き出された。

したがって私は生活の本来の源である家庭生活を放棄せざるをえなかった。私を囚《とりこ》にしたヒトラーに吸い寄せられ、火をつけられて、それからというものは、仕事が私を得たのであって、私が仕事を得たのではなかった。ヒトラーは協力者にとことんまで力を出させる術《すべ》をもっていた。「人間はその目標が高まれば高まるほど成長する」と彼はいった。

シュパンダウ刑務所での二〇年間に、もし当時の私がヒトラーの素顔と彼の支配の本性を認識していたら、自分はどうしたろうかといくども考えてみた。その答えは月並みで、がっかりするようなものである。すなわち「ヒトラーおかかえの建築家という地位から、私は抜け出すことはできなかったろう」。三〇歳にも満たない私が、一建築家として夢見ることができる最高の洋々たる前途を前にしたのである。

仕事への情熱が、本来なら私が直面すべき諸問題を押しのけてしまった。せわしい毎日の中で、途方にくれる暇はなかった。この回想録を書き進めていくうちに改めて自分でも驚き、かつ愕然《がくぜん》としたのは、私が一九四四年まで、めったに、いや本当はまるっきりといってよいくらい、自分自身と自分のやっていることを考えてみたことがなかったということ、私が自分というものを一度も振り返ってみたことがなかったということである。今振り返ってみて、私はときおり、あのときなにものかが私を大地からもぎとり、私を根本から引き離して、無数の見知らぬ人々の手に渡してしまったという感慨をいだくのである。

今も一番恐ろしいと思うのは、あの時代に時折り起こった私の不安が、主として、自分が建築家としてとった道のこと、テッセノウの理論との距離感についてであったということである。それにひきかえ、ユダヤ人、フリーメーソン、社会民主党あるいはエホバの証人派の人たちが、私の周囲の者によって野良犬のように殺されたことを聞いても、私個人には関係ないと思ったにちがいない。自分さえそれに加わらなければいいんだと。

ナチスの体質

末端の党員たちは、政治というものは末端であれこれいえるほど簡単ではないのだと教育されていた。だからいつも責任は他人にあると感じていて、進んで自分の責任とする態度がまったくなかった。ナチズムの構造全体が、良心の問題を棚上げするようにできていたのだ。そういうことになったのは、同じ考えを持っている同士がいくら議論してもまったく不毛だからである。お仕着せの意見を言い合うのはつまらないことである。

もっといけないのは、責任をそれぞれの縄張り内だけに限定することを要求したことである。だれもが自分のグループ、たとえば建築家、医師、法律家、技師、兵士あるいは農民といったグループの中だけで働いていた。各人が強制的に加入させられる職業別組織を会議所《カンマー》（医師会議所、芸術会議所）と呼んだが、この呼称はいみじくも壁で仕切られたそれぞれのタコ壺へ閉じこめることをさしていた。ヒトラーのシステムが続けば続くほど、考え方もますますそのようなタコ壺の中をうろつくだけだった。もしもこのような飼育が数世代にわたったならば、それだけでもシステムは枯死したろう。なぜならそのシステムは一種の「カースト制」になってしまっているからである。私がいつもあきれたのは、一九三三年に宣言された「民族共同体」との矛盾である。こんな状態で、共同体が希求する融合ができるはずはない。結局あれは孤立者たちの共同体だったのだ。「総統が考え、そして導く」という言葉は、今日の響きとは違って、当時の我々には空疎な宣伝文句ではなかったのである。

そういうものにかかりやすい体質が、少年時代から我々にはあった。我々の時代には、我々の原則をお上からいただいていた。しかも戦争の法則がその絶対至上性をしだいに強めていた時代である。それらの積み重ねによって、我々は、ナチズムの中に再びあらわれた単一的考え方に、兵士ともども染め上げられたのである。硬い秩序観が我々の血の中にあった。だからそれと比べて、ヴァイマール共和国の自由は、だらしない、いいかげんな怪しからんものに映ったのである。

ヒトラーを囲む会食

私はいつも建築主のそばにいられるように、首相官邸から数百メートルのベーレン街にある画家のアトリエを事務所に借りた。いずれも私の若い協力者たちは、私生活を顧みず、朝から夜おそくまで仕事をした。昼食は普通パン二、三片で間に合わせた。やっと夜一〇時ごろに、くたくたになって近くの居酒屋プフェルツァ・ヴァインシュトゥーベの軽食で一日を終えるのだが、そこでもその日の仕事のことをもう一度話し合った。

もちろんまだ大仕事はこなかった。私はあいかわらずヒトラーから急ぎの間に合わせ仕事を頼まれた。彼は注文をどしどし片づけるところに、私の際立った才能を認めているようだった。たとえばこうである。官邸の執務部分の二階にある従来の書斎には、ヴィルヘルム広場側に三つの窓があった。一九三三年の春に、たびたび群衆が集まって、シュプレヒコールで「総統」に顔を見せてくれと叫んだ。そのためこの部屋が書斎に使えなくなった。そうでなくてもヒトラーはこの部屋が気に入らなかった。「小さすぎる。六〇平方メートルでは同志一人で一杯だ。国賓と一緒に私はどこへすわればいいのだ。この小さな隅っこか。それにこの書机は格からいえば事務長クラスだ」

ヒトラーは庭に向いたちょっとした広間を新しい書斎に模様替えするように私に依頼してきた。むろん彼自身は仮の住居と思っていたこの部屋で五年間満足した。しかし一九三八年に新築された書斎にも、まもなく彼は不満になった。彼の言葉と私の計画では、一九五〇年までに最終的な官邸を作るはずであった。そこではヒトラーと後世の後継者たちのために、彼の前任者の部屋の一六倍の九六〇平方メートルの大執務室が予定された。この広間に付属して、私はヒトラーと相談の上、私的な書斎を付け加えたが、これも約六〇平方メートルあった。

古い書斎はその後は特定の部屋として使えなくなった。というのは、彼はここから新しい「歴史的バルコニー」へ出たかったからである。このバルコニーは、彼がそこで大衆の前に姿を現わせるように、私が大急ぎで増築したものである。「以前の窓は私には窮屈すぎた」とヒトラーは満足げにいった。「以前は私の姿が正面からしか見えなかった。といって、まさか身体を屈めるわけにもいかないじゃないか」。官邸の最初の設計者であるベルリン工業大学のエドゥアルト・ヨプスト・ジートラー教授が、このバルコニー追加工事に異議をはさんだ。そして官房長官ラマースも、我々の企てが原設計者の著作権に抵触すると主張した。ヒトラーは嘲笑してこの異議を一蹴した。「ジートラーはヴィルヘルム広場全体を醜悪なものにした。それはどこかの石鹸コンツェルンのオフィスビルみたいな外観で、とても帝国の中心などではない。やつはいったい何を考えているんだ。私のために自分がバルコニーを作ってやろうとでもいうのか！」。しかし彼はある建築注文で教授の名誉を救うことに同意した。

数か月後私は、ちょうど始まったばかりの自動車道路《アウトバーン》の建設労働者のための仮設宿舎を作らねばならなかった。ヒトラーは従来のような飯場に反対し、あらゆる用途の宿舎に適用できる一つの基本タイプを開発することを望んだ。適当な台所、洗濯室、シャワー室、居室およびベッド二つずつの寝室をもつもので、彼はそれを従来の飯場とははっきり区別した。彼はこのモデル宿舎について細部まで配慮を加え、さらに労働者たちへの効果について私に報告を求めた。それは国民社会主義の指導者とはかくあるべきだと私が考えていた通りだった。

ヒトラーは、官邸の改築が済むまで執務建物の最上階にある官房長官ラマースの住居に住んだ。私はしばしばそこでの昼食や夕食に招かれた。夕食には、たいてい、昔からの運転手シュレック、親衛隊「親衛旗」隊長ゼップ・ディートリヒ、新聞出版部長ディートリヒ博士、二人の副官ブリュックナーおよびシャウプ、専任写真師のハインリヒ・ホフマンといった側近連が集まった。食卓は一〇人分以上はなかったのでほとんど満員だった。それに対して昼食には、おもにアマン、シュヴァルツ、エッサーといったミュンヘン以来の古い同志や、大管区指導者ヴァーグナー、ときにはヒトラー専用車のメーカーであるダイムラー・ベンツのミュンヘン支社長ヴェルリンなどが来た。大臣が来ることはめったになかった。ヒムラー、レーム、シュトライヒャーなどにはめったに出会わなかった。しかしゲッベルスとゲーリングとは頻繁に顔を合わせた。そのころはすでに、首相の身辺から一切の官僚が締め出されていた。官房長官であるラマースでさえ、十分な理由があったにしろ一度も招かれたことがないのは、その顕著な実例である。

というのは、この会食でヒトラーはしばしば日常的なことを酷評した。首相としての職務において彼の自由を拘束する恐れのある官僚組織からどう脱出するかを考えていたことを、彼は自分から進んでこう語った。

「はじめの数週間は、こまごましたことまで、私の裁決を得るために差し出してきた。毎日、机の上に堆《うずたか》い書類の山ができた。私は自分の好きなように仕事をしたが、書類の山は減らなかった。とうとう私は、そんなばかばかしいことをいっぺんにやめてしまった。あのまま続けていたら、考える時間など私になくなっていたろうし、もうなんのプラスも得られなかっただろう。書類を見ることを拒否したとき、そんなことをしたら重要な決定が遅れると私はいわれた。しかしそうすることによって初めて、私が決定すべき重要な問題について私は熟考できるようになったのだ。こうして私自らが将来を決めうるようになり、もう役人に左右されるようなことはなくなった」

ときには旅行の話もした。「シュレックは理想的な最上の運転手だ。我々の車は一七〇キロも出た。いつもフルスピードで走った。しかしここ二、三年は、八〇キロ以上出すなと命じた。私に何が起こるか予断できないからだ。アメリカの大型車の暴走ぶりはおかしかった。後にずっとついてくるうちに、競争心にとりつかれたのだな。アメリカの車なんぞメルセデスに比べればポンコツ同然だよ。やつらのエンジンはとてももちゃしない。しばらく苦しそうに走ったあげく、とうとうしょげた顔をして道端に止まってしまった。当たり前だ！」

夕方にはきまって映写機が持ち出され、ニュース映画と劇映画一、二本が上映された。はじめのころ、召し使いたちは機械をうまく使いこなせないで、ときどき画面が逆さまになったりフィルムを切ったりした。そんなときヒトラーは、そのころはまだとかく官房長官の威を借りて威厳を下の者たちに横暴に振る舞いたがる副官たちより、よほど冷静であった。

映画の選択についてヒトラーはゲッベルスに相談した。たいていは、その時ベルリンの映画館にかかっているのと同じものだった。ヒトラーは無邪気な娯楽もの、恋愛ものの映画を好んだ。ヤニングスとリューマンのもの、ヘニー・ポルテン、リル・ダーゴヴァー、オルガ・チェコヴァ、ツァラー・レアンダーあるいはイェニー・ユーゴのものだったらすぐ取り寄せさせた。半裸姿がいっぱいでてくるレビュー映画だったら、間違いなくヒトラーに受けた。外国映画は、一般のドイツ人に見せないものもときどき上映された。それに反してスポーツ映画、登山映画はほとんどなかった。動物ものや風景もの、あるいは外国紹介映画の類も一度も上映されなかった。彼は、私が当時好きだったたとえばバスター・キートンとか、チャーリー・チャプリンの喜劇映画にも関心がなかった。ドイツの映画産業は、毎日二本ずつの新しい映画を供給するほどの力はとてもなかった。だから二回、三回と繰り返したものも多かった。それでめだったのは、悲劇的なものにはそういうことが絶無だったが、レビュー映画や彼お気に入りの俳優が出る映画がよくアンコールされたことである。こういった選び方や、毎晩一、二本の映画をかけさせる習慣は、戦争が始まるまで忠実に守られた。

建築主ゲーリング

一九三三年の冬、ある日の昼食の席で、私はゲーリングの隣にすわった。「総統、シュペーアがあなたのお住まいを作るのですか。彼はあなたの建築家ですか」。実は私はそうではなかったのだが、ヒトラーは肯定した。「それでしたら、私の住まいの建て替えも彼にやらせてもらえませんか」。ヒトラーは承知した。ゲーリングは、私の趣味などあまり問いただすことなく、食事を終えるとすぐ私を彼のオープンカーに乗せて、まるで貴重な盗品のように彼の家へ強引につれていった。彼はライプツィヒ広場の背後にある庭園の中の旧プロイセン邦商務相の邸宅を手に入れていた。これはプロイセン邦が一九一四年以前に巨費を投じて建てた豪邸である。

この屋敷はほんの数か月前にゲーリング直々の指図によってプロイセン州の州予算をつぎこんで建てかえられたばかりであった。ヒトラーはこれを視察して、ひどくけなした。「暗い。こんな暗いところにどうして住めるんだ。私のところの教授の仕事と比べてみたまえ。どこもかも明るくて、透明で、シンプルだぞ！」。確かに私が見ても、暗いガラス窓と重いビロードの敷物、ぶかっこうなルネッサンス風の調度をもった小部屋のつながりは、ロマンチシズムに堕した迷宮だと思った。鉤十字を象《かたど》った礼拝堂があるかと思えば、他の部屋にも、天井といわず壁といわず床といわず、新しいシンボルがべたべたと貼りつけられ、まるでこの家では絶えずなにか荘厳な儀式が行なわれているみたいだった。

ナチスの体系、あるいはそのあらゆる権威的社会構造を雄弁に物語っている一例として、ヒトラーの言葉と一挙一動が、絶えずゲーリングを変えさせていた事実がある。今回もまた、ゲーリングは、自分で作ったばかりの設備を、本当はそちらのほうが彼の性に合っていたからそのほうがずっと気分が落ち着いたのだろうけれど、それをしもすぐに捨てるのである。「ここにあるやつをそうじろじろ見ないでくれ。私は自分ではわからないのだ。だから君の好きなようにやってくれ。私の注文は、総統のところと寸分たがわずにやってくれということだけだ」。けっこうな注文である。ゲーリングはいつもそうだが、金に糸目はつけなかった。こうして一階にあるたくさんの部屋を四つの大広間に作り直すために、壁はどしどしぶち抜かれた。最大の彼の書斎は一四〇平方メートル近くもあり、ヒトラーの書斎に匹敵した。青銅の枠にガラスをはめた軽い構造物が追加された。青銅は当時、品不足で希少金属として統制されており、みだりに使うと厳罰に処せられるのであったが、ゲーリングはそんなことをまったく意に介さなかった。彼は熱心に見て回り、誕生日の子供のようにはしゃいで、手を打ったり笑ったりした。

ゲーリング家の調度は彼の巨体にふさわしかった。ルネッサンス風の古い書机はきわめて大きく、いすもまた、その背もたれが彼の頭よりずっと高いほど大きなものであり、まるで玉座のようだった。書机の上に大きな羊皮紙の傘のついた銀の燭台を二基と、とてつもなく大きなヒトラーの肖像写真がおかれていた。ヒトラーから贈られたオリジナルの写真ではものたりなくてか、人に見せびらかすためにさらに何倍にも引き伸ばしたものであった。訪問客はいずれもヒトラーよりのこの特別な敬意の印に驚かされていた。というのも、ヒトラーが彼の忠臣連に、いずれも同じ大きさの肖像写真をトロースト夫人の特別設計による銀縁に入れて贈ったことは、党や政府関係者のあいだで知らないものがなかったからである。

ホールの一面は、大きな絵を天井にはねあげると、壁が映画室に向かって大きく開くようになっていた。私はこの絵に見覚えがあった。後でわかったものだが、ゲーリングは例の無鉄砲さで、「おれんとこの」カイザー・フリードリヒ美術館長に命じて、美術館秘蔵の名画だったこのルーベンスの「鹿狩りをするディアナ」を自宅へ持ってこさせたのである。

改築中、ゲーリングは、国会議事堂の向かい側にある、二十世紀初頭の建物で、ロココ風の成金趣味を濃く漂わせている国会議長公邸に住んでいた。彼の住居の最終的な形についての打ち合わせはここで行なわれた。そのとき、文化的「工場主連合」の部長の一人であるペプケ氏がしばしば同席した。初老の白髪紳士であるペプケ氏は、ゲーリングの気に入ろうという善意でいっぱいだったが、ゲーリングが下の者に接するときにいつも見せるあけっぱなしな態度におどおどしていた。

ある日我々はゲーリングと一室にいた。その部屋の壁はヴィルヘルム二世時代のネオ・ロココ趣味で、上から下まで浅浮き彫りのバラ模様で埋まっているとんでもないしろものだった。「部長、あんたはこの装飾をどう思うかね。悪くないかね」と切り出したとき、ゲーリングもそのことがよくわかっていたのだ。老紳士は「とんでもないしろもの」ともいえず、あいまいな返事をした。すぐにゲーリングはからかう機会を見てとって、私に同意の目くばせをした。「でも部長、あんたはこれを美しいと思わないかね。私は全室をこんな風に装飾してもらおうと思っているんだがね。私らはもうその話をすませたんだよね、シュペーア君」「はい、もちろん、既にスケッチにかかっております」「それでは部長、ほれ、これだ。これが私らの新しいスタイルだ。きっとあんたの気に入ると思うがね」。部長は困惑した。芸術的良心に責められて、彼の額に汗がにじんだ。とがったあごひげがぶるぶるふるえた。ゲーリングは是が非でも老人に踏み絵をさせようと考えたのだ。「ではこの壁をよく見たまえ。バラの蔓《つる》がまきついている様子がいかにも見事だ。まるで戸外のバラのあずま屋にいるみたいじゃないか。あんたはこういうのに感心せんのかね?」「いえ、とんでもありません」と、絶望した老人はおどおどして答えた。「あんたぐらい有名な芸術通なら、こういうものに感心するにちがいないと思うんだが、どうかね。本当にきれいだと思わんかね?」。こうして遊びが長々と続くうちに、とうとう部長は追いつめられて、苦しまぎれな賛辞を吐いてしまった。

「どいつもこいつもあんなものだ」と、後でゲーリングが軽蔑していった。確かにみんなそうだったが、それは結局ゲーリング自身についてもいえたのである。彼はヒトラーとの会食のとき、彼の自宅が総統のとまったく同じように明るくて広いと、臆面もなくまくしたてたのである。ヒトラーが彼の部屋の壁にバラの蔓をからませたとすると、ゲーリングもまたバラを欲しがったのである。

建築家トロースト

既に一九三三年の冬、つまりヒトラーとのあの記念すべき最初の昼食から二、三か月で、私は彼の側近のグループに入れられていた。私並みの特別扱いを受けたものは、他にはわずかしかいなかった。私は自分の性質上口数が少なく控えめなほうだったが、ヒトラーは明らかに私に目をかけていた。自分が大建築家になりたいと思って果たせなかった青春の夢を、私にかけているのだろうかと、私はときどき自問してみた。しかし彼のよくみせる直観的な反応からは、見た目の共鳴を十分に説明する理由はほとんど見つからなかった。

当時の私の建築は、後のクラシックな線にはいまだ遠かった。たまたま一九三三年秋に全ドイツの建築家が参加したミュンヘン＝グリュンヴァルトのナチ党指導者学校のための設計競技のときの設計図が残っていた。この設計図は既に威容と誇示をねらう傾向を持っていたが、私がテッセノウから学んだ控えめな手法がまだ用いられていた。

ヒトラーはトローストや私と一緒に入選決定前に応募作品を見た。競技規定によって設計図はいずれも匿名で出されたが、むろん私は落選してしまった。入選作が決まって、匿名が解除された後、トローストはあるアトリエで会ったときに私の設計をほめてくれた。ところが驚いたことに、ヒトラーも私のプランを他のものと同様二、三秒しか見なかったにもかかわらず、正確にそれを覚えていた。彼はトローストの称賛を黙って聞き流していたが、たぶん私が、彼の考えるような建築家にはまだほど遠いことがそのとき彼にわかったのだろう。

二、三週間に一度ずつヒトラーはミュンヘンへ行った。彼がその旅行に私を同行させることがしだいに多くなった。ところで彼は駅に着くとたいていその足でトロースト教授のアトリエへ直行した。もう途中の列車の中で彼は「教授」がどのように設計を仕上げたかを熱心に話したものである。「『芸術の家』の一階のプランを彼はきっと変えただろうな。すこし手直ししたはずだが……食堂の詳細図はもうできただろうか。今日はたぶんヴァカーレの彫刻のためのスケッチを見せてもらえるだろうな」

アトリエは工業大学に近いテレージエン街のさびしい裏通りにあった。何年も塗装したことがないはげちょろの玄関から階段を二段ほど上るのだが、トローストは自分の地位を意識して、階段を下りて彼を迎えることも、彼について下りて行くこともしなかった。ヒトラーは控の間で彼と握手した。「私は待ちきれないのだ。どう？　新しいものがあったら見せてくれないかね」。そういっているうちにもヒトラーと私は書斎にはいる。そこでトローストは彼に、常に自尊心を保ちながら、同時に控えめに、プランや想定図を見せるのだった。しかし、このヒトラーの最初のおかかえ建築家は後の私ほど気に入られていなかった。ヒトラーはめったに感心しなかったからである。

その後で「教授夫人」からミュンヘンの「総統官邸」の内装用の生地や壁材料の色見本が見せられた。それはけばけばしくなく、それ自体としてはよく調和がとれているのだが、ヒトラーの大向こう受けの趣味には地味すぎた。しかし、彼はそれが気に入った。当時上流社会の流行だった、ブルジョワ的に洗練された雰囲気の粋な風流さが彼の琴線に触れたのである。こうして、いつも二、三時間たつと、ヒトラーは手短に、だが心をこめて別れを告げて、すぐ自邸へ車を走らせた。私にいう言葉はもっと簡潔だった。「じゃ昼食にオステリアで」

普通は二時半ごろに私は、ヒトラーが行きつけになってから急にその名を上げた小さな芸術家レストラン「オステリア・バヴァリア」へ行った。ここは、きちっとした服装や制服姿の取り巻きを従えたヒトラーなどより、長髪ともじゃもじゃひげでとぐろを巻いている芸術家の一団のほうが、よほど似合うところだった。そういう「オステリア」の気分がヒトラーは好きだったのだ。つまり彼がかつて憧れたものの、今はもうその見込みもないし、同時に時代的にも過去のものとなってしまったその雰囲気が、「世に容れられぬ芸術家」である彼の気に入ったのである。

限りられた招待客たちが何時間もヒトラーを待つこともまれではなかった。常連の顔ぶれは、酔いがさめていれば副官の一人であるバイエルンの大管区指導者ヴァーグナー、常連の付き人でありこのごろはたいていてい軽く酔っ払っているおかかえ写真師のホフマン、いつも気持ちのよいミットフォード夫人であり、たまには画家あるいは彫刻家のだれかしらであった。それから新聞出版部長ディートトリヒ博士、ルドルフ・ヘスの秘書である風采のあがらぬマルティン・ボルマンも常連だった。我々がいるだけで、「あの人」が来ることを知った数百の人々が路上で待っていた。

外で大歓声が起こった。一方を衝立で仕切った常連席へヒトラーが人をかきわけてはいってくる。天気がよいと、我々はあずま屋の小さな中庭に陣取った。彼は店主と二人の給仕女に陽気にあいさつした。「今日はなにかうまいものがあるかね。ラヴィオリ！　ためしてみて、あまりうまくなかったらどうする。うっかり乗れないな！」。ヒトラーは指を鳴らした。「君のところのものはみんなおいしいんだろうな、ドイテルモーザー君、でも私は私の好みでいくよ。総統は好きなものが食べられないということを君は忘れている」。そういって彼はメニューを長いこと検討して、ラヴィオリを選んだ。

みんなが好きなものを注文した。シュニッツェル、グーラシュ、それにハンガリー産のブドウ酒。ときおり「大食漢」だの「飲んべえ」だのというヒトラーの冗談が飛んだが、すべてに和気あいあいとした雰囲気だった。水入らずで、言わず語らずに通じあうものがあったのである。政治の話はタブーだった。唯一の例外がミットフォード夫人で、彼女は後年の緊張の時代になっても故郷のイギリスのために粘り強く働きかけ、しばしば、ヒトラーに、イギリスと協調するように懇願した。ヒトラーになんど冷たくはねつけられても、彼女はその間ずっとひるまなかった。その後一九三九年九月、イギリスの対独宣戦布告の日、彼女はミュンヘンのイギリス庭園でピストル自殺を図った。ヒトラーはすぐ彼女をミュンヘンの一番よい医者に見せ、それから特別車でスイスを経由してイギリスへ送還させた。

食事中のおもな話題はきまって午前中の「教授」訪問のことだった。ヒトラーは自分の見たものを大げさにほめあげた。細かいところまで彼に吸収されるのだった。トローストとヒトラーとの関係は師に対する弟子のそれに近かった。それは、テッセノウへの私の打ち込み方を思い出させるほどだった。

こういうところが私には非常に気に入った。周囲から崇拝されるこの人間が、他人に対しても、一種の崇拝ができることに私は驚いたのである。自分でも建築家だと思っていたヒトラーは、この分野での卓越した専門家に敬意を表していた。政治の分野でだったら、決してそんなことをしなかったろうが。

彼は、ミュンヘンの教養の高い出版者ブルックマン一家からトローストを紹介されたときのことを、率直に話した。初めてトローストの仕事を見たとき、「目からウロコが落ちたような気がした」と。「私は自分がそれまで書いてきたものがいやになった。その人を知ったのは、なんという幸運だったろう！」。それは事実である。もしもトローストの感化がなかったら、彼の建築の趣味がどんなものになっていたかは想像もつかない。彼は私に二〇代のころのスケッチ帳を見せてくれたことがあった。それは十九世紀九〇年代のウィーンのリング通りにあるネオ・バロック様式の格式張った建物をスケッチしたものだった。不思議なことに、こういったスケッチと同じページにしばしば武器や軍艦の絵もごたごたと書き込まれていた。

それに比べてトローストの建築は簡潔だった。次のエピソードもヒトラーに対する彼の影響を物語るものである。ヒトラーは死ぬまで、スケッチしたときに手本にした建築家や建築物を称賛していた。例えばシャルル・ガルニエのパリ・オペラ座がそれである。「あの階段ホールは世界で最も美しいものだ。盛装した貴婦人たちがしずしずと降りてくる。両側に制服が立ち並ぶ。シュペーア君、そういうものを我々も作らなくては！」。ウィーンのオペラ座に彼は感激した。「壮大な音響効果をもつ世界で最も華麗な歌劇場だよ。私は青年のころ、天井桟敷にすわっていると……」

ウィーン・オペラ座の設計者であるファン・デア・ニュルについてヒトラーはこう語った。「オペラ座は失敗作だったと彼は思った。そこで、彼は絶望して、開場の前日に頭に弾丸を打ち込んだのだよ。ところが翌日のこけら落としは大成功だった。世界中が建築家を称賛した！」。その物語から発展して、どんなに困難な状況にあっても、そのたびに幸運が自分を救ってくれた、だから決してものことを投げ出してはいけない、といった感想にまでいたることがよくあった。

彼は特にヘルマン・ヘルマー（一八四九―一九一九）とフェルディナント・フェルナー（一八四七―一九一六）の数多くの劇場建築にひどく愛着をもっていた。二人は十九世紀末のオーストリア＝ハンガリー帝国内だけでなく、ドイツにも、同じタイプの後期バロック様式の劇場を広めた人物である。ヒトラーは二人の建築物がどこの町にあるかまで通暁していて、後にはつまらない劇場をアウグスブルクに建てさせたくらいである。

しかし反面で彼は、ドレスデンのオペラ座と美術館、ウィーンの宮殿と帝室博物館を建てたゴットフリート・ゼムパー（一八〇三―七九）、アテネとウィーンに若干の重要なクラシック風な建物を作ったテオフィル・ハンゼン（一八〇三―八三）のような十九世紀の巨匠たちをも評価していた。一九四〇年にドイツ軍がブリュッセルに進駐すると同時に、私はプラール（一八一七―七九）の手になる壮麗な裁判所を視察するために、そこへ急行させられた。ヒトラーはパリのオペラ座と同じようにそれを図面でしか知らなかったのに、それに夢中になっていたのである。私は帰るとすぐ、それについて詳しい説明を求められた。

これがヒトラーの建築の世界であった。しかし結局のところ、彼をたえず引きつけたのは誇大なネオ・バロック様式であって、ちょうどヴィルヘルム二世がやはりそのおかかえ建築家にやらせたように、根本的には「退廃バロック」つまりローマ帝国の滅亡と軌を一にしたあの様式に等しいものだった。ヒトラーは絵画や彫刻でもやはりそうだったように、建築の分野でも青年時代の世界、つまり彼の芸術趣味やまた彼の政治的・イデオロギー的観念世界に特殊な色合いを与えていた一八八〇年から一九一〇年の世界にひたっていたのである。

ヒトラーの特徴を物語るにはさまざまの矛盾した傾向がある。たとえば彼は、若いころの彼に感銘を与えたウィーンの建築物に対し、深く熱中はするが、その舌の根の乾かぬうちに次のようにもいうのである。「トローストから私は、建築の何たるかを学んだ。私は金さえあれば、彼の作った家具を片っ端から買いこみ、彼の建築や、『ヨーロッパ』館の内装をしみじみながめて、そしてそのたびにブルックマン夫人の姿を借りて私の前に現われ、私をこの巨匠に引き合わせてくれた運命の手に感謝した。党にもっと金があれば、私は彼にミュンヘン党本部の改築と改装を注文した。君が見たあれだよ。そのために私はどれだけ苦労したろう。党の小役人どもがむだ遣いだというんだ。しかしこの改築のおかげで私は教授からあらゆることを学んだではないか！」

パウル・ルートヴィヒ・トローストは、背が高く、やせて、頭はつるつるのヴェストファーレン人であった。口数が少なく、身ぶりを入れないでしゃべった。彼はペーター・ベーレンス、ヨーゼフ・M・オルプリヒ、ブルーノ・パウル、ヴァルター・グロピウスなどのグループの一人だった。これは一九一四年、極彩色のユーゲント様式に反対して、簡潔で、ほとんど色彩を使わない方向を代表し、スパルタ的伝統主義と近代の諸要素を結合させたグループである。ただトローストは競技ではときどき成功したものの、一九三三年以前は決してトップグループにはいっていなかった。

党の機関紙がいろいろ宣伝したけれども、「総統の様式」なるものがあったわけではない。第三帝国の公式建築とされたのは、トローストが伝えた新古典主義《ネオクラシッシュ》にすぎない。しかもこれもその後枝葉をひろげ、変質し、あるいは滑稽なものにすら堕した。ヒトラーは、そのドーリア式の幹に、彼のゲルマン的世界との結合点がいくつかあると信じていただけに、なおさらクラシック様式における超時代的性格を評価したことは確かであるが、そうかといって、ヒトラーにイデオロギーにもとづく建築様式があると思ったら大まちがいだろう。第一、それでは彼の現実主義的なものの考え方に合わない。

写真師ホフマン

ヒトラーがミュンヘンにおける建築の相談にいつも私を同行させたのには、もちろん彼なりの意向があった。彼は私をトローストの弟子にしたかったのである。私にはトローストから学ぶ気持ちがあったし、事実多くを学んだ。この私の二人目の師の、豊かであるが単純な要素に限定する控えめな建築は、私に決定的な影響を与えた。

「オステリア」における長いおしゃべりも次の言葉で打ち切られた。「教授は私に、総統官邸では階段ホールの型枠を取り外すといった。私はじっとしていられないのだ。ブリュックナー、車を回したまえ。我々はすぐ行く。君も一緒にどうかね？」

ヒトラーはまっしぐらに官邸の階段ホールへ行って、一階から、（階段へと続く）二階の廊下から、また階段からそれをじっくりながめ、再び二階へ上がるともう夢中だった。とうとう残る隈なく現場を見て回り、あらゆる寸法や細部についての彼の知識の正しさをもう一度披瀝《ひれき》して、工事の関係者たちを唖然《あぜん》とさせた。進行状態に満足し、また自分がこの工事の発案者であり原動力であるだけに自分自身にも満足して、彼は次の目的地であるミュンヘン＝ボーゲンハウゼンにある彼の写真師の別荘へ向かった。

天気がよかったので、まわりの他の別荘に囲まれた二〇〇平方メートルほどの小さな庭園でお茶を飲んだ。ヒトラーはケーキを断わりたかったが、主婦にいろいろお世辞をいっているうちに、とうとういくつかを皿にのせられてしまった。さんさんと降る日を浴びてこの総統兼首相は上着を脱ぎ、シャツのまま芝生に寝ころんだ。ホフマン家では自宅にいるような気分だった。ルートヴィヒ・トーマの全集の一巻をもってこさせて、一編をめくって朗読したこともあった。

あるじの写真師が彼のために選んで自宅に取り寄せた絵を、ヒトラーは特に喜んだ。当初私は、ホフマンがヒトラーに見せた絵をながめ、しかもヒトラーがそれをほめるのを聞いてあきれたものだったが、そのうちに私もそういうものに慣れてしまった。といってもむろん私は初期ロマン派の風景画、たとえばロットマン、フリースあるいはコーベルのものを収集することをやめなかったが。

ヒトラーとホフマンのお気に入りの画家の一人、エドゥアルト・グリュッツナーは、酒好きの坊さんや酒番を題材にしていて、禁酒家のヒトラーよりホフマンの生活領域のほうに合っていたのだが、ヒトラーはそれらの絵を「芸術的」観点から鑑賞した。「なに、これがたったの五〇〇〇マルクだって」。私のみるところ、その絵は絶対に二〇〇〇マルク以上の値打ちはなかった。「いいかいホフマン、これは掘り出し物だよ！　細かく見てごらん！　グリュッツナーは過小評価されすぎている」。この画家の次の絵を彼らはさらに高く踏んだ。「彼はまだ世間に見いだされていないのだ。レンブラントは死後数十年たってもぜんぜん認められなかった。それで彼の絵はただ同然だった。きっと受け合うね。このグリュッツナーはそのうちにレンブラントくらいの値打ちになるよ。レンブラントだってこれ以上には描けなかったろう」

すべての芸術分野にわたってヒトラーは、十九世紀後期を人類最高の文化時代と考えていた。ただ時間的に現在からすこししか離れていないので、そうと認められないだけだと彼はいった。しかしこの価値評価は、ライプルやトーマの自然主義が彼の潜在的芸術嗜好に合っていたのにひきかえ、印象主義には向けられなかった。マカルトが最高で、シュピッツヴェークも高く買った。この場合の彼の好みはよく理解できる。彼は線の太い、しばしば印象主義的なその画法を好んだというより、むしろ小市民的ジャンルを評価し、シュピッツヴェークが彼の時代のミュンヘンの田舎町ぶりを風刺した愛すべきユーモアに酔ったのだというべきだろう。

後になって、ある贋造者《がんぞう》がシュピッツヴェーク・ファンをだまして金をまきあげたことがわかって、この写真師をひどくがっかりさせたことがあった。ヒトラーもはじめは手持ちのシュピッツヴェークのどれが本物かに自信がもてなかったが、やがてその疑念がおさまると、いじ悪っぽくいった。「ねえ君、ホフマンのところにかかっているシュピッツヴェークの一部はにせ物なんだ。それを教えてやることはできるが、彼がうれしがっているんだからいいじゃないか」。ミュンヘンでヒトラーが好んで使うバイエルンなまりで彼はそういった。

古い同志と派閥の形成

ときどき彼は、「カールトン茶房」へ行った。時代ものを模した家具や、嫌味なクリスタルグラスのシャンデリアのある気取ったレストランである。彼がそこを好んだのは、そこにいればミュンヘン市民にわずらわされることがないし、他の場所だとたいてい起こるような拍手やサインねだりに悩まされることがなかったからである。ときどき夜おそくなって、ヒトラーの家から私に電話がかかった。「総統はカフェ・ヘックへおいでになります。ご同行を願います」。私はベッドから起きなければならなかったし、いったん行けば夜中の二時、三時前に帰れる見込みがなかった。

ヒトラーはときおりこう弁解した。「闘争時代に夜ふかしの癖がついてしまったのだ。会議の後は仲間たちと会食しなければならなかったし、演説をするときまって興奮して、明け方にならなければ眠れなかったんだよ」

カフェ・ヘックは、「カールトン茶房」とは対照的に、簡素な木のいすと鉄製のテーブルの店だった。ここは、ヒトラーが昔、同志たちと落ち合ったなじみの党員カフェであった。しかし一九三三年以後は、彼がミュンヘンに滞在しているときでも、それまで長年彼に忠誠を尽くしてきた昔の同志とはぜんぜん会わなかった。私ははじめ、ミュンヘン仲間の親密な集いを予期していたが、そんなものはまったくなかった。それどころか昔の仲間のだれかが彼に会いたいといってくると、ヒトラーは不機嫌になり、ほとんどいつもなんだかんだと口実を作って逃げたり、延ばしたりした。ヒトラーが、表面は人づきあいのよさを装っていても、実はきちんと隔たりを置いていることを、古い同志たちは必ずしもわかっていなかったのだろう。しばしば彼らはひどくなれなれしいそぶりを見せたが、彼らが思いこんでいるような昔なじみは、ヒトラーがその間に得た歴史的役割に、もはやそぐわなかったのである。

ただごくまれに彼らの中のだれかを訪ねることがあった。彼らは今は豪華な別荘を手に入れ、大部分が要職についていた。一九二三年十一月九日の暴動を記念して毎年その日に

「ビュルガーブロイ酒場」で祝宴を張るのが、年にただ一度の会合だったが、驚いたことにヒトラーはこの再会をまったく喜ばず、そのころになるときまって、いやいやながら出席しなければならない不快さを顔に表わした。

一九三三年以後、かなり急速に派閥が形成された。各派閥は互いに距離を保ちながら、隙をうかがい、競争し、軽蔑しあった。蔑視と不信のまざった空気が広がった。それは、新しい立て役者のまわりにすぐ親密な輪をつくりたがる人間の性《さが》だともいえる。たとえば、ヒムラーは、彼に無条件の尊敬を払う輩下の親衛隊幹部とばかりつきあった。ゲーリングは、一部の近親者や腹心たちから成り立つ盲従的崇拝者の群れを周囲に集めた。ゲッベルスは文芸界や映画界の信者たちに囲まれていい気持ちになっていたし、ヘスは類似治療法の問題にこり、室内楽を愛し、常軌を逸しているが面白そうな知人をもっていた。

ゲッベルスはインテリとして、指導的なミュンヘングループの無教養な俗物どもを見下していたし、彼らは彼らで、教養ある博士の文学的名誉心をからかっていた。ゲーリングは、ミュンヘングループもゲッベルスも、自分にふさわしいレベルの者と思ってはいなかったので、彼らとの交際を一切避けていたし、ヒムラーはヒムラーで、一時的に王太子や伯爵の息子などを優先することにより表現された親衛隊のエリートとしての使命感を通し、他の連中より自分は数等格が高いと思っていた。ヒトラーも、影のように彼に従う理容師、写真師、運転手および秘書といった取り巻き連をもっていた。

こうしたてんでんばらばらなサークルを、ヒトラーは政治的にはまとめていたが、政権掌握から一年もたつと、ヒムラーもゲーリングもヘスも、例の昼食会や映画に新政府要人の集まりといえるほど頻繁には顔を見せなくなった。たまたま来れば来たで、彼らの関心は、ヒトラーと、そのひげのちりを払うことに集中していて、他のグループ間の横の連絡は生まれなかった。

指導層間の社交的結びつきには、ヒトラー自身も乗り気ではなかった。後日情勢が悪化するにつれて、グループ間の接近の試みはますます疑いの目で見られた。すべてが終わって囚《とらわ》れの身となって初めて、むろんやむをえずではあったが、互いに拒否しあってきたこれら各派閥の生き残りの親分衆が、ルクセンブルクのホテルで初めて一堂に会したのだった。

ミュンヘン滞在中のヒトラーは、ベルリンやオーバーザルツベルクにいるときほど政務や党務を見なかった。会議には日にほんの一、二時間しか当てなかった。一日の大部分を工事現場やアトリエ、カフェ、レストランでぶらぶらと過ごし、いつも同じような取り巻き連を相手に長いおしゃべりにふけっていた。だから取り巻き連は、同じような話を耳にたこができるほど聞かされるわけで、あくびをかみ殺すのに苦労した。

オーバーザルツベルクでの散歩

ミュンヘンで二、三日すごすと、ヒトラーはたいてい車で「山」へ行く用意を命じた。われわれは数台のオープンカーに分乗して、ほこりっぽい街道を走った。当時はまだザルツブルク方面へのアウトバーンはなかったが、優先的に着工されていた。たいていキームゼー湖畔のランバッハの村の食堂でおやつをとった。ヒトラーはここのケーキのおやつが好きであった。しばらく休んでまた出発するのだが、車がびっしりつながっているので、二、三台目の連中は、二時間のあいだほこりをたっぷりと吸わされた。ベルヒテスガーデンへ向かう穴ぼこだらけの嶮《けわ》しい山道をたどると、そこがオーバーザルツベルクで、屋根の切り立った、小さいが感じのよい木造のヒトラーの山荘が待っていた。食堂、居間、三つの寝室はいずれも質素なものであった。調度品はヴェルティコー期の民芸調のもので、全体にゆったりとした小市民的落ち着きを与えていた。こまごました装飾品や、金メッキのカナリアの鳥籠、サボテン、ゴムの木がその印象をさらに強めた。ヒトラーファンの女性が刺繍したクッションには、たとえば「永遠の忠誠」といった誓いの言葉と組み合わせて、鉤十字がちりばめてあった。ヒトラーは困惑した顔で私にいった。「こういうものが美しくないことはわかっているのだがね。たいていはもらいものだよ。できればお払い箱にしたいのだが」

やがて彼は寝室から出てくる。上着は、薄青色のリンネルの軽いバイエルン風ジャケットに着替え、それに合わせて黄色いネクタイをしていた。彼はたいていすぐ建築の打ち合わせにかかった。

打ち合わせを終えると、秘書のヴォルフ嬢とシュレーダー嬢を乗せてドライブに出かけた。それにはよく一人の質素なミュンヘン娘が一緒に乗りこんでいた。彼女は美しいというより、うぶで、愛嬌があって、つつましい感じだった。これが専制君主の愛人エーファ・ブラウンであるなどとはだれにも気づかれなかった。

この車は決して公式の車の列を作ることはなかった。というのも、これがヒトラーの乗用車であることを人に知られてはならなかったからである。同乗の秘書嬢も、ヒトラーの愛人をカムフラージュする役目だったのである。こうしてヒトラーと彼女が特別な間柄であることを物語る一切の気配を隠し通したことは、驚くべきことであった。彼が二階の寝室へ行くのも、夜おそくなってからだった。そんな関係を隠しおおせるはずがないような内輪の間ですら、なぜこんなにまで、無理に隠しだてするような態度をとったのかは、私にはいつまでも解せなかった。

エーファ・ブラウンは周囲のすべての人びとに対して、ヒトラーが取るとおなじ距離をとった。私に対しても、それが変わったのは何年もたってからであった。我々が親しくなって初めて、多くの人に尊大な印象を与える彼女の一歩退いた態度が、実は当惑にすぎないことがわかったのである。彼女はヒトラーの宮廷における自分の日陰者的立場をはっきり認識していたのだ。

このころ、ヒトラーはエーファ・ブラウン、副官および召し使いの四人きりで小さな家に住んでいた。マルティン・ボルマン、新聞出版部長ディートリヒ、並びに二人の秘書嬢と私を含む五、六人の客は、近くに散在する借家に住んだ。

オーバーザルツベルクを選んで別荘を構えたのは、自然への愛好からだと、はじめのうちは思っていた。しかしそれは私の勘ちがいだった。確かに彼はしばしば美しい景色を嘆賞したが、実は、調和のとれたその風景に共鳴したというより、断崖絶壁の力強さに魅せられていたのである。彼が口に出していったよりずっと強くそれを秘かに感じていたかもしれない。そのきわだった例は、彼は花にほとんど興味をもたず、それを飾りとしか見なかったことである。一九三四年にベルリン婦人組織部の代表がヒトラーを駅頭に迎えて、彼に花束を贈ろうとしたとき、その幹部が宣伝省次官ハンケに、ヒトラーの好きな花は何かと問い合わせてきた。ハンケは私に聞いた。「副官たちに聞いて回ったんだがね、わからないのだ。そんなものないんだな」。少し考えた後で彼はいった。「どう、シュペーア君。エーデルワイスだと返事しちゃったらどうかね。エーデルワイスが一番いいと思うがね。珍しいものだしさ。バイエルンの山の花でもあるしね。いいから、エーデルワイスだといっちゃおう」。その時からエーデルワイスが「総統の花」となった。このできごとは、党の宣伝がときおりいかに勝手にヒトラーの肖像をでっち上げたかを語っている。

ヒトラーは、昔彼がやった大きな山歩きのことをときどき話した。といってもむろん登山家からみれば登山といえるしろものではなかったろう。しかしその彼が登山や山岳スキーを否定していた。「わざわざ山にはいってまで冬の寒さにあうのがどうしておもしろいのかねえ」。彼の雪嫌いは、一九四一、四二年のあの破局的な冬の戦いのずっと前に、いく度か彼の口にのぼった。「ああいった種類のスポーツは、たくさんの犠牲者を出すので禁止するのが一番いいが、そういうばか者から山岳兵が育つんでね」

一九三四年から三六年にかけてヒトラーは、よく知られた山道をたどるわりあい長い散歩をした。お供は例の客たちと、護衛隊「親衛旗」所属の三、四人の私服警官であった。そのときエーファ・ブラウンもついていくことを許されたが、むろん二人の秘書嬢にまぎれて一行の最後尾についていくだけだった。彼からトップに立つように呼ばれることは、彼と言葉を交わすことはごくまれだったが、それでも特別の好遇であった。その相手をヒトラーは、三〇分ごとくらいに「新聞出版部長を寄こしたまえ！」といったふうにとり代えた。そしてそれまでのお供はただの従者に格下げされた。足どりは早かった。ときどき他のハイカーに出会った。彼らは道端に立ち止って、うやうやしく頭を下げたり、あるいはたいてい婦人か少女だったが思いきって話しかけてくると、彼は親しげな言葉で答えた。

目的地は「ホッホレンツァー」という小さな山のホテルだったり、あるいはさらに一時間先の「シャリッツケール」であり、到着すると、戸外の簡単な木のテーブルでミルクかビールを飲むのだった。たまにはもっと長いツアーもした。国防軍総司令官フォン・ブロムベルク上級大将がヒトラーに同行したことがあった。そのときは、他のみんなは二人の声が聞こえないくらいの距離をとらなければならなかったので、重大な軍事問題が話されたのだと思った。森の中の草地で一休みしたときも、ヒトラーは召し使いに命じてかなり離れたところにシーツを広げさせ、上級大将と一緒にそこで体をのばした。一見のどかな光景であった。

自動車でケーニヒスゼー湖へ行き、そこからモーターボートでバルトロメー半島へ行ったり、シャリッツケールを経てケーニヒスゼーまで三時間かけて歩いたこともあった。途中では、お天気に誘われたたくさんのハイカーと行き合った。おかしなことに、多くの人たちは、まさかヒトラーが徒歩のハイカーの群れにまじっていようとは思ってもみないので、バイエルン風の姿をした彼に、はじめのうちは気がつかなかった。目的地のホテル「シフマイスター」のすぐ近くまで来て、たった今すれちがった人物が何者かを知って熱狂した人たちが人波を作った。彼らは興奮して我々の後をついてきた。これはいけないと、我々は大急ぎでヒトラーの先に立って、またたくまにふくれ上がった群衆にせき止められないうちに玄関にたどりついた。そこで我々がコーヒーとケーキをとっているあいだに、外の広場が人で埋まった。警備の援軍が到着するのを待って、ヒトラーはオープンカーに乗った。前席の運転手の隣に立って、風防ガラスに手をおいた姿は、遠い人にもよく見えた。その瞬間、群衆の熱狂ぶりは頂点に達した。彼らは数時間待ってついに報いられたのだ。車が人の足くらいの早さで押し寄せる群衆をかき分けていくあいだ、車の前に二人、左右に三人ずつの護衛隊員がついた。私はいつものようにヒトラーのすぐ後の補助席にすわっていた。これほどの歓呼、これほど多くの人の顔に現われた陶酔を私は生涯忘れないだろう。彼の支配の最初の数年間は、ヒトラーはどこへ行っても、彼の車がすこしのあいだ止まっただけでも、いつでもこのような光景が繰り返された。それは修辞的あるいは暗示的大衆操作によってひき起こされたものではなく、ヒトラーがそこにいるだけでそうなるのである。大衆の一人一人はほんの数秒間だけその影響を受けたのだが、ヒトラーはしょっちゅうその影響にさらされた。それにもかかわらず彼が個人的なつき合いでは、持ち前の気さくさを持ち続けたことに、そのころの私はひどく感心した。

この賛美の嵐に私も巻き込まれたことはいうまでもない。しかし私にとってもっと印象的だったのは、その数分間あるいは数時間後には国民の偶像とともに建設計画について語り、劇場の桟敷にすわり、あるいは「オステリア」でラヴィオリを食べたことである。この対照ぶりが私をとらえたのだ。

数か月前までの私はまだ、建物を設計し、それを作ることができるというバラ色の前途に心を躍らせていたのに、今は無条件に彼に呪縛《じゅばく》され、彼に骨がらみとらわれてしまっていた。むろん彼は私を建築家としての栄光の道へ導こうとしただけだったろうが、私は彼の行くところへどこまでもついていこうという気持ちになっていた。十数年後、私はシュパンダウ刑務所で、自立的人格という人間の最高の特権をみずから進んで放棄してしまう人間について、カッシーラーが述べた定義を読んだ。その当時の私は、そういう人間の一人だったのだ。

二つの死

一九三四年の二つの死亡事件は、個人的にも国家的にも特筆すべきことであった。すなわち一月二十一日に、数週間の重病の後、ヒトラーおかかえの建築家トローストが死んだ。そして八月二日にはフォン・ヒンデンブルク大統領がなくなった。大統領の死はヒトラーに無制限な権力への道を開くことになった。

かつて一九三三年十月十五日、ヒトラーはおごそかにミュンヘンに「ドイツ芸術館」の礎石を置いた。彼は、この日のためにトローストが作った華奢《きやしや》な銀のハンマーを打った。しかしハンマーは砕けてしまった。それから四か月たったあとでヒトラーが我々にいった。「ハンマーが砕けたとき、私はすぐ悪い予感がした。今になにか起こるぞと。なぜハンマーが砕けたかが今やっとわかった。つまりトローストは死ななければならなかったのだ」。こういうヒトラーの迷信ぶりを物語る例を私は少なからず経験した。

しかし私にとってもトローストの死は大きな損失だった。彼と私とのあいだに密接なつながりができたばかりで、私はそこから人間的にも芸術的にも多くを得ることを期待していた。しかしそのころゲッベルスの次官であったフンクの見方はちがっていた。トローストのなくなった日に、宣伝省の次官室で、丸い顔に葉巻をくわえている彼に会った。「おめでとう！　今は君が第一人者だ！」

このとき、私は二八歳だった。

第5章　誇大妄想の建築

トロースト未亡人

しばらくは、ヒトラーみずからがトローストの事務所を引き継ごうと思っているようなようすであった。彼は、故人の思想に共鳴した者でなければ計画の引き継ぎはとてもできないと心配していた。「一番いいのは、私が自分の手でそれをやることだ」。結局この意図も、後に全軍の総指揮をとることによって不可能となってしまったのだが。

いずれにせよ最初の数週間は、ヒトラーは、自分がよく精通したアトリエの主人だという考えに心を奪われていたことは確かである。もうミュンヘンへ向かう車中から、設計の相談をしたりスケッチを書いたりして、数時間後には元のあるじの設計台にすわって図面を修正する用意にとりかかることがしばしばあった。しかし実直なミュンヘン人である設計事務所長のガルは、意外に頑固にトローストの作品を弁護し、はじめのうちは非常に細かに書かれていたヒトラーの提案にも同調しないで、それに修正をほどこした。ヒトラーは彼を信頼し、まもなく黙って彼の思いどおりにさせた。彼はこの人間の才能を認めたのだった。しばらくして彼はガルにアトリエの指導をまかせ、新しい注文も与えた。

ヒトラーは、長年親しくしていたトロースト未亡人とはその後も親交を続けた。彼女は趣味と性格のはっきりした女性で、名誉も地位もある男たちよりよほど強硬に、自分の独断的な意見を主張した。特に亡夫の作品については、ときどき激しすぎるぐらいに弁護し、そのために多くの人に恐れられた。彼女がボナーツを非難したのは、彼が不用意に、トローストが作ったミュンヘン・ケーニヒスプラッツに批判的な意見をいったからである。彼女はフォアヘルツァーやアーベルなどの近代建築家をもひどくやっつけ、そのいずれの場合でも、ヒトラーと意見が一致した。反面で彼女は自分が選んだミュンヘンの建築家をヒトラーに近づけ、芸術家および芸術的できごとに賛否を下し、こうしてまもなく、ヒトラーがしばしば彼女に意見を求めたので、彼女はミュンヘンの大御所となった。しかし絵画の問題ではそうはいかなかった。その面ではヒトラーは、おかかえの写真師であるホフマンに、毎年の「大美術展」に持ち込まれる応募作の最初の審査をまかせた。トロースト夫人はしばしばホフマンの審査は一面的であるといって非難したが、この点ではヒトラーは彼女に従わなかったので、まもなく彼女のほうから審査へ参加するのを断念した。私自身は、知人のだれかに絵を贈りたいと思うと画商に頼んで、審査にはねられた絵が保管されてある「ドイツ芸術館」の地下室を見せてもらった。今になってときどき知人の家で、そのころ選んだ絵に再会すると、それらが当時の入選作品より決して劣ってはいないことに気がつく。昔あんなに激しくやりあった差違が、その間になくなって、結局同じものになっているのである。

レーム事件

一九三四年六月三十日、レーム事件の起きたころ私はベルリンにいた。町中、緊張感がみなぎり、ティーアガルテンには武装した兵隊が陣取り、銃を持った警官たちがトラックで町中を走っていた。その「緊迫した空気」は、後に私がやはりベルリンで経験することになる一九四四年七月二十日（ヒトラー暗殺未遂事件）とよく似ていた。

翌日になると、ゲーリングがベルリン危機の救済者として称賛されていた。昼前にはヒトラーはミュンヘンでの監禁から解放されて戻ってきた。そして私は副官から電話を受けた。「なにか新しいプランをお持ちですか。だったらそれを持ってきてください！」。その言葉から、周囲の者がヒトラーの関心を建築のことにそらそうとする意図がうかがえた。

ヒトラーは非常に興奮していた。今でもそう思うのだが、あの時の彼は、本当にたいへんな危機をよくぞ乗りきったものだと信じていたのだろう。そのころ彼は、バート・ヴィースゼーのホテル「ハンゼルバウアー」に押し込められたときのことをいくども語り、そのたびに自分の勇気を誇ることを忘れなかった。「我々には武器がなかったんだよ、君たち。それに、あのブタどもが我々に武装兵を差し向けられるとはよもや思わなかったのだ。それにあの同性愛的な雰囲気がたまらない。ある部屋にひょいとはいると、裸の少年が二人もいた」。あきらかに彼は、最後のドタン場にいたって自分自身を賭けることによって破局を防いだのだと思っていた。「だって、あれを解決できたのは私だけだったからね。他のだれでもない！」

彼の取り巻き連は、銃殺された突撃隊幹部に対する反感を煽《あお》ろうと、レームとその一党の私生活について細かい事実をせっせと彼に報告した。ブリュックナーは一味の放埒《ほうらつ》な乱痴気パーティーのときの料理のメニューをヒトラーに見せた。報告によると、それは突撃隊のベルリン本部で発見されたということであるが、豊富なコースや、カエルの足肉、鳥の舌、サメのひれ、カモメの卵などの舶来の美味に加えて、フランスのオールドワイン、最高級のシャンパンの名が記されてあった。ヒトラーは皮肉をこめていった。「こりゃ、革命家たちだ。そいつらに比べたら我々の革命なんか退屈だな！」

ある日ヒトラーは、大統領を訪問して、満面に笑みを浮かべて帰ってきた。彼の話では、ヒンデンブルクが事件の処理を認めてこういったそうである。「決定的瞬間には、どんな極端な結論にもひるんではならない。ときには血を流すこともやむを得ない」。同時に新聞には、ヒンデンブルク大統領が帝国首相ヒトラーとプロイセン州首相ゲーリングに公に祝意を述べたと報道された。

指導部は処置を正当化するために大急ぎであらゆる対策をとった。数日にわたるその活動は、特別召集国会におけるヒトラーの演説で終止符が打たれた。それは、身の潔白を断言したことによってかえってある罪の意識を人に感じさせるような演説であった。自己弁護するヒトラーなど、それは以後、一九三九年の開戦のときにすら、二度と見られない姿だった。法務大臣ギュルトナーも弁護に引き出された。彼は無党派で、従って特別ヒトラーの肩をもっているようにも見えなかったので、彼の登場は、疑念をもつすべての人に特別な重味を持っていた。国防軍がシュライヒャー将軍の死を黙認したことも大きな注目を集めた。しかし私にとってのみならず、非政治的な私の知人の多くにとってもより一層印象深かったのは、ヒトラーに支援を与えたヒンデンブルクの態度であった。この第一次大戦時代の元帥は、当時の市民階級出の世代には絶大な権威を有していた。私の学校時代から、ヒンデンブルクこそ近代史上不撓不屈《ふとうふくつ》の英雄の化身とみなされていた。子供のころの我々の目には、彼の姿はいつも伝説的な霧の中で後光に包まれて映っていた。戦争の最後の年に、子供の我々は大人と一緒になって、途方もなく大きいヒンデンブルクの肖像画を、一本が数マルクもする釘《くぎ》で打ちつけて飾ったことがある。そういう学校時代以来、彼は私にとってまさに神のごとき存在だった。その至高の裁きがヒトラーを擁護したことが、ヒトラーに対する信頼感を高めるのに役立った。

レーム事件後、大統領、法務大臣、および将軍連が代表する右派勢力が、ヒトラーの前に立ちふさがったことは偶然ではない。右派勢力は確かにヒトラーが代表する過激な反ユダヤ主義に同調してはいなかった。彼らはこの庶民的な憎悪の爆発を軽蔑しており、彼らの保守主義は、ナチスのような人種狂と共通の基盤をもってはいなかった。そんなことより、このときに示されたヒトラー援護には、まったく別な理由があったのである。すなわち、一九三四年六月三十日の血の粛清によって、特に突撃隊に代表される強力な左派が除去されたからである。左派は革命の成果をだまし取られたと思っていたし、それには理由がなくもなかった。というのは一九三三年以前に、ヒトラーの同志の大多数は、革命のための教育を受けていて、いうところの社会主義政策に真剣に取り組んでいた。私はヴァンゼーでの短い活動期間中、末端にはいたが素朴な突撃隊員たちが、いつかは報いられると信じて、困苦欠乏と不自由と危険に耐えている姿を見ていた。しかしその報いが宙に消え去ると、彼らの不満が積もり積もったのである。その気になりさえすれば、自分たちは容易に爆発的な力を獲得できたはずなのにと。だからひょっとするとヒトラーの処置は、レームが口にしていた「第二革命」の爆発を未然に防いだのかもしれない。

そういう理屈で、我々は自らの良心を慰めた。それ以後、私や他の多くの者は、次々に踏んぎりをつけて、二年前だったら躊躇《ちゅうちょ》したようなことを我々の新体制の規範とし、我々の足をひっぱるような疑念を無理やり押えつけた。それから数十年たった今にして、私はあのころの無思慮ぶりにわれながら唖然とするばかりである。

この事件の結果、すぐその翌日、ヒトラーから私に一つの注文がもたらされた。「できるだけ早くボルシヒ宮殿を改築してくれたまえ。ミュンヘンの突撃隊本部をこちらへ移す。将来は手元におきたいのだ。ただちに、あちらへ行って仕事を始めてくれ」。あそこには副首相の事務所があるのですが、という私の異議に、ヒトラーは一言答えただけであった。「連中をすぐ追い出せ！　そんなものを気にすることはない！」

この命令を受けて、私はただちに副首相パーペンの執務室へ行った。事務長はむろん、まったく知らされていなかった。彼は、新しい移転先を見つけて模様替えをするまで数か月待ってくれと申し出た。ヒトラーのところへ戻り報告すると、彼はかんかんになって、もう一度、即時退去を命じたばかりでなく、こっぱ役人なんぞ無視して工事を始めよと命じた。

パーペンは不在だった。彼の部下たちはためらったが、一、二週間で書類を仮移転先に移すことを約束した。そこで私はまだ人がいる建物にどしどし職人を送り込んだ。そしてホールや控え室で、できるだけ騒音とほこりをたてさせ、壁と天井の漆喰《しっくい》をぶっこわせとけしかけた。ほこりは扉の隙間から執務室に舞い込み、騒音が、事務をめちゃめちゃにした。ヒトラーはこれに喝采《かっさい》を送り、「ほこりだらけの役人たち」という冗談をとばした。

二四時間後に役人たちは退去した。ある部屋の床に私は乾いた血の痕《あと》を見た。それは六月三十日に、パーペンの協力者の一人であるヘルベルト・フォン・ボーゼが射殺されたあとである。私は目をそらせて、それ以後はその部屋を避けて歩いた。

大統領ヒンデンブルクの死

八月二日、大統領ヒンデンブルクが没した。その日のうちにヒトラーは、東プロイセンのタンネンベルク墓地で葬儀の準備を指揮してくれと、私に個人的に頼んだ。

斎場には材木で祭壇を組みたて、墓地の四周の高い塔から旗の代わりに黒いベールを垂らすだけにとどめた。ヒムラーが親衛隊の幕僚を従えて数時間後にあらわれ、冷ややかに、彼の全権委員たちから保守対策についての説明を聞いた。同じ無愛想さで、彼は私にも私の設計の説明をさせた。私は彼に、人間というにはほど遠い没個性の印象を受けた。彼は人を扱うというより、人を避けている感じだった。

明るい新しい材木で組んだ座席は、暗い枠という意図とはちぐはぐであった。その日は快晴だったので、私は座席を黒く塗らせた。ところが不幸なことに夕方になってにわか雨が降り、それが翌日まで続いた。ペンキは濡れたままだった。我々は数バレンの黒い生地を特別機でベルリンから取り寄せ、それを座席の上に張った。それでも黒い塗料がにじんだ。たぶん服をだいなしにした参列者が相当いただろう。

葬儀の前夜に、東プロイセンにあるヒンデンブルクの領地のノイデック荘園から斎場の塔の一つへ、砲車で棺《ひつぎ》が運ばれてきた。第一次大戦のドイツ各連隊の連隊旗と、松明《たいまつ》を持った人びとが棺について従った。しわぶき一つ聞こえなかった。続く数日間の式次第通りの葬儀より、この夜の荘厳な静けさのほうが私の印象に残った。

翌朝ヒンデンブルクの棺は、名誉墓地の中央に安置され、そのすぐ隣に、必要な距離もおかずに演壇が設けられていた。ヒトラーが登壇した。副官シャウプが書類入れから草稿を取り出して演説台の上においた。ヒトラーは演説にとりかかろうとしたが、口ごもってこの場に不似合いなほど怒ったように首を振った。シャウプが草稿を取り違えたのだった。草稿を取り代えると、ヒトラーは驚くほど冷たい、形式的な追悼文を読み上げた。

ヒンデンブルクは、一筋縄ではいかない頑固さで、長いあいだ、まったくヒトラーにとってはいらいらするくらい長いあいだ、目の上のたんこぶ的存在であった。ときどき詐術、ウイット、陰謀を使ってでも、話をわかりやすくしてやらなければならなかった。ヒトラーのこの手の内の一つが、当時まだゲッベルスの次官であった東プロイセン人のフンクを、毎朝の大統領記者会見に派遣することであった。そして事実フンクは、同郷のよしみで、ヒンデンブルクにとって政治的に面白くないニュースをやわらげたり、差しさわりのないように報告する手を心得ていた。

ヒンデンブルクと彼の政治的友人の多くが新政府に期待した君主制への再帰を、ヒトラーは一度も本気で考えたことはなかった。それについて彼は次のような意見を述べたことがあった。「ゼーフェリングのような社会民主主義者の大臣連に私はその後も年金を与えてやった。彼らについてどう考えようと勝手だが、一つだけ功績を認めてやらなければならない。それは彼らが君主制を廃止したことである。これは大きな進歩だった。そのおかげで我々にはじめて道が開かれたのだ。それなのに、今になってまた君主制を取り入れられるかね。私に権力を分けろだって。イタリアを見たまえ。いったいやつらは、私がそんなにばかだと思っているのかね。君主制というのはいつだってその最初の忠臣には冷たいものさ。ビスマルクを思い出せばよい。私はそんなものにだまされない。ホーエンツォレルン家が今どんなに愛想よくしたって」

最初の大仕事

一九三四年春、ヒトラーはだしぬけに初めて大きな注文を私によこした。ニュルンベルクのツェッペリン飛行場の木造の仮見物席を石造りに代えてほしいというのである。私は正直なところ、最初のスケッチを描くのに苦しんだが、たっぷり一時間がかりで、納得のいくアイデアをひねり出した。大きな階段を上りつめると長い列柱ホールとなり、その両端を二基の石像が護る。これはいうまでもなくペルガモン期の影響を受けていた。ただ、なくてはならぬ貴賓席がじゃまになって、私はこれをできるだけ目だたないように階段席の中央に配置しようと試みた。

私は内心ひやひやしながらヒトラーに模型を見てくれと頼んだ。そのプランがはじめの注文よりオーバーしていたので気が引けたのである。大きな石造構造は長さ三九〇メートル、高さ二四メートルであった。長さはローマのカラカラ浴場を一八〇メートルも上回り、したがってその二倍近くあったのである。

ヒトラーは石膏模型を玄人みたいに正しい目の高さをとって四方からゆっくりながめ、黙々と図面を調べ、なんの反応も見せなかった。すんでのところで私は、もうだめかと思った。ところが、初めて彼と出会ったあのときと同じように、彼は一言「よし」といって立ち去った。ふだんだったら長ったらしいおしゃべりをする彼が、そのような決定を下すさいに、なぜ一言しかいわないのか私にはいまだにわからない。

他の建築家だったら、ヒトラーはたいてい第一案をはねつけて、いく度でも練り直しをさせ、さらに工事中も細かい変更を要求したものである。ところが私に対しては、この最初の能力テスト以来、私の思うままにさせた。彼は私のアイデアを尊重し、ある意味で彼に匹敵する建築家として私を扱ったのである。

ヒトラーは、自分の時代とその精神を後世に伝えるために建築するのだという言い方を好んで使用した。歴史上の偉大な時代を記念するには結局その時代の記念碑的《モニユメンタル》建造物しかないと彼はいった。ローマ帝国の専制君主制の中で、いったい何が残ったろうか。「今日もなお彼らのために証言してくれるのは、彼らの建造物の他に何があるか。どの国民の歴史にも衰退の時代がある。しかしそうなったとき建造物がかつての力を語りはじめるだろう。当然それによって初めて、新しい国民意識が目覚めさせられるだろう。こうして長い衰退期の末に、国民の偉大さに対する感覚が再び点火されるとき、先人たちの記念碑が光り輝く灯台となるだろう。たとえば今日、ムッソリーニが、彼の近代帝国の理念を国民にわからせようとするとき、ローマの英雄的精神と結びつけるのは、ローマ帝国の建造物である。我々の建築も未来の世紀のドイツの良心に語りかけなければならない」。このような論拠で、ヒトラーは永続的事業の価値を力説した。

ツェッペリン飛行場の工事は、おそくも次の党大会までには桟敷だけでも仕上がるように、直ちに開始された。

工事のためにはニュルンベルクの鉄道操作場をこわさなければならなかった。それをこわしたあとの崩れた鉄筋コンクリートの瓦礫《がれき》のそばを私は通りかかったことがある。鉄筋が宙に浮き、早くも錆《さ》びはじめていた。その寒々とした光景が、後の建物の「廃墟価値の理論」といういささかもったいぶった名前で私がヒトラーに話した考えのヒントになったのである。近代建築は終着点にまできている。それは、ヒトラーが求める未来の世代への「伝統の架橋」となるのにむろんふさわしくない。というのは、赤錆びた瓦礫の山が、ヒトラーを感嘆させた過去の記念物のあの英雄的霊感を伝えるとは思われないからだ。このジレンマに私の理論が役立つはずである。つまり特別な材料を使い、特別な力学的考慮を払えば、数百年後あるいは（我々が計算に入れる）数千年後の瓦解した状態にあっても、なおローマの手本に匹敵する建築が可能であろうと。

私の思想を絵で示すために、一枚のロマンチックな絵を描いた。それは、ツェッペリン飛行場の桟敷が、数世代にわたる忘却の果てに、木蔦《きづた》が茂り、柱が倒れ、そちこちの囲壁は崩れているが、全体の遺構はまだはっきりと読みとれるさまを描いたものである。ヒトラーの周囲では、この絵は冒瀆《ぼうとく》的だと見られた。いま建設に着手されたばかりの千年帝国に一つの衰退期を見込んだ私の考えが、多くの人に通じなかったらしい。だがヒトラーはこの考えを正確にかつ理論的に見抜き、将来は、彼の帝国の主要な建築は、この「廃墟の法則」に従って設計せよと命じた。

側近への道

党大会の敷地を視察したとき、ヒトラーは上機嫌で、私に今後は党の制服を着用してくるようにといった。側近の侍医、写真師、ダイムラー・ベンツの社長連すら、既に制服をもっていた。だから平服が一人二人まじると、確かに奇異な感じがした。しかしこのちょっとした身振りでヒトラーは、彼が私を今や決定的に側近の一員に加えたことを暗示したのである。たとえ彼の知人が平服で首相官邸あるいは山荘に現われても、彼は決して不快な表情はしなかったろう。というのは彼自身が、できるだけの機会に平服のほうを好んだからである。しかし旅行や視察には公式の服装で現われた。彼の意見では、それには制服以上にふさわしいものはないからである。一九三四年春、私は総統代理ルドルフ・ヘスの幕僚長に任ぜられた。数か月後、こんどはゲッベルスが、党大会、収穫感謝祭およびメーデー宣伝における私の功績を理由として、私に同じ位を贈ってくれた。

一九三三年十一月二十八日、ドイツ労働戦線指導者ローベルト・ライの提案で「喜びを通じて力を」と呼ばれるレジャー組織が作られた。私はそこで「労働の美」という部局を引き受けさせられた。この名称には「喜びを通じて力を」という呼び名に負けず劣らず滑稽な響きがあった。ライはそのちょっと前にオランダのリンブルク地方を旅行したとき、いくつかの炭鉱施設を見たのである。そしてそれらの施設が几帳面《きちょうめん》なほど清潔で、周辺の草木がきれいに整備されているのが目についた。そこから彼は、すぐに広めたがる彼の性質にふさわしく、全ドイツの工場にそれを広めようと思い立ったのである。このアイデアは私個人に一つの名誉ある仕事を与えることになり、私はそれを喜んで引き受けた。我々はまず経営者たちに、事業所を模様替えして、所内に花を植えることを説いた。我々の意気込みはそれにとどまらず、窓面積を大きくとらせ、酒保を設けさせた。あっちこっちの汚い場所が休憩時間のたまり場に生まれ変わり、アスファルトの代わりに芝生が植えられた。簡素であるが形のよい食器を標準用品と定め、規格化により大量生産できる家具を設計し、作業場の人工照明や空気調整の問題で企業が専門家や啓蒙映画からアドバイスを受けられるようにした。このプロジェクトの協力者として、私は労働組合のかつての幹部や、解散した「総同盟」の若干の協力者を獲得した。彼らはみんな、一人残らず使命に没頭し、すこしでも生活条件を改善し、階級無き民族共同体という合い言葉の実現を誓った。しかし驚いたことに、ヒトラーはこれらの理念にほとんど関心を払わなかった。建設計画には細部まで没頭する彼が、私からこのような社会的領域の仕事を聞くときは、ひどく冷淡なのである。とにかくベルリン駐在イギリス大使のほうがヒトラーよりよほど高くこれを評価した。

一九三四年春、党の役職者たちのおかげで私は、ヒトラーが党首として開催し、夫人たちも招待される公式晩餐《ばんさん》会に初めて招かれた。首相官邸の大食堂で我々は六人から八人ずつのグループで円卓を囲んだ。ヒトラーはテーブルからテーブルへ足を運んで、親しげに言葉を交わし、夫人たちを紹介させた。彼が我々の席へ来たとき、私はそれまで彼に隠していた妻を紹介した。「なぜ君は奥さんを長いあいだ秘密にしておいたのかね？」と、それから数日たった私的な集まりのとき、あきらかに印象深かったという様子で彼がいった。私がそれを避けていたのは確かであるが、それは結局、ヒトラーの愛人の扱い方に私が嫌悪を感じていたからである。その上、もしそうしていたら、副官たちがやりかねないことだが、私の妻を招待し、あるいはヒトラーの関心を彼女に向けさせる羽目に陥ると私は心配したのである。彼らにエチケットは期待できなかった。副官たちの振る舞いには、結局、小市民出のヒトラーの生い立ちが反映していたのである。

ヒトラーは妻に会ったこの最初の晩に、妻に向かって、もったいぶった口調でいった。
「あなたのご主人は、四〇〇〇年このかた生まれたことがないような建築を私のために作るでしょう」

演出効果

毎年ツェッペリン飛行場で、党の中級および下級幹部の集まりである党管理職員のための催しがあった。突撃隊、勤労奉仕団、それからむろん国防軍などが大集団を動員すると、一糸乱れぬ規律によってヒトラーや賓客たちに強い感銘を与えるのにひきかえ、党管理職員たちを花道に押し出すのはむずかしかった。彼らの大部分は、小さな余禄を食いものに、みごとな太鼓腹を突き出していて、一糸乱れぬ隊列を要求しても、問題にならなかった。党大会の組織部会でこの窮状が問題になったとき、ヒトラーが揶揄《やゆ》するように口をはさんだ。「彼らは真っ暗闇の中で行進させよう」。これが私には天の声だった。

党大会の組織部長たちの前で、私は自分のプランを開陳した。それは、夕暮れの集会で、飛行場の高い土塁の背後に、数十本のドイツ各地区の旗が掲揚され、それが号令一下、一〇本の縦列を作って飛行場の一〇本の通路の党管理職員たちのあいだに「流れこむ」。その際、旗の波と、その先端を飾る金色の鷲《わし》に一〇条の強いサーチライトを当てれば、それだけでも印象的な効果をあげられるというものであった。しかしそれでもまだ私にはもの足りなく思えた。というのは、私は高射砲隊の新しいサーチライトが数千メートルの上空まで照らすのをときどき見ていたので、ヒトラーにそれを一三〇台分依頼した。はじめゲーリングは、一三〇台分は防空用の大部分だといって難色を示したが、ヒトラーが彼を説き伏せた。

「それだけ大量に並べれば、外国の連中は我々がその中で溺れるほどサーチライトをもっていると考えるだろう」

その結果は私の予想を越えた効果をあげた。一二メートル間隔で飛行場の周囲に並べられた一三〇台の鋭い光線は、六〇〇〇ないし八〇〇〇メートルの上空に達し、そこに一面の淡い光の海を作った。それぞれの光線が無限に高くそびえ立つ外壁の列柱となっている一個の巨大な空間という感じだった。ときどきこの光の束の中を雲が通りすぎると、壮大な光景にシュールレアリズム的非現実感を添えた。私は、この「光のドーム」がこの種の光の建築の最初であると思う。それは私にとって、私の最も美しい空間創造であっただけでなく、時代を越えて生き残った唯一の空間創造でもあった。「まるで氷の神殿の中にいるかのように荘厳かつ華麗であった」と、イギリス大使ヘンダーソンが書き記している。

多くの定礎式のさい、出席の高位高官、大臣、大管区指導者たちの姿は、そう魅力のあるものではなかったが、かといって彼らも暗闇の中に放り出しておくわけにいかない。彼らを整列させるのはなみたいていではないのだ。そこで彼らをエキストラに格下げしたら、いらいらしている指揮者の指図通りに動いた。ヒトラーが登場すると、号令一下、不動の姿勢をとり、敬礼の手を差し出した。ニュルンベルク会議場の定礎式のとき、彼は私が第二列に並んでいるのを見ると、儀式を中断して私のほうに手を伸ばした。私はこの異例の扱いに動転して、敬礼のために差し上げた片手を、前に立っていたフランケン地方大管区指導者シュトライヒャーのはげ頭の上にぴしゃっと落としてしまった。

ニュルンベルクの党大会の期間中、ヒトラーは個人的にはほとんど姿を見せなかった。彼は演説の準備のために引きこもっているか、さもなければたくさんの催しものを訪問して歩いていた。彼は年々ふえる外国のそれもとりわけ西側民主主義諸国の訪問者や使節に特に満足感を与えた。あわただしい昼食の最中でもその人たちの名前をたずね、ナチス・ドイツの示威に対してますます関心が強まるのを肌に感じた。

私もニュルンベルクでは席のあたたまる暇がなかった。大会中にヒトラーが現われるあらゆる建物の飾りつけが、一切私の責任だったからである。「装飾主任」として私は、一つの催しを開幕直前まで監督すると、続いてすぐ次の催しの準備に駆けつけるというありさまだった。あのころの私は、旗が特別好きで使えるだけそれを使った。石造建築もこの手で旗一色に塗りつぶした。ヒトラー設計の鉤十字旗のほうが、三色の国旗より建築に向いていることが、私の意にかなったのである。この鉤十字旗を、装飾手段として、規則的に区切られたファサードの効果をあげるために、あるいはナチスの初期のころの俗悪な建物を地面から屋根まで隠すために用いた。時には赤色の効果を高めるために黄金色の長旗をつけて用いられていたので、確かに国家権力をあらわす威厳というものにふさわしいものではなかった。私はこれを建築家の目で見たのだ。私は、空が見えなくなるほど家から家へと旗を張りめぐらせて、ゴスラーやニュルンベルクの狭い通りに乱舞する旗の波を演出した。

この仕事のおかげで、すでにオーバーザルツベルクで推敲《すいこう》に推敲を重ね、ヒトラー自ら自分の演説中の最高峰だといっていたあの「文化講演」にいたるまでの一切の演説を聞きのがしてしまった。しかし当時の私はこれらの演説に心酔していて、自分では、それは修辞的麗々しさのせいより、むしろ考え抜かれたその内容と水準の高さのせいだと考えていた。戦後、私はシュパンダウ刑務所でこれらを読み返してみた。そこでなら、かつての私の世界の中から本当に自分の心に触れてくるものが、なにか見つかるのではないかと思ったからである。しかしその結果は幻滅に終わった。それらは当時の私には多くのことを語ってくれたが、今にしてみると、無内容で、だらだらしていて、平板で、つまらないものである。それらは、文化の概念を彼一流の意味にすりかえ、彼の権力目的のために動員しようとした意図を十分にうかがわせるものであった。私をかつてあれほど深く捉えたことが信じられないくらいだった。ではいったい、あれはなんだったのだろうか。

党のお偉方

フルトヴェングラー指揮のベルリン国立歌劇場歌劇団の「マイスタージンガー」上演による党大会開幕のときのことも、私には忘れられない記憶である。それに匹敵するものを今ではバイロイトでしかみられないような盛装のオープニングは、おそらく超満員になると予想された。招待状や入場券をもらった「党のお偉方」は一〇〇〇人以上はいたはずである。しかし彼らはどうやらニュルンベルク・ビールかフランケン・ワインの味見をするほうがよほどお気に召すらしく、だれもが、自分が行かなくても他のやつらが党の業務に忠実にオペラ座へ行ってくれるだろうと当てにしたのである。なにしろ党のお偉方はみんな音楽の趣味が十分にあるという噂がもっぱらだったから。しかし実は、お偉方たちは、古典音楽はおろか文学・芸術一般にほとんど関心のない、およそ味もそっけもないが、さつな連中だった。たとえばゲッベルスのような、ヒトラーの幕僚中のわずかなインテリたちですら、フルトヴェングラー指揮のベルリン・フィルハーモニーの定期コンサートなんぞに顔を出したことはなかった。私がここで出会ったことがあるのは、全名士中でフリック内務大臣ただひとりだった。音楽に夢中のようにみえたヒトラーも、一九三三年以後は、ごくたまの公式の機会にベルリン・フィルハーモニーに行くだけだった。

この一九三三年の「マイスタージンガー」上演のとき、ニュルンベルク・オペラハウスが予想に反してがらがらだったのも、このような事情からは当然のことだったのである。これを見たヒトラーは、芸術家にとって空席を前にして演ずるくらいつらい屈辱的なことはないと激怒した。ヒトラーはパトロールをくり出して、宿舎や飲み屋から党の高級幹部をオペラハウスに狩り集めさせたが、客席は最後まで埋まらなかった。翌日になると、どこで、どうやって欠席者をつかまえたかという噂話で組織内部はもちきりであった。

そこで翌年の式典公演では、劇場嫌いの幹部たちに、特にヒトラーから出席が厳命された。彼らは退屈したらしく、中には居眠りをしていた者もたくさんいた。まばらな拍手では豪華な式典にそぐわないというのも、ヒトラーの意見だった。そこで一九三五年以後は、芸術に関心の薄い党員大衆に代えて一般観客が式典に参加できるようになったが、一般人は高い切符を買わなければならなかった。とにかくこれによってやっと、芸術家に不可欠な「雰囲気」と、ヒトラーが要求した大喝采が実現した。

いろいろな仕事を終えてヒトラーの幕僚や大管区指導者たちのために当てられているホテル「ドイッチャー・ホーフ」へ私が戻るのはいつも夜おそくなってからだった。ホテルのレストランに私は毎晩のように古参の大管区指導者たちの一団を見かけた。彼らは浮浪者のように酔っ払い、革命の原則への裏切り、労働者への裏切り等を大声でわめいていた。この批判は、かつてナチ党内の反資本主義勢力を率いていたグレーゴア・シュトラッサーの理念が、きまり文句に堕したとはいえ、いまだに生き残っていることを物語っていた。

しかし彼らは今はアルコールに漬かっているときだけ、古き革命的情熱を呼び戻すにすぎなかった。

一九三四年の党大会で初めて、ヒトラーの臨席下に軍事演習が公開された。その晩ヒトラーは兵士の野営地を公式に訪れた。かつての伍長として、彼は昔の世界をなつかしみ、たき火を囲んで兵士たちにまじり、ときおり冗談をいい合った。ヒトラーはこの視察から戻ると、食事の席で、そのとき目についたことのいくつかを語った。

しかし軍総司令部はまったくいい顔をしていなかった。総司令部の副官ホスバッハは「兵隊の規律は大変乱れており、彼らは国家元首の前で、命令されたはずの閲兵行進を怠った。あのような打ち解けぶりは元首の威厳にそぐわないから来年はやめてほしい」と要求した。ヒトラーは個人的にはこの批判に怒ったが、結局軍のいい分に従った。彼がこういう横車にぶつかったときの、どうしようもない腰の弱さに、そのとき私は驚かされた。しかしたぶん国防軍に対する戦術的配慮と、彼自身がまだ確固としていなかった国家元首としての自信のなさが、そうさせたのであろう。

党大会の準備中、私は学生時代から心に残っていた一人の女性と出会った。スターであり、有名な山岳スキー映画の監督であるレニ・リーフェンシュタールである。彼女はヒトラーから党大会映画の制作を依頼されていた。党大会運営局における公式資格をもっただ一人の女性として、彼女は党組織としばしば衝突した。そのため組織ははじめのころ、もうすこしで彼女の排撃運動を起こしかねないことがなんどかあった。自分の目的のために男の天下を容赦なく叱咤《しった》する自尊心の強い彼女は、伝統的に女性を敵視してきた運動の政治的指導者たちに敢然と挑戦したのである。彼女を失脚させるために、陰謀の網が張りめぐらされ、さまざまな中傷がヘスのところへ持ちこまれた。それらの攻撃がやんだのは、最初の党大会映画が、ヒトラーの周囲の懐疑者たちにも女性監督の才能を納得させてからだった。

私が彼女に接触したとき、彼女は一つの小箱から黄色くなった新聞の切り抜きを取り出した。「あなたが三年前に大管区本部を改築なさったとき、私はあなたのことは知らなかったのに、新聞からあなたの写真を切り抜いておきました」。なぜそんなことを、という私のあきれ顔の質問に、彼女は答えた。「その時思ったのです。あなたがその才能で、なにかの役割を演ずることがあるのではないかと……。私の映画のどこかで」

そのほか、一九三五年の党会議のある行事の撮影が失敗したときのことも覚えている。ヒトラーは、レニ・リーフェンシュタールの提案を入れて、アトリエの場面を撮り直すことを命じた。ベルリン・ヨハニスタールの大きな撮影所に私は会議場、演壇および演説台のセットを組んだ。それにライトが当てられ、スタッフが忙しげに走り回った。背後にシュトライヒャー、ローゼンベルクおよびフランクが台本を手に大急ぎで科白を覚えながら、行ったり来たりする姿が見られた。ヘスがやって来て、最初に撮影を頼まれた。彼は党会議の三万の聴衆を前にしたときと同じように、おごそかに片手をあげた。彼は興奮を率直に表わす独特の身ぶりで、本当ならヒトラーがすわっているはずの座席のあたりに体を向け、直立不動のまま叫んだ。「総統閣下、私は党会議の名においてごあいさつ申し上げます。会議は前進を続ける。そう、総統閣下はおっしゃった！」。このときの彼は、それ以来、私がもう彼の感情の率直さを信じなくなったくらい真に迫ったものであった。他の二人もスタジオの虚空に向かってそれぞれの受け持ちを迫真的に演じ、なかなかのタレントぶりを見せた。私はなにがなにやらわからなくなった。それにひきかえリーフェンシュタールは、セット撮影のほうが実写よりよかったといった。

たとえば、ヒトラーが何かの集会のとき、ときどき長い時間をかけていろいろ試みて、ついに最初の大喝采を呼び起こすポイントをつかんだときも、私はその周到な技術に驚いたものである。デモンストレーションの演出を通じて、私が寄与した扇動的要素を、私はまったく見落としていた。それまで私は、演説者は率直な感情によって、大衆の熱狂をかちとるのだと常に信じていた。それだけに、この日、ヨハニスタールの映画スタジオで、このような完璧な催眠術は、観客がいなくても「真実に」演ずることができるのだということに私はびっくりしたのである。

ニュルンベルクの工事のとき、私の頭にあったのは、トローストの古典性とテッセノウの簡潔性とを総合することであった。私がそれを新擬古典主義《ネオクラシツィスティッシュ》でなく、新古典主義《ネオクラシッシュ》と呼んだのは、それがドーリア様式から取られたものだと自分では信じていたからである。しかし私は、これが、すでにフランス革命時代にパリのマルス広場でもっと小規模ながら試みられたような記念碑的舞台を表現しなければならないことを忘れて、自己錯覚に陥っていたのである。クラシックとか簡潔とかいうカテゴリーは、私がニュルンベルクの基本にした巨人的尺度に合わなかった。にもかかわらず私のニュルンベルク・プランは、後にヒトラーのために制作し、ひどい誇大妄想に堕した他の多くのプランとは逆に、いまだに私が一番気に入っているものである。

一九三五年の最初の外国旅行では、ドーリア世界への愛着のために、イタリア・ルネッサンスの宮殿やローマの巨大建築のほうが私の石造建築の手本になったろうに、あえてそこへは行かず、当時の私には自明の理に従って、ギリシャへ向かった。私と妻は特にドーリア様式の世界の遺跡を訪ね、忘れもしないが、復原されたアテネのオリンピック・スタジアムに深く感動した。二年後、私自身がスタジアムを設計することになったとき、私はその馬蹄形の基本形式を採用した。

デルフォイの神殿では、小アジア植民地で獲得された富がギリシャ芸術の純粋性をいかに急速に変質させたかがわかったと思った。この歴史の歩みは、高い芸術意識がいかに弱いものか、そして理想的観念を無知蒙昧《もうまい》に変えるのに、いかにわずかな力でも足りるかを、如実に語ってはいないだろうか。私はできるだけ冷静に、そういったことを熟考してみた。その結果、私自身の仕事は、そういう危険をまぬかれているように思った。

一九三五年六月、ベルリン・シュラハテンゼーの自宅が完成した。食堂一つ、居間一つ、最低限の寝室を含めて計一二五平方メートルのささやかな家だった。当時豪壮な別荘に引っ越したり、城を持ったりしていた帝国の領袖《りょうしゅう》たちへの、意識的な面当てでもあった。こわばった格式と豪奢《ごうしゃ》に囲まれ、そのため長いあいだには私生活の「化石化」をまねきかねない彼らの家にあるようなものを私は一切避けたかった。

しかしもっと大きな家を建てたくともできなかったということもあった。金がなかったからである。私の家は七万マルクかかった。それを調達するために、父は三万マルクの抵当を入れてくれた。私はフリーの建築家として党と国家のために働いたが、私の懐《ふところ》は乏しかった。というのは、時代の風潮の中で理想主義的な奉仕にわれを忘れているうちに、私の建築のすべてについて、建築家としての本来の報酬をなげうっていたからである。

しかしこの態度は理解されなかった。ある日ゲーリングが上機嫌にいった。「やあ、シュペーア君、仕事がたくさんあるね。きっと、うんと儲かるだろう」。私がとんでもないということ、彼は解せないという顔で私を見つめていった。「なんだって？ 君ほどの忙しい建築家がか。わしは年に数十万マルクと踏んどったよ。君の考え方はばかげている。金は稼がにゃいかんよ」

後日私は、毎月一〇〇〇マルクずつもらい、ニュルンベルクの建築まで含めて、建築家としての報酬を一挙に全額払ってもらった。私が一官吏にならなかったのは、それによって職業的自立性を失いたくなかったためばかりではなく、私の知る限り、ヒトラーはフリーの建築家のほうを信用していたからである。建築家としての活動の終わりころには、私の財産は一五〇〇万マルクにふえていたが、帝国は、他に一〇〇〇万マルクも私に未払いのままだった。

私の家族はこの家で幸せに暮らした。私も、かつて妻とともに夢見た家庭の幸福にあずかれたらと、どんなに願ったことだろう。私が夜おそく疲れきって家へ帰るころは、子供たちはとうに眠っていて、妻と向かい合っても、疲労のあまり口もきけなかった。この硬直状態はしだいにひどくなった。結局、今から振り返ってみると、華美な生活で家庭を破壊した党のお偉方と私も、たいして違わなかったのだ。彼らが格式張ったたったポーズで固まったのに対し、私は過重な仕事でそうなっただけである。

歓呼を受けるヒトラー

一九三五年秋、エーベルト、ヒンデンブルクに次ぐ三代目の共和国大統領と仰いでヒトラーに仕えていたオットー・マイスナーが、明日ヴァイマールへ来て、ヒトラーと一緒にニュルンベルクへ出発してほしい、と電話を寄こしてきた。

私はすこし前からとりかかっていたアイデアを、明け方までかかって図面に描いていた。党大会のために、練兵場、大スタジアム、ヒトラーの文化講演とコンサート用のホールなどの大建築を作ることになっていたからである。なぜこれらのものを既存のものとまとめて一つの大センターにしないのか。

今まで私はそういった問題にあえてイニシアティブをとろうとはしなかった。それはヒトラーが自分ひとりの手に握っていたからである。だからこのプランを描くのに、私はためらいがちであった。

ヴァイマールでヒトラーは私に、パウル・シュルツェ＝ナウムブルク教授設計の「党広場」の図面を見せた。「まるで田舎町の市場広場を大きくしたようなものだ。特徴的なところがひとつもなく、昔と変わらない。我々が党広場を作るなら、後世の人が、たとえばミュンヘンのケーニヒスプラッツのように、我々の時代に我々の様式で建てられたものだと思うようなものでなければならない」といった。「ドイツ文化闘争同盟」の実力者であるシュルツェ＝ナウムブルクは、弁解の余地がなく、この批判に答えられなかった。ヒトラーは教授の名声には目もくれず、彼が選んだいく人かの建築家の新しい競技設計にゆだねた。

それからニーチェの家へ行った。そこにはニーチェの妹、フェルスター・ニーチェ夫人がヒトラーを待っていた。この風変わりな老婦人がヒトラーとうまくかみ合うはずはなかった。独特の坦々とした、そしてかみ合わない会話が、ぽつりぽつりと交わされるだけだった。しかし、主要な問題点はみんなが満足いくように解決された。すなわち、ヒトラーがニーチェの旧家の建て増しの費用を引き受け、フェルスター・ニーチェ夫人は、シュルツェ＝ナウムブルクがその設計を担当することに同意したのである。「彼なら古い家に合ったようにやれます」とヒトラーがいった。彼は明らかに、教授にちょっとした埋め合わせをしてやれるのがうれしかったようだ。

翌朝我々は、私がその日のうちに知ることになったある理由から、ヒトラーが鉄道のほうがいいといったにもかかわらず、自動車でニュルンベルクへ向かった。いつものようにヒトラーは、七〇〇〇ccの濃いブルーのメルセデスのオープンカーの助手席に、私はその後ろの補助席の片側に、もう一方に召し使いが乗った。召し使いは、いわれる通りに袋から道路地図、パン、丸薬あるいはめがねを取り出した。後席にブリュックナー副官と新聞出版部長ディートリヒ博士がすわり、同じ色と大きさの随行車に護衛隊の五人の屈強な男たちと侍医のブラント博士が乗っていた。

我々がテューリンゲンの森の反対側の人口の多い地方に着くか着かないうちに面倒が生じてきた。ある村の集落を通り抜けるとき人々に見つかってしまったのである。しかしそのときは人々がそれと気づく前に通り過ぎた。「こんどは気を付けてくれ」とヒトラーがいった。「次の村ではそう簡単にはいかないだろう。あそこの党地区がもう電話をかけたにちがいない」。案の定、我々が到着すると、道路は歓声をあげる人でいっぱいだった。村の警察は最善を尽くしたが、車は一寸きざみにしか進めなかった。それをやっと通り抜けたと思ったら、こんどは数人の熱狂した連中が、あいさつのためにヒトラーの車を止めようと国道に遮断機をおろしてしまった。

こんな調子で道中はいっこうにはかどらなかった。昼食の時間になって、ヒルトブルクハウゼンの小さなホテルに着いた。そこは、ヒトラーが数年前にドイツ国籍をとるため、地方警察署に出頭したことがある因縁の場所であった。しかしだれもそれを話題にしなかった。宿の者たちは気が動転していて、副官はスパゲティーに卵の注文をするだけで一苦労だった。我々は長いこと待った。とうとう副官が台所を見に行った。「女たちは興奮しきっています。スパゲティーがゆだったかどうかもわからないのです」

その間に、外には数千人の人が集まって、シュプレヒコールでヒトラーの名を呼んだ。「通り抜けられればいいんだが」と彼はいった。ゆっくり、花の雨を浴びながら、我々は町の出口の中世風の市門に着いた。若者たちは我々の目の前で市門を閉め、子供たちが車の踏み段によじ登った。ヒトラーがサインをしてやると、やっと彼らは門をあけた。彼らは笑った。ヒトラーも一緒に笑った。

いたるところで、百姓たちは鍬《くわ》を捨て、女たちが手を振った。それは勝利の行進だった。車が走っていく途中、ヒトラーは私のほうに体を向けて叫んだ。「今までこんなに歓迎されたドイツ人はたった一人しかいない。ルターだ。彼が国中を行くと、遠くから人々が潮のように集まって彼を祝福した。今日の私のように！」

この人気は当然すぎるほど当然だった。新聞は経済と外交の成功をすべてヒトラーひとりの功績であると報道していたし、また世論は徐々に、強力で、自信に満ちて、心を一にしたドイツへの根深い憧れを実現する人物として、彼を見るようになっていたからである。悪意をもっているのはごく少数だった。そしてときおり不審の念を浮かべる人も、政治的な成功や、政府が批判的な外国からすら受けている敬意を思って、自分からその不審を打ち消すのだった。

民衆のこのような歓呼の中で、一人だけ批判的な男が我々の車にいた。ヒトラーの長年の運転手シュレックである。私は彼のきれぎれのつぶやきを聞いた。「……のために不満なんだ……党のやつらは思い上がって……尊大で、自分の生まれを忘れてやがる……」。

彼の早逝後、オーバーザルツベルクのヒトラーの書斎にはシュレックの油絵とヒトラーの母の肖像が並んでかかっていた。しかし彼の父の肖像はなかった。

バイロイトのすこし手前でヒトラーだけが小さなメルセデスに乗り換えた。これを彼の専任写真師ホフマンが運転して、ヴィニフレート・ヴァーグナー夫人が待っているヴィラ・ヴァーンフリートへこっそりと向かった。我々はその近くのベルネック温泉へおもむいた。ここは、ヒトラーがミュンヘンからベルリンへ車で行くときまって一泊する場所である。とにかく我々は、八時間で二一〇キロしか走れなかったわけだ。

ヒトラーがその晩おそくヴァーンフリート館から帰ったと聞いて、私はすこしあわてた。というのは、翌朝にも一行がニュルンベルクへ向かって発つことに決まり、そこへ行けば、そこの市当局の建設計画にヒトラーが最終的な決定を下すことは目に見えていたからである。市当局は市の利害しか頭にないし、その市の案を押し通せば、私の案が考慮される見込みはほとんどなく、そしてヒトラーはいったん下した決定を撤回することが大嫌いだときている。その前夜にヒトラーに会ったのはシュレックしかいなかった。そこで私は事前に彼に党大会会場についての私案を話した。彼は車中でヒトラーにそれを伝えようと約束してくれた。あとはヒトラーが私のスケッチを見せろと積極的に反応してくれればしめたものだが。

翌朝、出発直前に私はヒトラーのサロンに呼ばれた。「君のプランを私は承知した。今日中にもその件についてリーベル市長と話し合おう」

二年後だったら、ヒトラーはどこの市長が相手だろうと、自分の目的にまっすぐ進んだだろう。「これが党大会会場のプランだ。これにしよう！」と。一九三五年当時の彼はまだそれほどの自信がなく、まず説明に一時間ほど費やしてから、やっと私のスケッチを机の上に出した。市長は、むろんそのアイデアをすばらしいといった。彼は古くからの党員として、調子を合わせるように教育されてきたからだ。

私のプランがおほめにあずかった後、ヒトラー側からの新しいさぐりが始まった。私の設計はニュルンベルク・ティーアガルテンの移転を必要とした。「こういうことをニュルンベルク市民に要求できるだろうか。市民がティーアガルテンに愛着をもっていることは、私も知っている。だから当然、新しくて、もっときれいなティーアガルテンを作ってあげよう」。市長はやっぱり市の利害のよき代弁者でもあった。「一度株主を招集してみなければなりません。たぶん彼らから株を買い取る交渉をすることになるでしょう……」。ヒトラーはすべてに同意した。外でリーベルは手をこすり合わせて同僚の一人にいった。「なぜ総統はあんなに長い時間我々を口説いたのかね。彼が古いティーアガルテンをもらうのは当然だが、我々には新しいのが手にはいるんだからね。古いやつはもう値打ちがないよ。我々のは世界で一番立派なやつになる。儲かったよ」。かくしてニュルンベルク市民は少なくとも新しいティーアガルテンを手に入れた。これが、当時決定されたプラン中でも完成にこぎつけた唯一のものである。

その日のうちに我々は列車でミュンヘンへ向かった。夕方に副官ブリュックナーが電話を寄こした。「君のプランなんて悪魔にくれてやれ！　いったい君は待つということができないのか。総統は昨夜一睡もしないくらい興奮しちゃったんだ。こんどは頼むから前もってぼくに聞いてくれ！」

ニュルンベルク・スタジアム

このプランの実現のために「ニュルンベルク党大会会場期成協会」が設立され、財政は財務大臣がしぶしぶ引き受けたが、ヒトラーは、会長にはどういうわけか宗務大臣ケールを指名し、マルティン・ボルマンをその代理者とした。ボルマンはこれではじめて党官房以外の重要な公職に任命されたわけである。

全施設の総工費は約七億ないし八億マルク、今日の価値に換算すれば約三〇億マルクと見積もられた。これでも、私が八年後に軍需費として四日間で支出した額にすぎない。敷地は参加者用の宿舎を含めて、一六・五平方キロであった。ところが、ヴィルヘルム二世のときすでに二〇〇〇メートルに六〇〇メートルの広さの「ドイツ国民祝典場」が建設されることになっていたのである。

ヒトラーの承認から二年後、私の党大会会場のための都市計画模型が、一九三七年のパリ万国博覧会に出展され「グランプリ」を受けた。全施設の南端に「三月《メルツ》広場」がある。

この名は軍神マルスにあやかっただけでなく、ヒトラーが徴兵制を制定した月も記念していた。この広い敷地の一〇五〇メートルに七〇〇メートルの広さのところで国防軍が戦闘訓練、つまり小さな演習をして見せるはずであった。これに比べて、ペルセポリスにある紀元前五世紀のダリウス一世とクセルクセスの宮殿の広さは、四五〇に二七五メートルしかなかったのである。敷地全体を一望に収めるために、私は高さ一四メートルの観客席を予定した。これは一六万人の観客を収容できる。この客席をリズミカルに区分し、中央にひときわ高き貴賓席がそびえ、その頂を女性像が飾る。ネロは紀元六四年にカピトールの丘に高さ三六メートルの巨像を築いたし、ニューヨークの自由の女神は四六メートルあったが、我々の像はこれをはるかに凌《しの》ぐものであった。

北へ向かって、ちょうどはるかにホーエンツォレルン家の旧ニュルンベルク城が見える方角に、三月広場が、長さ二キロ、幅八〇メートルのパレード道路へと続く。そこを国防軍は幅約五〇メートルの縦列で、ヒトラーの前をパレードすることになる。この道は戦争前に完成しており、重い花崗岩《かこうがん》を敷きつめてあるので、戦車の重量にも十分耐えられた。兵士が歩調をとって歩くとき、長靴が滑らないように、表面がざらざらになっている。右手に雛壇《ひなだん》がそびえ、そこで、将軍連に囲まれたヒトラーが閲兵する。反対側に、各連隊旗を掲揚するポールが立ち並ぶ。このポールの列は高さ一八メートルしかないが、その背後にそそり立っていて、ヒトラーが収容力四〇万人と定めた「大スタジアム」と比較するのに役立つようになっている。ところでスタジアムであるが、史上最大のローマのチルクス・マクシムス（大競技場）が一五万ないし二〇万人収容できたのに対し、近代のスタジアムは一〇万席が限度であった。

紀元前二五〇〇年に建てられたケオプス王（クフ王）のピラミッドは、底辺の一辺二三〇メートル、高さ一四六メートルで、体積が二五七万立方メートルである。ニュルンベルク・スタジアムは、完成すれば、長さ五五〇メートル、幅四六〇メートルで、それが取り囲む空間は八五〇万立方メートル、つまりケオプス・ピラミッドの三倍強になったであろう。そしてこれがこの施設群の中で最も大きな建築物であるとともに、歴史上で最も壮大なものの一つになるはずであった。計算では予定の観客数を収容するのに、スタジアムの端の高さは一〇〇メートル近くなければならない。もし形を楕円《だえん》形にしたら、ずいぶん目ざわりだろう。そこに生ずる鍋のような形は、熱を高めるだけでなく、かならずや心理的な息苦しさをかもしだすにちがいない。そこで私は、アテネの馬蹄形式を選んだ。我々は、でこぼこを材木の足場でならしたほぼ一定の勾配の山腹に立って、上のほうへ行ってもスポーツを観戦できるかどうかを研究した。結果は予想より良好であった。

我々はこのスタジアムの工費を二億ないし二億五〇〇〇万マルク、今日の貨幣価値に換算すると一〇億マルクと見積もった。ヒトラーは平気だった。「それでもビスマルク型戦艦二隻より安い。戦艦などじきに壊される。たとえ壊されなくても、一〇年たてばスクラップだ。しかしこの建物は何世紀も建っている。財務大臣から、いくらかかるかと聞かれたら、とぼけていたまえ。こんな大きな建設計画に経験がないもので、といってね」。外壁用に薄赤色の、そして客席用に白色の花崗岩が、数百万マルク分発注され、現場の基礎工事用の巨大な溝に埋められた。戦争中はこれが絵に描いた湖のようで、工事の規模をうかがわせるに十分であった。

党大会施設群のあらゆる建物について、すでに一九三三年に建築家ルートヴィヒ・ルフが設計した会議場を例外として、ヒトラーは私を設計者に指名した。彼は私に計画と施工の一切をまかせた。そして彼は今後毎年一つずつ、はなやかな定礎式を行なうことを予定した。むろん礎石は式後直ちに市の施設に移され、工事がすむまではめこまれるのを待つことになる。一九三七年九月九日のスタジアム定礎式のとき、ヒトラーは並み居る党幹部の前で、れいれいしく私に握手を求めてきた。「今日は君の生涯の最高の日だ！」。多分そのころ既に私は懐疑的になっていたのだろう。そのとき私はこう答えたのだから。「いえ、今日ではありません。総統、それは工事が完成したときです」

巨大建築への野望

一九三九年はじめ、ヒトラーは建設労働者たちの前で、彼の建築様式の基本理念を次のように述べた。「なぜ常に最大であらねばならないのか？　それは、一人一人のドイツ人に自尊心を取り戻してやるためである。すべての領域にわたって、一人一人にこういうためである。我々は劣ってはいない。それどころか、他のどの国民にも絶対に負けないのだと」

　なんでも大きいほうがいいというこの傾向は、統治形式だけからくるものと考えないでもらいたい。理由がなんであれ常に自分を誇示したいという欲求と並んで、富の急速な獲得もそれに一枚加わっているのである。古代ギリシャにおいて、最大の建築物がシチリア諸島や小アジアにあるのはそのためである。これらの町の構想がたいていそのときの支配者によって定められたことと関係するかもしれないが、ペリクレス時代のアテネでさえ、フェイディアスのパルテノン神殿のアテナ女神像は高さ一二メートルであった。世間によく知られている世界の七不思議の大部分は、それが桁《けた》はずれに大きいために、そういわれているのである。すなわちエフェソスのアルテミスの神殿、ハリカルナッソスの総督マウソロスの霊廟《れいびょう》、ロードスの巨像あるいはフェイディアスのオリンポス山のゼウスがそれである。

　しかしヒトラーの巨大さへの要求は、彼が労働者たちに告白した意味にとどまらなかった。その巨大さが彼の功績を称え、彼の自尊心を高めてくれるのがねらいであった。彼はこれらの記念物の造営を、彼がごく近い周囲の者に打ち明けるよりずっと以前から、世界制覇の野望を宣言するのに役立たせようとしたのである。

図面と金と建設会社の手を借りて石造りの歴史の証人を作り、それによって一〇〇〇年分を先取りしようという企てが、私の心を奪った。しかし、我々がこれによって歴史上に傑出する数々の建築物を、少なくとも大きさだけでも「打ち破る」であろうと彼に証明してみせたとき、私もヒトラーの心を奪ったのである。そのときの彼の喜びようは決して大仰なものではなかった。彼は大言壮語を控えた。多分その瞬間、あるおののきすら感じたのであろう。しかしおののいたのは彼だけではない。彼の命令によって作られ、永遠のスクリーンに映し出されるはずの偉大なる私の姿も、そのとき打ち震えていたのである。

ヒトラーがスタジアムの礎石をおいた一九三七年の党大会のその日に、彼は閉会の演説を「ドイツ国民はゲルマン帝国の後継者である」という言葉で結んだ。

当時それについて、この謎のような言葉は世界政策に新しい一章を導入するものだとか、そこからさらに多くのことが始まるなどと、いろいろいわれた。ただ私は、それがどういう意味であるかを知っていた。というのは、同じころのある日、ヒトラーが自宅へ行く階段の途中で、出し抜けに私を止めて、ついて来るようにいった。「我々は一つの大帝国を作るだろう。そこに全ゲルマン民族が合体するのだ。それはノルウェーから北イタリアまで包含する。そこまでは、生きているうちに実現させなければならない。私が健康であればいいのだが！」。これでもまだわりあい控えめな言い方だった。

一九三七年春、ヒトラーはベルリン展覧会場に私を訪ねた。我々は、高さ二メートルを越える四〇万人スタジアムの模型の前に二人きりで立った。それはちょうど目の高さに立っていて、完成時の細部まで示され、強いスポットライトが当てられているので、しいて想像力を働かせなくとも、この建物がどんな効果を発揮するのかを想像させた。模型のわきの板に設計図がはってあった。そこへヒトラーが顔を向けた。我々はオリンピックを話題にした。それまでもいくどかした話であったが、そのときも、私は彼に、私の得意種目はオリンピックの規定の寸法に収まらないのだと話した。するとヒトラーは、次の言葉を、当然のことといわんばかりに、語調を改めずにいった。「たいしたことじゃない。一九四〇年のオリンピックは東京で開かれる。しかしその後は永久にドイツで、このスタジアムで開かれるのだ。そのとき競技場の大きさをどれくらいにするかを定めるのは我々だよ」

精密に計算された工事日程によれば、このスタジアムは一九四五年の党大会の日に完成することになっていた……。

第6章　最大の依頼

最大のかけ

一九三五年秋、ヒトラーはオーバーザルツベルクの庭を、落ち着かない様子で行ったり来たりしていた。「実際のところ、どうしてよいかわからないのだ。決断するにはむずかしすぎるよ。イギリスと組むのが一番いいだろうとは思う。しかしイギリスは歴史上何度も人をだましてきた。私がイギリスと手を組んだら、イタリアとの仲は永久におしまいだ。その後でイギリスは私のいすをはずして、我々に尻《しり》もちをつかせようというわけだ」。ヒトラーはいつものように彼についてオーバーザルツベルクへ来ていた側近の者たちに何度も洩《も》らした。このころムッソリーニは、大爆撃をもってエチオピアに侵入を開始していた。エチオピア王は逃亡し、新しいローマ帝国が宣言された。

一九三四年のヒトラーのイタリア訪問がほとんど成果をあげなかった後、彼は確かにムッソリーニ個人に対してではなく、イタリア人とイタリアの政策に不信をもった。その疑いが強まったのを自覚したところへ、ヒトラーは、今後ドイツは二度とイタリアと結んではならないといったヒンデンブルクの遺言を思い出した。イギリスの指導の下に国際連盟はイタリアに対して経済制裁を科した。そこで今彼は、イギリスとイタリアのどちらにつくかの最終的な決断を迫られていたのだ。それは遠い将来にまでかかわる決断だと、彼はそのときいった。その後もよくいっていたように、そのときも彼は、世界の再編成のための代償として、イギリスに大英帝国を保証してもよいと語った。しかし事態は彼に選択の余地を与えなかった。彼は否応なくムッソリーニ側に踏み切らざるを得なくなった。それは、イデオロギー上のつながりと、ムッソリーニとの個人的つながりができつつあったとはいえ、やはり容易な決断ではなかったのである。ヒトラーはそれから数日たっても、情勢が自分にそう踏み切らざるを得なくさせたのだと、暗然たる面持ちで語った。それだけに、数週間後、最終的に下されたイタリア制裁措置には決定的な強制措置が欠落していることが明らかになると、彼がほっと息をついたのも当然である。この経験からヒトラーは、イギリスとフランスは決してことを構えず、危険を避けようとしているのだと結論した。後に彼が傍若無人《ぼうじゃくぶじん》の態度に出たのもこの経験があったからだろう。西側の諸国は弱腰で意気地がないと、彼はそのあとですぐ付け加えている。

この見方をさらに強めたのは、一九三六年三月七日、非武装地帯のラインラントにドイツ軍が進駐したときである。これは明らかにロカルノ条約の侵犯であった。それによって相手側は軍事的対抗手段を正当化できるはずであった。ヒトラーはぴりぴりしながら最初の反応を待った。我々がその日の夕方ミュンヘンへ向かった特別列車は、どの車両も、総統の部屋から伝わってくる緊張した空気に包まれていた。ある駅で一つのニュースが届けられた。ヒトラーは大きく息をついた。「とうとう、イギリス国王は介入してこない。国王は約束を守った。これで万事うまくいく」

ヒトラーのこの反応は、イギリス国王が憲法上議会と政府に対して、たいして実力をもっていないことに無知であったことを物語っている。それとも少なくとも軍事干渉には国王の裁断が必要であったろうから、ヒトラーがいいたかったのはこのことかもしれない。いずれにせよ彼の心配は相当に強いものであった。後に彼がほとんど全世界を相手に戦ったときですら、ラインラント進駐は彼がやったすべてのかけの中で最も大胆なものだったといっている。「当時、我々には軍隊といえるほどのものがなかった。ポーランド一国を相手にするだけの戦闘力もなかったろう。フランスが本気になったら、我々などひとたまりもなく、二、三日で我々の抵抗は止んでいただろう。我々がもっていた空軍力など、お笑いものだったのだ。ルフトハンザのユンカースＪｕ５２が数機しかなく、しかもその分の爆弾すら足りなかったのだから」

イギリス国王エドワード八世、後のウィンザー公の退任後、ヒトラーはナチス・ドイツに公が理解をもっていたことをことさらに口にした。「私は、彼を通じてならば、イギリスとの永続的な友好関係が達成できたと思う。彼とならば、すべてが違っていたろうに。彼の退位は我々にとってたいへんな損失だった」。それに続いて、ドイツを敵視する陰の勢力がイギリスの政策の行方を決めたことをほのめかした。イギリスと手を結ばなかったことに対する悔恨《かいこん》が、その後、彼の支配のあいだ中、一貫して感じられた。この気持ちは、ウィンザー公が夫人同伴で一九三七年十月二十二日にオーバーザルツベルクにヒトラーを訪ね、表面的には第三帝国の成功に祝意を表したとき、一層強まった。

ラインラントへの無血進駐から数か月後、ヒトラーはオリンピック期間中の和解的な雰囲気を喜んだ。国際間の軋轢《あつれき》は表面的には解消されていた。彼は多数の外国の賓客に、ドイツは、平和を願っているのだという印象を与えるよう指示し、自分でも張り切って競技を観戦した。ドイツ人が予想外にたくさんメダルをとるたびに、彼は大喜びをしたが、アメリカの驚異的黒人走者《ランナー》ジェシー・オーウェンスの連勝にはすっかりおかんむりだった。先祖がジャングル生まれの人間は原始的だから、文明的な白人より体格がよいのだと、彼は肩をすくめていった。彼らは白人と比較できる競争相手ではないし、将来の競技からは締め出されなければいけない、ともいった。ヒトラーに最も強い印象を与えたのは、フランスの選手団がスタジアムに入場したときのベルリン市民の歓迎ぶりだった。選手団は片手をあげて貴賓席前を通過し、それによって万余の観客に自然発生的な感激の嵐を巻き起こしたのだった。しかし鳴り止まぬ観客の拍手の中でヒトラーは、西の隣国との平和と協調を願う国民の声を感じとったようである。そのとき観察した私の目に狂いがなければ、彼はこのベルリン市民の歓呼に喜びよりも不安を感じたのである。

帝国首都建設総監

一九三六年春、ヒトラーは私と自動車道路《アウトバーン》の一部を視察した。車中で彼はふとこういった。「他にもう一つ建築注文がある。しかも一番大きいやつが」。この暗示だけで、彼はそれ以上いわなかった。

彼はときおりベルリンの都市計画に関する若干のアイデアをスケッチしていたが、ベルリン都心部のプランを私に見せたのは、やっと六月にはいってからだった。「この新しい道路がなぜ幅一二〇メートルでなければならないかを、私は市長にこんこんと説明した。それなのに彼は九〇メートルにしか描いていない」。数週間後、古くからの党員でベルリンの「攻撃《アングリッフ》」誌の主筆でもある市長リッパート博士が、改めて呼び出された。しかしあいかわらず道路は九〇メートルのままだった。リッパートはヒトラーの建設プランに興味がなかったのである。ヒトラーははじめのうちは不満気な顔で、リッパートは小者で、世界的都市を治める力がないばかりか、その都市に想定される歴史的意味を理解する能力はなおさらない、といっていた。ところが日がたつにつれて、その表現がエスカレートしてきた。「リッパートは能なしで、白痴で、期待はずれの馬鹿者だ」。しかし驚いたことに、市長のいる前ではヒトラーは一言も不満をいわず、彼を説得しようともしなかった。そのころはもう理由をくだくだ説明するのが面倒で嫌気がさしているようにもみえた。四年後、山荘からティーハウスに散歩しているとき、再び彼が興奮してリッパートのことを口にしたあと、彼はゲッベルスに連絡して市長の解任を厳命した。

一九三六年夏までは、彼は明らかにベルリン計画を市当局にやらせるつもりだった。しかし今度は私を呼んで、ごくあっさりと手短に私に依頼した。「ベルリン市当局ではなにも始まらない。これからは君が設計してくれたまえ。この図面を持っていきなさい。なにかできたら私に見せなさい。そのためなら、知っての通り、私はいつでも会うよ」

ヒトラーが私に話したところでは、広い道路という彼の構想は、不備なベルリン市の諸計画の検討から出発したものであり、それが二〇年代に彼を刺激して、彼独自の案を発展させたのである。既にそのころ、彼はアンハルト駅およびポツダム駅をテンペルホーフ飛行場の南に移す考えを持っていた。そうすれば都心に広大な鉄道敷地が浮くから、少々取り壊すだけで、戦勝通りから始まる長さ五キロの、代表的建築物の立ち並ぶ壮麗な街路が作れるというものであった。

この新しいメイン・ストリートにヒトラーが建設しようとした二つの建物によって、ベルリンの建築物の規模は一挙に打ち破られるものであった。すなわち北端の国会議事堂の近くに、彼はローマのサン・ピエトロ大聖堂の数倍の広さをもつ丸屋根の集会ホールを予定した。丸屋根の直径は二五〇メートルに達するはずである。その下の三万八〇〇〇平方メートルの柱のない空間に、一五万人を収容することができる。

我々の都市計画がまだ始まったばかりのころ、直ちにヒトラーは、集会ホールの規模が中世の観念に従うべきであることを、私に吹き込まなければならないと信じていた。たとえば彼の説では、ウルムの大聖堂は面積二五〇〇平方メートルである。十四世紀にこれを建てはじめたとき、子供も老人も含めて、ウルムの人口は一万五〇〇〇人であった。「だからこれに比べれば百万都市ベルリンでは、一五万人のホールでも小さすぎる」

このホールと対照的に、南駅《ジュート》から遠くないところにヒトラーは凱旋門《がいせんもん》を建てるつもりで、その高さを一二〇メートルと定めていた。「これは少なくとも世界大戦のドイツ人戦死者にふさわしい記念碑だ。一八〇万の戦死者の一人一人の名前を花崗岩《かこうがん》に刻みつける。しかし今ベルリンにある共和国の記念碑はなんとつまらないものだろう。あんなものは偉大な国民にふさわしくない哀れなしろものだよ」

彼は私に小さなカードに描いた二枚のスケッチを渡した。「この図面を私は一〇年前に描いた。これを自分が建てる見込みがあやしくなるたびに、私はあきらめてきた。今こそ我々はこれを実現しよう」。スケッチに描きこまれている人の姿と比較してみると、自分はすでにそのころ二〇〇メートル以上の直径の丸屋根と一〇〇メートル以上の高さの凱旋門を考えていた、と彼はいった。私があきれたのは、その大きさではなく、実現の見込みがまだ毛ほどもなかった時代に記念碑的な戦勝記念物を計画した、彼の憑《つ》かれたような執念であった。彼が平時の真っ最中に、口では協調を唱えながら、好戦的な征服欲と結びつけなければ考えられないようなプランを実行しはじめていたことのほうが、むしろ今の私には不気味である。

「ベルリンは大都市だ、しかし世界都市ではない。世界で一番美しいパリを見たまえ。あるいはウィーンですらも大きな構想をもった都市ではないか。しかるにベルリンときたら建築物の無秩序な集積でしかない。我々はパリとウィーンを凌《しの》がなければならないのだ」と、彼は、たいてい首相官邸で行なわれた討議のはじめのころにいっていた。我々が討議を始めると、その前にかならず他のすべての客は遠ざけられた。

ウィーンとパリの都市計画を、彼は以前に詳しく研究したことがあった。我々の討議のとき、彼は詳細にその記憶をたどった。ウィーンで彼が感心したのは、市役所、議会、コンサートホールあるいは宮殿や博物館などの大きな建物をめぐらした環状街路であった。彼はこの部分を正確な縮尺で描き、代表的な大建築や記念建造物は四方からながめられるように建てなければならないことを学んだ。そしてたとえばネオゴシックの市役所のように彼の芸術観とは合わない建物でも、手ばなしで称賛した。「ここにウィーンの品位が象徴されている。それに比べてベルリンの市庁舎を見たまえ。しかし今にみろ、ベルリンはウィーンよりもっとすばらしい庁舎をもつさ」

だが彼をもっと圧倒したのは、ジョルジュ＝ウジェーヌ・オスマンが一八五三年から一八七〇年にかけて二五億フランの巨費を投じてパリに建設した新しいブールヴァール（大通り）である。彼はオスマンを史上最大の都市計画家とみなしていたが、私が彼を乗り越えることを期待したのである。計画を実現するにあたっての多年にわたるオスマンの苦闘をみて、ヒトラーは、ベルリンの計画にも当然強い抵抗が起こるだろうと見越していた。ただそれを突き破れるのは、やはり自分の権威しかない、と彼はいった。

むろん彼もはじめは、市当局の抵抗をなだめるために詐術を使った。というのは、立ちのきと、道路・公共施設および高速鉄道の建設のために、市が膨大な費用を負担しなければならないことが明らかになると、市はヒトラーの計画をうっかり引き受けたら命取りになると考えたからである。「我々はしばらくメクレンブルクのミューリッツ湖畔に新首都を作る計画を進めよう。ベルリン市民が、帝国政府が移転するおそれに勘づいたら、どんなに大騒ぎするか、まあ、見てるがいいさ」と彼はいった。まさに彼の予言通りに、遷都が暗示されただけで、まもなく市のボスたちは、ベルリン都市計画に必要な費用を引き受けてもよいという態度を見せてきた。それでもヒトラーはまだ数か月は、このドイツの「ワシントン」計画が気に入って、どうすれば無から一つの「理想都市」が建設できるかという構想にふけった。しかし、とうとう彼も全部投げてしまった。「人工的に作られた首都はやっぱり死んだものだ。ワシントンやキャンベラを考えてみたまえ。ドイツのカールスルーエにもいっこうに生命が生まれないのは、そういうところが無気力な役人だらけだからだ」。この件に関していまだに私にわからないのは、いったいヒトラーは一場のコメディーを演じてみせただけなのか、それとももときには本気でこの構想に取り組んだのかということである。

彼のベルリン都市計画の出発点は、パリの長さ二キロのシャンゼリゼ大通りと、ナポレオン一世の一八〇五年に建てた高さ五〇メートルの凱旋門であった。「大アーチ」の手本もこれである。街路の幅もこれからきている。「シャンゼリゼは幅一〇〇メートルだ。いずれにせよ我々はそれより二〇メートル広い道路を作る。大選帝侯が十七世紀に『ウンター・デン・リンデン』を六〇メートル幅で設計したときは、オスマンがシャンゼリゼを設計したときほど現代の交通事情を予想できなかったのだ」と彼はいった。

この計画の実行にあたって、ヒトラーは官房長官ラマースを通じて、私に大幅な全権を譲り、かつ私を彼の直属の部下とするという辞令を出した。内務大臣もベルリン市長も、またベルリン大管区指導者ゲッベルスも、私に対する命令権を持たなくなった。その上さらに、私の諸計画を市と党に報告する義務からも私を解放した。私がヒトラーに対して、この仕事もフリーの建築家としてやらせてもらいたいという希望を洩らすと、彼は直ちにそれを承諾した。官房長官ラマースが、被管理的立場を免れる合法的地位を工夫してくれて、私の務めは官僚的性格をもたず、独立の大きな研究所のようなものとして取り扱われた。

一九三七年一月三十日に、私は公式にヒトラーの「最大の建設課題」を委任された。長いことかかって彼は、格調が高くて、威厳がありそうな名称を捜したが、フンクがついに名案を考え出した。すなわち「帝国首都建設総監」である。その任命式のとき彼は、私に対する彼の態度を物語るものであるが、まるでおそれはばかるような様子であった。昼食の後で彼は私の手に辞令を渡して「どうかよろしく」といった。それ以後、私の契約を大まかに解釈して、帝国政府官房長官並みの地位が認められた。こうして私は三二歳でトット博士と並んで政府内で第三位につき、公式の宴会にも出席を許され、どこの外国の賓客からも自動的に一定の位階の勲章を与えられた。建築家としての報酬に比べればとるに足らぬ額であるが、毎月一五〇〇マルクの俸給をもらった。

二月になるとヒトラーは、性急に教育大臣をせっついて、パリ広場にある「芸術院」の立派な建物を「G・B・I」と呼ばれた私の事務所のためにあけさせた。彼がそこを選んだのは、そこなら彼が人目につかずに、途中の官庁街の中庭を抜けて行かれるからである。まもなく彼はこの手を十二分に使うようになった。

ベルリン都市計画

ヒトラーの都市計画には非常にまずいところがあった。つまりそれは最終的に煮つまったものではなかったのである。彼はお手本としたパリのシャンゼリゼの二・五倍もある「ベルリン・シャンゼリゼ」の構想に夢中のあまり、四〇〇万都市としての構造をまったく無視した。つまり、都市計画家からみれば、そのような街路は、都市全体の整備の一中核部分としての意味と機能しかもたない。ところがヒトラーにとっては、その大通りは装飾品であり、それ自身が自己目的をもっているのである。しかしこれではベルリンの鉄道問題も解決できない。都市を二分する巨大なレールの楔《くさび》を南へ二キロ移すだけにしかならない。

交通省の局長で、当時の国鉄の企画チーフであったライプブラント博士は、ヒトラーの計画を、首都の全鉄道網を再編成する好機とみた。我々は共同して、理想的と思われる解決法を見つけた。すなわち、長距離線同士を結ぶ二本の線路増設によって、ベルリン環状線の輸送力をふやすことである。その上に南北に一つずつ、通過駅としての中央停車場を作れば、従来の終着駅（レールター、アンハルト、およびポツダム駅）が不要になるはずである。新線の建設費は一一億ないし二〇億マルクと見込まれた。

こうして我々は、古い線路敷きに沿う街路の拡張をさらに南へ延長することができ、五キロ先の中心部に、四〇万の人口を収容できる広大な住宅用地を手に入れた。北のほうでも、レールター駅の撤去によって、大型路面電車を新しい住宅地域へ延ばすことができる。ただヒトラーも私も、メイン・ストリートの末端をなすドーム・ホールを放棄する気はなかった。ホールの前の広場に電車なんぞはいってもらいたくはない。交通上の良策も美観にはそぐわない。さりとて迂回させれば、南北交通の流れに支障をきたす。

西へ向かっている既存の六〇メートル幅の幹線道路「へーア通り」を、同じ幅員で東へ延ばすのは簡単である。この構想は一九四五年より後に古いフランクフルター・アレーの整備によって一部実現された。この東西軸を南北軸と同じく、自然の末端である環状自動車道路まで引っ張って、ベルリン東部にも首都のための新しい市域を開発し、同時に都心の区画整理を行なえば、ベルリンの人口を二倍にすることができるはずである。

二本の軸とも、両側に高い官庁ビルとビジネスビルが立ち並ぶ。そして南北または東西へ向かって段々と階数の低い建物の地域へ続き、最後に緑地帯内の住宅地域になる。このシステムによって私は、都心が伝統的な、環状に取り囲む建築群によって締めあげられるのを避けたかった。私の軸構造から必然的に生まれたこのシステムは、緑地帯を都心の奥深くまで導入するはたらきをするのである。

自動車道路の外側にある交差軸の四つの末端に、それぞれ一つずつの民間飛行場の敷地を用意し、さらにラングスドルファー・ゼーを、水上飛行機の着水地に予定した。なぜなら当時の観念では、水上飛行機のほうが飛行距離が長かったからである。

新市街開発区域の中心に近すぎるテンペルホーフ飛行場は廃止し、これをコペンハーゲンのティボリ公園にならった遊園地に作り替えることになった。遠い将来は、この交差軸に各六〇メートル幅の環状五本と放射状一七本の道路を補足することを考えたが、とりあえずは新しい建設敷地を確保するにとどめた。交差軸と一部の環状道路を連絡するために地下鉄を計画した。西部のオリンピック・スタジアムに接して新しい大学地区が生まれることになった。というのは、ウンター・デン・リンデン通りにある昔ながらのフリードリヒ・ヴィルヘルム（ベルリン）大学の研究所の大部分と教室は老朽化して、ひどい状態だったからである。新しい大学地区の北には病院・実験室および医科大学を擁する新しい医療地区が続く。従来継子《ままこ》扱いされて屑鉄置き場や町工場に埋まっていた博物館島と国会議事堂とのあいだのシュプレー河畔も新たに整備して、ベルリンのもろもろの博物館の拡張や新設を受け入れることにした。

環状自動車道路の外側には保養地区を予定した。これは現在すでに、全権を委任された担当森林官の手によって、ブランデンブルク風の松林から闊葉樹《かつようじゅ》林に作りかえられている。グルーネヴァルトも、パリのブーローニュの森にならって、散歩道、休憩所、レストランおよびスポーツ施設を設け、首都の百万市民に開放することにした。ここでも私は、フリードリヒ大王がシュレジエン戦争の戦費調達のために伐採した昔の原生林を再現させるために、数万本の闊葉樹を植林させた。ベルリン改造の巨大なプロジェクトの中で、今に残っているのはこれらの闊葉樹林だけである。

もともと都市計画上では意味のないヒトラーのメイン・ストリート・プランから作業を

進めて行くうちに、新しい都市計画が生まれたのである。この包括的な新プランに比べたら、当初のアイデアはすっかり色あせてしまった。ヒトラーの頭の中の構想を、少なくとも計画の規模だけでも、私は数倍も広げたわけである。しかしヒトラーは、どこの拡張にもすぐ同意して、私の自由にまかせたが、拡張部分のプランニングには大した関心をもたなかった。彼はそれをすこしのあいだ、一応とっくりとながめるのだが、数分もすると退屈したように聞くのだった。「大通りのほうの新しいプランはあるかね?」。彼が大通りといえば、彼がもともと望んでいたメイン・ストリートの中心部分にきまっていた。話がそちらへいくと、彼は省庁、ドイツの大企業の本社屋、新歌劇場、豪華ホテルおよびさまざまな娯楽場の空想にふけった。私もそういう空想は好きだった。しかし私のほうは、その種の代表的建物を総合計画と並行させて考えたのに対し、彼はそうでなかった。永遠の記念碑的建造物に対する彼の情熱が、交通網、住宅地域および緑地帯に対する関心を完全に失わせていた。社会的次元なんぞどうでもよかったのだ。

それに反してヘスは住宅にしか興味がなく、我々のプランのうちの代表的部分にはほとんど注意を向けなかった。彼はあるときそのことで私を非難したことがあった。しかたなく私は、代表的建築用のレンガを住宅用にも振り向けることを彼に約束した。これを聞いてヒトラーは怒り、自分の要求のほうも緊急なんだと主張したが、ヘスとの約束を破らせることはしなかった。

ヒトラーと建築家たち

私は、世間で取り沙汰されたように、ほかの建築家たちを指図する、ヒトラーの筆頭建築家になったわけではない。ミュンヘンやリンツの新計画のための建築家たちも、そのころはやはり私と似たような全権を授けられていたのである。時とともにヒトラーは、それぞれ別の任務をやらせるために、しだいに数多くの建築家を集めた。開戦前は、それが一〇人から一二人ぐらいもいただろう。

建築の話し合いにはいると、あるプランを即座に把握し、平面図と見取り図とを結びつけて具体的な姿を頭に浮かべるヒトラーの才能がいかんなく発揮された。どんなに政務多忙の最中でも、またしばしば、てんでにちがう都市工事が一度に一〇から一五もあっても、彼は図面を一目見て、ときには数か月後のプラン変更でもすぐに見分け、前に自分がどんな変更を要求したかを思い出すので、ちょっとした思いつきや要求なんぞとうに忘れてしまっているだろうと思った人は、たいていあっけにとられてしまうのだ。

建築家との話し合いでは、彼はだいたい控えめで慎重であった。変更の希望は、人を傷つけるような態度を見せず、親しげに持ち出した。この点は、彼が政治的同僚に対して示す高圧的な調子とはまったく違っていた。自分の建築に対する建築家の責任を彼は十分わきまえていて、一緒について来た大管区あるいは全国指導者でなく、建築家自身が話し合いをリードするように配慮した。彼は高官が専門家でもないのに説明に口をはさむのを好かなかった。自分の考えがほかの者の考えと食いちがっても、ヒトラーは決して自説にこだわらなかった。「うん、君のいう通りだね。そのほうがいいよ」

当然私にも、私がヒトラーの依頼で設計したものでも、それに責任を持っているのは私なのだという気持ちがあった。しばしば我々の意見は違ったが、彼が建築家としての私に、彼の意見の採用を強要したことはただの一度もなかった。建て主と建築家とのこの比較的対等な関係の中に、私が後年軍需大臣としてほかの大臣や将軍たちより大きな自主性を持ち得た原因があるのである。

ヒトラーは、原理的なものにかかわるような抵抗を受けたときだけは、おそろしく強硬に反応した。一世代の全建築家の師であったボナーツ教授が、ミュンヘンのケーニヒス広場のトローストの新建築に批判の矢を放って以来、一つの依頼も受けなかったのがそのよい例である。トットまでが、自動車道路にともなう若干の橋の建設にもボナーツを起用しようとはしなかった。彼が尊敬する教授の未亡人、トロースト夫人のところへ私が取りなしに行って、やっとボナーツは寵《ちょう》を取り戻したのである。

「なぜボナーツに橋をやらしてあげないのです」と夫人がいった。「技術的な仕事にはすぐれていますのに」。彼女の言葉には重味があった。かくしてボナーツは自動車道路の橋を手がけることになったのである。

ヒトラーはいく度も断言した。「私は建築家になりたかった！」「そうなっていたら、私には建て主がなかったでしょう」と私がいうと、彼は答えた。「それでもやっぱり君はやれたろう！」。もしヒトラーが二〇年代のはじめに資力のある建て主に出会っていたら、彼は政治の道を捨てただろうかと、私はいく度も自問してみた。しかし根本的には、彼の政治的使命感と建築への情熱はやはり不可分なのだと思う。これを裏付けるのが、まさに破滅寸前の三六歳の政治家が一九二五年に、いつか自分の政治的成功の絶頂を凱旋門とドーム・ホールで飾ろうという、当時はただの妄想と思われるような意図で書いた、あの二枚のスケッチである。

ヒトラーが担当内務次官プフントナーから新築スタジアムの第一次プランを見せられたとき、ドイツのオリンピック委員会は厄介な事態に陥った。それはこういうことであった。建築家のヴェルナー・マルヒはウィーンのスタジアムに似た、ガラス張りの隔壁をもつコンクリート構造を予定していた。ヒトラーはそれを視察してぷりぷりしながら帰ってきた。私はそのとき彼の自宅にプランをもって待機するようにあらかじめいわれていたのである。彼は帰るとすぐ、「オリンピックは中止すると次官に伝えさせた。オリンピックを開会するのは国家元首であるから、自分が出席しなければオリンピックはできない。しかし自分はあんな現代風なガラス箱なんぞに絶対に足を踏み入れないぞ」といった。私は構造の骨組みを自然石に代え、もっと力強い飾り縁のついたスケッチを徹夜で書いた。ガラス張りはとりやめられた。これでヒトラーは満足した。彼は予算超過の跡始末を引き受け、マルヒ教授も変更に同意した。ベルリンオリンピックは救われた。ただ、彼が本当に脅迫を実行する腹だったのか、それとも自分の意志を押し通すときによく使う例のこけ脅しだったのかは、私にもわからなかった。

パリ万国博覧会とフランス旅行

一九三七年のパリ万国博覧会も、すでに招待を受諾し、ドイツ館の敷地の割り当ても受けた後なのに、ヒトラーははじめのうちは頑固に反対した。予定の設計が気に食わなかったからである。そこで経済省は私に設計を頼んできた。博覧会場では、ソ連館とドイツ館が真っ正面に向かい合わせになっており、これが、フランスの博覧会事務局が狙った目玉展示であった。まったくの偶然であったが、私はパリを訪れたとき、それまで秘密にされていたソ連館の設計が展示されている部屋へ迷いこんだ。それは、高い壇の上を高さ一〇メートルの群像が勝ち誇ったようにドイツ館へ向かって進んで行く図であった。そこで私は、これに対抗するために重い柱でささえた立方体の想を練った。これは相手の突撃を阻止するがごとくに見えるいっぽう、この塔の飾り縁から、鉤十字を付けた一羽の鷲がロシア側をつかまえんと見おろしていた。この建築で私は金賞をもらったが、ソ連側の設計者も同じものをもらった。

ドイツ館の開館レセプションのとき、私はベルリン駐在のフランス大使アンドレ・フランソワ＝ポンセに会った。彼は、近代フランス絵画展をベルリンで開くのと交換に、私の仕事をパリで展覧することを私に提案した。フランスの建築はおくれていると彼はいった。「しかし絵画では、お国のほうが我々から学ぶことがあるでしょう」。私はすぐ次の機会をとらえて、私の名を国際的に広めるチャンスとなるこの話をヒトラーに伝えた。ヒトラーは沈黙をもってそれが気に入らないことを暗示した。この沈黙は、一応は拒否も同意も意味しないが、その件を二度と彼に持ち出すことを禁ずる合図だった。

このパリ滞在中に、私は「シャイヨー宮」や「近代美術館」それからまだ工事中であった有名な前衛建築家オーギュスト・ペレが設計した「公共事業博物館」を見学した。しかし代表的な建築においてフランスもやはり新擬古典主義《ネオクラシツィスムス》に傾いているのに、私はびっくりした。この様式は全体主義国家の国家的建築物の特徴であると、後日強調されたのであるが、決してそうではない。むしろそれはこの時代の象徴であり、ワシントン、ロンドンあるいはパリおよびローマ、モスクワ、あるいはベルリンの我々の計画など、いずれもこのスタイルを帯びていたのである。

我々はフランスの通貨を若干手に入れた。妻と私は友達と同乗して、フランスを旅行した。我々は南をさして、ゆっくりと城や聖堂を見て回った。そしてカルカソンヌの独特な広々とした城にはいった。それは、昔も今も変わらず、いってみれば現代の核シェルターとさしてちがわない、中世の戦争用の合理的施設の一つであったが、それでもそのながめは、我々をロマンチックに感動させた。城のホテルで我々はフランスの古い赤ブドウ酒を見つけ、田園の静けさをなお数日楽しむつもりだった。ところが夕方になって、私は電話に呼び出された。だれも我々の旅行ルートを知らないはずなので、まさかこのひなびた里でヒトラーの副官から呼び出しがあろうなどとは夢にも思っていなかったのである。

しかしフランス警察は、保護と管理上の理由から我々の旅を監視していたのだった。とにかくフランス警察はオーバーザルツベルクからの問い合わせに答えて、我々の居所を直ちに報告したのである。ブリュックナー副官が電話口に出た。

「明日正午に総統のもとへおいで願いたい」。しかし帰路に二日半かかるという私の文句に、彼は答えた。「明日の午後こちらで会議が開かれます。それにあなたが出席なさることを総統が要求されました」。私はもう一度弱い抵抗を試みた。「少々お待ちを……総統はあなたがどこにおられるかを知っています。しかしあなたは明日おいでくださらなければなりません」

私は悲しく、腹立たしく、どうしようもない気持ちになった。ヒトラーの専任パイロットと打ち合わせた結果、ヒトラーの専用機はフランスの空港に着陸できないこと、しかしアフリカから来て朝六時にマルセイユに寄るドイツの輸送機に座席を一つ手配するつもりであること、それからヒトラー専用機が私をシュトゥットガルトからベルヒテスガーデン近くのアインリンク飛行場へ連れていく手はずがついているということがわかった。

その夜のうちに我々はマルセイユへ向けて車を走らせた。途中、我々の旅行の本来の目的であったアルルのローマ時代の建物を月明かりに数分間ながめて、午前二時にマルセイユのホテルに着いた。三時間後には空港へ行き、その日の午後私は命令通りオーバーザルツベルクのヒトラーの前に現われた。「やあ、気の毒なことをした、シュペーア君。私は会議を延ばしたのだ。ハンブルクの吊り橋について君の意見を聞くつもりだったのだが」。トット博士がこの日、サンフランシスコの金門橋を上回る巨大橋の設計案をヒトラーに出すはずだったのである。しかしこの工事の着工は四〇年代に予定されているのだから、ヒトラーは楽にあと一週間くらいの休暇を私にあたえようと思えばできたはずである。

私が妻とツークシュピッツェに逃避していたときも、副官のいつもの電話が追いかけてきた。「総統のところへおいで願います。明日正午、オステリアの食事に」。私の文句を彼はさえぎった。「いえ、ぜひともです」。オステリアでヒトラーが私を迎えた。「君が食事に来てくれるとは。え、来いといわれたって。私は、昨日、シュペーアはどこにいるかと聞いただけだよ。しかしまあしようがないさ。なぜスキーなんかしなきゃいけないんだね」

外務大臣フォン・ノイラートはずっと硬骨ぶりを示した。ある晩おそくヒトラーは、副官に「外務大臣と話したい」と命じ、副官が電話したところ「外務大臣閣下はもうお休みになっておられます」という返事を受けた。「私が話したいのだから、起こせ」。もう一度電話させた。しかし副官は当惑した顔で戻ってきた。「外務大臣閣下は明朝うかがうそうです。今は疲れてお休みになりたいとのことです」

こういうきっぱりした態度にヒトラーは一応従うが、彼はその晩ずっと機嫌が悪かっただけでなく、こうした自尊心を傷つけられるようなことを決して忘れず、かならず次の機会にしっぺ返しをしたのである。

第7章　オーバーザルツベルク

知られざるヒトラー

権力者というものは、企業の管理者であれ、政府の首領あるいは独裁者であれ、常に抗争の渦に取り巻かれている。彼の役目は、その恩顧が、部下が彼の機嫌をとるに汲々《きゅうきゅう》とするほど望ましいものと思わせることである。しかし周囲の者は、佞臣に堕するおそれがあるだけでなく、同時に屈従することによって権力者を自分の方へ招き寄せたいという誘惑にもかられるのである。

権力者の価値を決めるのは、彼がこうした絶えざる働きかけにどう反応するかということである。私はこうした誘惑を克服した工業家や軍人たちを知っている。権力がいく世代にもわたると、ある遺伝的な免疫性がつくこともまれではない。ヒトラーの側近の中で、フリッツ・トットのようなわずかな人だけが佞臣への魅惑に抗し得たに過ぎなかった。ヒトラー自身がこの傾向にこれといった矛盾を感じていなかったのである。

ヒトラーの支配体制が持つ特殊な諸条件が、特に一九三七年以降は、彼をますます孤独へ追いやった。加えて彼は、人間的接触を見いだす能力に欠けていた。そのころ、我々はごく内輪で、彼にしだいに目立ってきた変化について、いくどか話し合った。ちょうどハインリヒ・ホフマンが彼の著書『知られざるヒトラー』の新版を出したところだった。旧版は、ヒトラーが彼に殺されたレームとむつまじく交わっている写真があったために、発売を禁止されていた。新しい写真はヒトラー自身が選んだ。それらは快活で、闊達《かったつ》な一私人の姿を伝えていた。人々は、短い皮ズボンをはき、ボートをこぎ、草原に寝ころび、山を歩き、熱狂的な少年たちに囲まれ、あるいは芸術家のアトリエにいる彼を発見した。いつも人は、気さくで、親しげで、愛想のいい彼を見た。この本はホフマンの大成功作であった。しかしそれは、それが刊行されたときにはすでに古くさくなっていた。というのは、私がまだ三〇年代のはじめに知ったこのヒトラーは、身近な人間にとってすら、拒絶的な、人づきあいの悪い暴君と化していたからである。

オーバーザルツベルクの住人

バイエルン・アルプスの人里はなれた深い谷あいのオスタータールに、私は、製図板をおけて、数人の助手や家族をごろ寝させることができる程度の小さな狩猟小屋を捜していた。そこで我々は、一九三五年春、ベルリン改造計画を練った。仕事にとっても、家族にとっても、しあわせな時だった。しかしある日、私は決定的な失策をおかしてしまった。ヒトラーにこの田園の話をしてしまったのである。「それなら私のところのほうがずっと快適だよ。私は君の家族にベヒシュタイン荘を提供しよう。そこのガラス張りのベランダは、君の仕事部屋に十分な広さがある」。しかしこの家からも、我々は一九三七年五月末に、ボルマンがヒトラーの命令で私の設計によって建てたアトリエに引っ越した。こうして私はヒトラー、ゲーリング、ボルマンに次ぐ、四人目の「オーバーザルツベルクの住人」となった。

むろん私は、こんな厚遇を受け、身近に引き立てられたことがうれしかった。しかしまもなく、得をしたと思ったのが実はまったくの錯覚であったことを思い知らされた。孤立した谷からその地域へはいると、そこは高い金網に囲まれていて、二つの入り口に近づくには検問を受けなければならない。それは野獣の飼育場を思わせた。いつも野次馬が、山の偉い住人のだれかれを一目見ようとウの目タカの目で集まっていた。

オーザーザルツベルクの真実の主人はボルマンであった。彼は数世紀も続いた農民の土地を強制的に買い上げ、彼らを立ちのかせ、たくさんあった路傍の十字架を、教会の抗議を無視して引き抜いた。彼は国有林も接収して、とうとう高度一九〇〇メートル近くの山から六〇〇メートル下の谷まで、面積七平方キロメートルの敷地を手に入れてしまった。かきねは内側で約三キロ、外側で一四キロもあった。

かつて人間の手が入れられなかった自然に対するなんの感傷もなく、ボルマンはこのすばらしい場所に道路網を張りめぐらしてしまった。それまでモミの木の葉でおおわれ、木の根がはっていた森の小道が、アスファルトの散歩道に一変した。兵舎、車庫、ヒトラーの客用宿舎、新しい大農園、たえずふえる職員のための住居が、突然流行の波に乗った湯治場のように、次から次へとできあがった。数百人もの建設労働者用のバラックが山腹にはりつき、資材を積んだトラックが走り、夜は、二交代作業なので、あちこちの工事場に灯《ひ》がともり、ときおり発破《はっぱ》が谷にとどろいた。

この山の頂上にボルマンは一軒の家を建てた。それは民芸調に工夫された「汽船」スタイルでごてごてと飾られていた。断崖絶壁に作った道路を辿《たど》ってそこへ行くと、道は、岩を打ち抜いて作ったエレベーターに続く。ヒトラーが二、三度しか訪れなかったティーハウスへ行く道だけに、ボルマンは二、三〇〇〇万マルクを使った。ヒトラーの周囲の皮肉屋たちがいった。「ゴールドラッシュの町みたいだ。ボルマンはほじくり返すだけで、ひとかけらの金も見つけられない」。確かにヒトラーはこの狼藉《ろうぜき》にまゆをしかめたが、こういった。「あれはボルマンの仕業《しわざ》だ。私はそれにかかわりたくない」。それからまた、「ぜんぶでき上がったら、私は静かな谷を捜し出し、そこに最初のものと同じ小さな木の家を建ててやるさ」。しかしそれはついに完成することはなかった。

ボルマンは始終新しい道路と建物を考え出し、ついに戦争が始まったとき、彼はヒトラーとその側近のために地下壕を作りはじめた。「山《ベルク》」の巨大な施設は、ヒトラーがときたま苦情をもらしたが、途方もない経費を浪費しただけでなく、彼の生活様式を変化させ、世間からだんだん引きこもる傾向を促進させた。その傾向は、必ずしも暗殺に対するおそれだけでは説明しきれない。というのは、彼はほとんど毎日、数千人の人間を謁見《えっけん》するために遮断線の内部へ立ち入らせており、彼の護衛たちは、このほうが、普通の山道を気まぐれに散歩するより危険だと考えていたからである。

一九三五年の夏、ヒトラーは粗末な山荘を迎賓用の「山上宮殿《ベルクホーフ》」に拡張することに決めた。彼はその工事に自腹を切った。それは見せかけではなかった。ボルマンが、付属の建物のために、ヒトラー自身がまかなった額とは比べものにならないほどの資金を使い果たしていたからである。

ヒトラーは自分で山上御殿のプランをスケッチしただけでなく、私のところから製図板、定規その他の器具をもっていって、平面図、見取り図に展開図まで自分の手できちんと書いたのである。そのさい彼は他人の手を一切借りなかった。彼がオーバーザルツベルクの山荘の図面を書いたときほどの入念さで書いた設計は、他に二つ、すなわち新しい帝国軍艦旗と、国家元首としての総統長旗しかない。

建築家が普通さまざまなアイデアを紙に書いてみて、それから解決の手がかりをつかむのに対し、ヒトラーの特異な点は、長く考えることなく、はじめに直観的にひらめいたものが正しいものだと考えたことである。あとは、歴然とした欠点をちょこちょこと修正するだけである。

新しい家の中に古い家が保存された。二つの居間が一つの大きな開口部によってつながれたので、公式の客を迎えるにはきわめて具合の悪い平面ができた。供の者は、同時に化粧室、階段ホールおよび大食堂への連絡口を兼ねる無愛想な玄関で待たなければならなかった。

公式の会談のさいは、ヒトラーの個人的な客は二階へ閉じこめられた。しかし玄関へ通ずる階段が、ヒトラーの居宅に続いているので、そこを通れるか、そして散歩のために家を出られるかどうかを確かめるために、だれか「斥候《せっこう》」を送らねばならなかった。ヒトラーの周囲では有名であった収納式の窓が彼の自慢であった。そこからウンタースベルクやベルヒテスガーデンやザルツブルクを見晴らすことができた。ヒトラーのインスピレーションによって彼の乗用車の車庫の位置がきめられた。しかし風の向きが悪いとガソリンの臭いがもろにホールに侵入した。こんな設計は、どこの工業大学の教室でだってはね返されるだろうに。しかし反面では、これらの欠陥こそ、まさにこの山荘にひどく個性的な趣を与えたのである。つまりかつての週末用別荘の素朴な暮らし方を、ただ規模を大きくしただけのものだったのである。

工費はことごとく見積もりを上回った。ヒトラーはいささか困った。「アマンから数十万マルクの前払いまでしてもらったのに、私は自分の収入をすっかりはたいてしまった。それでもまだ、ボルマンの今日の話では、金が足りないというのだ、ボルマンは、私が一九二八年に書いた二冊目の著書の発行をまかせるという条件で、金を出すといった。しかし私はこの本が発行されなかったのを今は喜んでいるんだよ。もし出していたら、今ごろどんな政治的障害にぶつかっていたかしれやしない。もちろんこんどこそは一挙に苦境から抜け出せるだろうがね。アマンは内金だけで一〇〇万出すと約束した。その後さらに何百万かになるだろう。もっと後になれば、多分もっと多く。でも今はだめだ」

そうつぶやいて山麓《さんろく》に目をやったヒトラーは、自分から進んで囚《とらわ》れとなった一人の囚人《めしゅうど》のようであった。伝説の伝えるところでは、その麓《ふもと》から、今はまだ眠っているカール大帝がいつの日か立ち上がって、過ぎし栄光の帝国を再建するはずであった。むろんヒトラーはそこに彼自身その因縁を見たのだろう。「あの向こうのウンタースベルクを見たまえ。私がその向かい側に居を構えたのは偶然ではない」

実力者ボルマン

ボルマンがヒトラーと親しかったのは、オーバーザルツベルクをめぐる彼の建設活動のためだけではない。彼は同時にヒトラー個人の財務管理を一手に握っていたのである。ヒトラーの私設補佐官さえボルマンがいつでも金策に応ずるのをたよりにしていた。ヒトラーの愛人も、彼女自身が私に打ち明けたところでは、彼の財布をたよりにしていた。それはヒトラーが、それ自体としてはつつましい彼女の暮らしの世話まで、ボルマンにまかせていたからである。

ヒトラーはボルマンの財政手腕をほめた。一九三二年の苦境のとき、ボルマンが党活動中の災害のための強制保険を創設して、党に多大の貢献をしたことを、ヒトラーが話したことがある。この救護金庫の収入は支出をはるかに上回り、余剰金を他の目的に注ぎこめたのである。一九三三年以後ヒトラーに一生金の心配をさせないためにも、ボルマンはすくなからぬ功績をあげた。彼は二つの大きな資金源を発掘したのである。すなわち専任写真師ホフマンとその友人の郵政大臣オーネゾルゲと組んで、ボルマンは、切手に肖像をとられているヒトラーが肖像権をもっており、従って版権料を要求できるというアイデアを考え出した。売り上げに対するパーセントは微々たるものだが、ヒトラーの顔はあらゆる種類の切手に登場するので、ボルマンが管理する個人金庫には、数百万の金が集まった。

さらにボルマンは「アドルフ・ヒトラーのためのドイツ工業基金」を設立して、もう一つの資金源を開発した。経済発展で儲けた企業家は直ちに、自発的献金によって総統に謝意を表することを求められた。党内の他の最高幹部連も似たような構想をもっていたので、ボルマンは、その種の献金を彼に独占させる布令を作った。しかしむろん利口な彼は、その中から「総統のおぼしめし」で各種の党幹部にその一部を再交付してやることにした。

党内の大立て者のほとんどがこの基金に収入を仰いだ。さまざまな帝国および大管区の指導者連の生活水準を左右するこの権限が、目には立たないが、ヒエラルキー内の地位より大きい実力をボルマンに与えたのである。

ボルマンは一九三四年以後、彼一流のねばりで、もう一つの単純な発想にひたすら忠実であった。それは、つねにお恵みの源の一番近くにいるということである。彼はヒトラーについて山荘へ行き、彼と旅行を共にし、首相官邸では明け方まで片時もそばを離れなかった。こうしてボルマンはヒトラーの勤勉で、信頼のおける、そして結局はなくてはならぬ片腕となった。だれに対しても一見親切であり、ほとんどだれもが彼の力添えを借りた。それは確かに彼が完全に自分を殺してひたすら総統に奉仕する態度を示しただけに、なおさらだった。彼の直接の上司であるヘスにとっても、この部下をヒトラーの身近においておくほうが便利だった。

もうそのころ、ヒトラーに従っていた大物たちは、後継者に指名されるのを待っているように、こびへつらった。ゲッベルス、ゲーリング、ローゼンベルク、ライ、ヒムラー、リッベントロップ、ヘスのあいだでは、早くから頻繁に地位争いがあった。レームだけは既に脱落していた。ヘスもまもなくはずれることとなった。しかし彼らすべての背後に忍び寄っていたボルマンの危険性には、だれも気づいていなかった。彼はそしらぬふりで、いつのまにか彼の堡塁《ほうるい》を築いてしまっていた。もともと良心のないたくさんの権力者たちのあいだですら、彼の残忍さと感情の荒っぽさがひときわ目立った。彼は足手まといになるような教養なんぞ一切持ち合わせず、ヒトラーが命令したこと、あるいはヒトラーの示唆《し》から彼自身が読み取ったことは、なにがなんでもやり通した。元来強い者には唆《さ》ぺこぺこする反面、下の者に対しては、牛か馬みたいに扱った。彼はどん百姓だったのだ。

私はボルマンを避けた。はじめから我々は肌が合わなかった。オーバーザルツベルクの私的な雰囲気にぎりぎり必要な範囲でしかつきあわなかった。私自身のアトリエを例外として、私が彼のためになにか建てたことは一度もない。

「山《ベルク》」での滞在はヒトラーに、彼自身がいく度も強調したように、人の意表をつくような決断を考え出すのに必要な、内的な落ち着きと安定感を与えた。主要な演説もここで練った。注目すべきことに、彼は演説を自分の手で書いたのである。たとえばニュルンベルク党大会の前は、必ず数週間オーバーザルツベルクに閉じこもって彼の長い基調演説を推敲した。期日がしだいに迫ると、副官たちは口述筆記を始めるように催促し、仕事の手を休めないために、建築プランも訪問客も一切彼から引き離した。しかしヒトラーは仕事を一週また一週と、それから一日また一日と延ばし、締め切りぎりぎりになってようやく、ふしょうぶしょう自分の義務にとりかかるのである。そんなときはたいてい、すべての演説を仕上げるには時間が足りず、ヒトラーは党大会中ほとんど毎晩、オーバーザルツベルクでつぶした時間を取り返さなければならなかった。

私は、彼が芸術家的ボヘミアン気質で、労働の原則を無視し、規則的な仕事に自分を強制できなかったし、しようともしなかったのをなんとかするには、こういう圧力がなければならないのだと感じた。彼は演説の内容や彼の思想を、あたかも溜りに溜ったものが信奉者あるいは交渉相手の頭上に滝のようになだれ落ちるまで、見たところ無為な数週間で成熟させるのである。

オーバーザルツベルクの生活

わが家の静かな谷から煩わしいオーバーザルツベルクへ移転することは、私の仕事には耐えがたかった。ヒトラーを囲むいつも同じ日程、同じ顔ぶれ――ミュンヘンでもベルリンでも同じ顔ぶれなのだ――にはもううんざりだった。ベルリンやミュンヘンとちがう唯一の点は、こちらには彼のお供たちの夫人連がいるし、その他に二、三人の秘書嬢とエーファ・ブラウンがいることだけである。

ヒトラーはたいてい朝遅く、一一時ごろに一階に降りてきて、新聞や書類に目を通し、ボルマンの報告を二、三聞き、最初の決定を下す。彼本来の日常を開始するのは、長々とした昼からである。客たちは控の間に集まっている。ヒトラーは陪席の婦人をそのたびごとに選んだが、ボルマンのほうは一九三八年ごろから、必ずヒトラーの左手にすわるエーファ・ブラウンを食卓に案内する特権を占めた。これは宮廷における彼の支配的地位をありありと誇示するものであった。食堂は、富裕な都会人の田舎の別荘などによく見かけるような民芸的な素朴さと都会的洗練とが混合していた。壁と天井には明るいカラマツの板が張られ、いすは薄赤いモロッコの皮張りだった。什器《じゅうき》は白一色だった。ヒトラーの落款のはいった銀器はベルリンにあるのと同じだった。控えめな花模様がヒトラーのお気に入りだった。念入りなホームメイドのスープ、肉のコース、デザート、それにブドウ酒である。白いチョッキと黒ズボンの召し使いたちがサービスしたが、これは親衛隊「親衛旗」隊員である。長いテーブルに二〇人ぐらいすわったが、テーブルが長いため話ははずまなかった。ヒトラーは窓に向かった中央にすわった。彼は毎日新たに指名する相席の者か、陪席の婦人と言葉を交わした。

食後ほどなくしてティーハウス行きの一団が編成された。道幅は二人並べばいっぱいなので、一行は行列のように見えた。すこし先を二人の護衛が行き、その後をヒトラーがだれかしら話し相手と歩き、その後から陪食の一団が色とりどりに、他の護衛たちを従えてついていく。ヒトラーの二頭の牧羊犬があたりを走り回り、この犬たちだけが、ヒトラーの命令を無視する宮廷で唯一の存在であった。ヒトラーは毎日この道を三〇分ぐらい行くだけで、数キロにわたるアスファルトの林道を敬遠してボルマンを怒らせた。

ティーハウスは、ヒトラーが好んだベルヒテスガーデンの谷を見渡す展望台に建っていた。一行は毎度同じような言い方で展望を讃《たた》えた。ヒトラーはいつも同じ言葉でそれにこたえた。ティーハウスそのものは直径約八メートルの円形の建物で外観はよかった。小さなガラスに分割された一連の窓と、その向かい側の内壁に暖炉があった。丸いテーブルを囲んで、人々はゆったりしたソファに腰かけた。ここでもエーファ・ブラウンと、もう一人婦人のだれかがヒトラーの脇についた。お茶仲間のうち、すわるところのない者は隣接の小部屋へはいった。紅茶、コーヒーまたはチョコレート、種々の果実パイ、ケーキ、焼き菓子、その後で少々のアルコールが、好みのままに出された。このお茶の席でヒトラーは、とめどもなく、ひとりでおしゃべりにふけるのが好きだった。しかしその話題は、たいてい仲間うちではよく知られている話だから、人々は耳を傾けるふりをして、何も聞いていなかった。ときおりヒトラー自身がひとりごとをいいながら居眠りを始める。すると一同はささやくような声で会話を続け、彼が夕食に間に合う時間にまた目を覚ましてくれることを期待した。みんな水入らずだった。

約二時間たって、だいたい六時ごろにお茶と散歩が終わる。ヒトラーが立ち上がり、一行はぞろぞろと二〇分ほど離れた自動車置き場へ戻った。山荘へ帰ると、ヒトラーはすぐ二階へ上がった。徒党は解散する。ボルマンはしばしば、エーファ・ブラウンに悪口をいわれたことだが、若い秘書嬢たちのどれかの部屋に消えた。

二時間後、またまた夕食に、昼食のときとまったく同じ面々が集まった。そのあとヒトラーは、再び同じ面々をひきつれてホールへおもむいた。

　ホールはトローストの工房で作られた、個数こそ少ないが、どっしりした家具がしつらえてあった。すなわち名誉市民証とレコードを収納する高さ三メートル、長さ五メートルの戸棚、クラシックな時代もののガラス戸棚、時計を守るかのように青銅の鷲《わし》を頭に飾った大きな時計がある。大きなショーウィンドーの前に長さ六メートルの机があり、そこでヒトラーは書類に署名したり、後には地形図を調べたりするのが常だった。赤い布を張った二組の席があった。一つは、部屋の奥のほうにあって、三段の踏み段で区切られ、一つの暖炉を囲んでいた。窓の近くのもう一つは、ベニヤ板にガラスをはめこんだ丸テーブルを囲んでいた。この席の後ろに映写室があり、その穴はゴブラン織りで隠されていた。反対側の壁に、スピーカーを内蔵した大きなタンスがあり、その上にアルノ・ブレーカー作のリヒャルト・ヴァーグナーの大きなブロンズの胸像がおいてあった。胸像の上にも、映写幕を隠すゴブラン織りがかかっていた。壁面には数枚の油絵がかかっていた。まず、ティツィアーノの弟子のボルドーネの作といわれる胸をはだけた婦人の絵。美しくのびのびしたポーズはティツィアーノ自身のものだという。フォイエルバッハでは特に美しい表現のナナ。シュピッツヴェークの初期の風景画、パニーニのローマの古城の風景画、それに、驚いたことに、十九世紀初期のナザレ派のエドゥアルト・フォン・シュタインレが、都市建設者ハインリヒ王を描いた一種の祭壇画まであった。しかしグリュッツナーはなかった。ヒトラーは、これらの絵を自費で買ったのだと、折りにふれてはいった。

我々は二つのグループのいずれかのソファに腰を下ろした。二枚のゴブラン織りが揚がると、ベルリンのときと同じ毎夜の劇映画で夜の第二部が始まった。続いて大きな暖炉の回りに集まる。六人から八人ぐらいが、長くて、窮屈なくらい低いソファに一列に並ぶのに対し、ヒトラーのほうはまたエーファ・ブラウンと婦人連のだれかにはさまれて、ゆったりしたソファに陣取る。座席の配置が悪くて、円陣がひどくかけ離れているので、共通の会話はできない。だれもが隣の人とひそひそ話した。ヒトラーは二人の女と低い声でとりとめのないおしゃべりをしたり、エーファと内緒話をした。ときには彼女の手を握っていることもあった。しかしまたときどき押し黙ってじっと暖炉の火を見つめた。そんなとき客たちは、彼のだいじな思索を邪魔しないように口を閉ざした。

ときどき映画の話がでた。ヒトラーはおもに女優の、エーファは男優のことを話した。こういうときヒトラーはおもに女優の、エーファは男優のことを話した。こういうつまらない話題をかえて、たとえば演出の新しい表現形式などということにわざわざ話をもっていく者はいなかった。むろん映画の選択が話題になることもほとんどなかった。娯楽ものにきまっていたからである。たとえばクルト・エルテルのミケランジェロ映画のような当時の実験映画は、私がいた限りで、一度も上映されたことがなかった。いくどかボルマンはその機会を利用して、ドイツ映画の責任者であるゲッベルスの名声に目立たないようにけちをつけた。たとえば、ゲッベルスが「こわれ瓶《がめ》」（クライスト原作）に難癖をつけたのは、エミール・ヤニングス演ずるところのびっこの村長アダムに、自分の姿が風刺されていると思ったからだ、などという意地の悪い言い方をした。ヒトラーはこの引っ込められた映画をおもしろがって見たあと、これをベルリン最大の映画館で上映することを命じた。しかしこの命令は長いあいだ実行されなかった。しかしついにヒトラーが本気になって怒りだし、自分の命令に従うことをゲッベルスに誓わせるまで、ボルマンは追及の手をゆるめなかった。

後に戦争が始まってからは、ヒトラーは夜の映画会をやめた。それは、彼の言葉によれば、「兵士たちと苦労を共にするため」自分の好きな楽しみを断つということだった。その代わりにレコードがかけられた。しかしレコードのコレクションこそすばらしいものだったが、ヒトラーの興味はいつも同じ音楽にあった。バロックもクラシックも、室内楽も交響曲も彼にはなんの意味もなかった。彼は、きめられたようなコースに従って、まずヴァーグナーのオペラの中から若干のきかせどころを希望し、それが終わるとすぐオペレッタに切り換え、そのままそれに埋没した。ヒトラーは女性歌手の名を当てっこすることに名誉心を燃やし、うまく当たると大喜びした。

このいささか貧相な夜のパーティーをにぎやかにするために、スパークリング・ワインが出され、フランス占領後は、分捕った安もののシャンパンがまわされた。上等の銘柄品はゲーリングと空軍司令官たちがとってしまったのである。夜中の一時をまわると、もうあっちこっちで、懸命にこらえようとしても、あくびがもれてきた。それでも単調な、ものうい空虚さの中で、まだ一時間たっぷりは続いて、とうとうエーファ・ブラウンがヒトラーと二言、三言交わして、二階へ上がっていく。ヒトラー自身はさらに一五分くらいたってから立ち上がってさよならするのである。この麻痺《まひ》した数時間の後で、ほっとしたように取り残された連中がシャンパンやコニャックでくつろぐことがしばしばあった。

我々は明け方に、もうなにもする気がしないくらいぐったりして家へ帰った。数日たつと、そのころ私が命名した「ベルク病」にかかった。果てしなく続く暇つぶしに疲れ果て、全身から力が抜けた感じになるのである。ヒトラーの暇つぶしが会議で中断されたときだけは、私の助手たちと設計に取り組む時間が与えられた。オーバーザルツベルクの選ばれた長期滞在客あるいは住人として、私は、どんなにつらくても、礼を失しない限りこの毎夜の宴を抜け出すことができなかった。新聞出版部長ディートリヒ博士はいくどか思いきってザルツブルクの祝祭劇を見に行ったが、その結果、ヒトラーの不興を招いた。長逗《ながとう》留《りゅう》して、自分の仕事を放っておきたくなければ、ベルリンへ逃げるほかはなかった。

ときおり、シュヴァルツ、ゲッベルスあるいはヘルマン・エッサーといった、ヒトラーのミュンヘンあるいはベルリン時代の旧友知人が訪ねてきた。しかしそれも、数えるほどのたまのことで、しかもいつも一日、二日しか滞在しなかった。ヘスも、ここへ来て、彼の代理であるボルマンのやり方をチェックする口実はいくらもあったろうが、ここでは彼を二、三度しか見かけなかった。首相官邸の昼食会でたびたび出会ったこれらの限りられた同志たちさえ、明らかにオーバーザルツベルクを敬遠していた。そのことが特に目立ったのは、ヒトラーが、彼らが訪れることをいつも非常に喜び、たいてい彼らに保養のためにもっとたびたび、もっと長く滞在してくれと頼んでいたからである。しかし一人一人がすでに一国一城のあるじである彼らにしてみれば、まるっきりちがう日常と、どんなに愛嬌をふりまいても、心底では、人をひきつけるところがほとんどないヒトラーの尊大さに服従することは、ひどく窮屈なことに違いなかった。さりとてヒトラーは、ミュンヘンにいたころからすでに遠ざけており、かりに山荘へ招待でもしたら感激して駆けつけるはずの昔の仲間には会いたくなかったのである。

昔からの同志が訪ねたときは、エーファ・ブラウンも顔を出してよかったが、帝国《ライヒ》の他の高官たち、たとえば大臣連が食卓に姿を現わすと、彼女はすぐ追い払われた。ゲーリングが夫人を連れてきたときでさえ、エーファは自室に閉じこもっていなければならなかった。ヒトラーは明らかに、ある限度内でしか彼女を公にしなかった。私は、彼女の避難所であるヒトラーの寝室の隣の部屋で、彼女のお相手をしたことがいくどかあった。彼女は内気なので、散歩しに家を出ることもしなかった。「だって、出たら、ゲーリングご夫妻に道でお会いするかもしれないもの」

そもそもヒトラーは彼女の存在をほとんど意に介さなかった。彼女がいるところでも、あけっぴろげに女性観を語った。「知性の高い人間は、幼稚で愚かな女をめとったほうがよい。私が、私の仕事に嘴《くちばし》を容れるような女をもっていたら、ねえ君、どうなると思う。私は自分の自由な時間に自分の休息を得たいのだ……。結婚なぞ私は絶対にしないだろう。子供なんぞあったら大問題さ。周囲の者は私の息子を後継者にしようとする。しかし私のような人間は、有能な息子をもつ見込みはない。これはもうジンクスみたいなものだ。ゲーテの息子を見たまえ、なんの役にもたたない人間だったよ。たくさんの女が私に群がるのは、私が結婚していないからさ。戦争時代はこれが特に重要だ。まあ、映画スターみたいなものだな。結婚したら、彼を崇《あが》めたてまつっている女たちにすれば、ある何かがなくなってしまうことになる。もうそんなに女たちの偶像ではないのさ」

　彼は自分が女たちに強烈な男性的魅力を発散させているものと信じ込んでいた。しかしこの点でも不信に凝り固まっていて、女が素敵だと思うのは「首相」としての自分か、それとも「アドルフ・ヒトラー」としての自分なのかわからないのだと常々口にしていた。それから、頭のいい女を絶対にそばにおいておきたくないと、これまたずけずけいうのが常だった。こういう言い方をするさい、それが同席の婦人たちにどんなに屈辱的に聞こえるかが、実はわかっていないのである。だが他方で、よいおやじぶりを見せることもあった。いつか、エーファ・ブラウンがスキーに行って、お茶にすこし遅れたとき、彼はそわそわ時計を見て、彼女になにかあったのではないかと心配した。

　エーファ・ブラウンはつつましい家の生まれで、父親は学校の先生だった。私は彼女の両親をまったく知らない。彼らは決して姿を見せず、最後までささやかな暮らしに甘んじた。エーファもずっと質素なままで、人目に立つ服装をせず、ヒトラーがクリスマスとか誕生日に贈った、いかにも安物とわかる装身具をつけていた。それはたいてい小さな模造の宝石で、せいぜい数百マルク程度の、普通なら人を馬鹿にしたような粗末なものだった。選択する品を差し出すのはボルマンで、ヒトラーは、私の見たところでは、小市民的な趣味でもって、細かく分かれている金細工物を選んだ。

エーファは政治に無関心で、ヒトラーになにごとかを働きかけようと試みたことはほとんどない。しかし日常の環境に対する健康な目をもっていて、ミュンヘン生活でのちょっとした不都合についてはいくどか指摘した。ボルマンがそれを喜ばなかったのは、そうするとすぐ彼がつるし上げられるからである。彼女はスポーツ好きで、なかなかよい長距離スキーヤーであった。我々はしばしば彼女と囲の外のツアーを企てた。いつかヒトラーが彼女に一週間の暇を与えたことがあった。むろん彼自身が山荘にいないときだったが、彼女は我々と数日間チュルスへ行き、そこで素性を隠して明け方まで若い将校たちとダンスに興じた。彼女は、現代のマダム・ポンパドゥールにはおよそ縁が遠かった。彼女が歴史家の関心をひくとすれば、それはヒトラーの特徴に箔《はく》をつけるものとしてだけであろう。

彼女の境遇にある共感をもって、私はまもなく、ヒトラーをひたすらたよりにしている薄幸な女性に同情を抱きはじめた。ボルマンに対する共通の嫌悪感も我々を結びつけた。

といってもむろんそのころは、ボルマンが自然を破壊し、彼の妻を欺くその尊大ぶりに対する反感であったが。私がニュルンベルク裁判において、ヒトラーが死ぬ一日半前にエーファ・ブラウンと結婚したと聞いたとき――ヒトラーは彼女や、一般に女性全体を扱う厚顔無恥《シニシズム》ぶりをそのときも感じとったが、それでも――私は彼女のためにそれを喜んだものである。

ヒトラーはちょうど子供をかわいがるような愛情を感じていたのだろうかと、私はいくどか自分の胸に聞いてみた。彼はふだん、知らない子でも知っている子でも、およそ子供と一緒になると、いつもてあましていた。彼はおやじのような親しみで子供を遇しようと努めてはいたが、うまくいったためしがなかった。子供とつきあう正しい、無条件の方法を見つけたことはなかった。二言三言やさしい言葉をかけると、さっさと他のほうへ向いてしまった。彼は子供を後継者、次の世代の代表と判断しており、従って子供らしさそのものより、子供の見かけ（ブロンド、碧眼《へきがん》）、体位（強く、たくましい）、あるいは知性（新鮮、機敏）のほうを楽しんだのである。私自身の子供に彼の人格が影響したことはまったくない。

ゲルマン民族信仰

オーバーザルツベルクの社交生活の中で記憶に残っているものは、驚くほどの虚《むな》しさである。さいわい私は監禁生活のはじめの数年間に、まだ記憶のなまなましいあいだに、ある程度まちがいないといえるきれぎれの会話を書きとめておいた。

何百回ものお茶の時間に交わされた話は、モード、犬の飼育法、演劇、映画、オペレッタと、それらのスターたちのこと、それと並んで他の連中の家庭生活にまつわる数知れぬこまごました話題であった。ヒトラーがユダヤ人のことや、国内の政敵あるいは強制収容所設置の必要などについて意見をいったことはほとんどない。それは、わざとそうしたというより、前述の話題の陳腐さと関係があるだろう。その反面、ヒトラーはしばしば身近の同僚をこきおろしていた。そういう話がことさら私の耳にこびりついていたのも偶然ではない。というのは、それが世間では批判の対象から除かれていた人物についてだったからである。しかしヒトラーの周囲の私的なグループには、別段緘口《かんこう》令はしかれていなかった。それどころかヒトラーは女たちの面前で、秘密を守る義務なぞはつまらないことだといいきっている。では、彼がだれかれや、あらゆることに、けなすような言い方をしたとすれば、それは感嘆を呼び起こそうとしてのことだったのか、それとも、あらゆる人やものごとに対する彼の普遍的な侮蔑のあらわれだったのだろうか。

ヒトラーはヒムラーの親衛隊神話をしばしばこきおろした。「なんて馬鹿な！　我々は一切の神話を乗り越えた時代にきているではないか。なのに、やつは歴史を初めからやり直している。それだったら、もうじき我々も教会へ行くことになるではないか。教会には少なくとも伝統がある。私がいつか『親衛隊聖人』にされるとは。考えてもみたまえ。そうなったら私は浮かばれないよ！」

「またまたヒムラーは、カール大帝を『ザクセン人の虐殺者』と呼ぶ演説をやらかした。たくさんのザクセン人の死は、ヒムラーがいうような歴史的犯罪ではない。カール大帝がヴィドゥキントを征服し、ザクセン人を殺したのは、いいことだったのだ。それによって彼はフランク王国を建設し、今のドイツに西方文化を導入することを可能にしたのだから」

ヒムラーは科学者たちに先史時代の発掘をやらせていた。

「我々が過去を持たないということを、なぜ世界中に教える必要があるんだ。我々の祖先がまだ粘土の小屋に巣食っていたころ、すでにローマ人が大建築を建てていたという事実だけで足りなくて、ヒムラーはこの粘土集落を掘り出しはじめ、土器のかけらか石斧《せきふ》を一つ見つけるたびに感激している。そんなことをしたって、ギリシャやローマがすでに最高の文化段階にあったころ、我々はまだ石斧を投げ、野天の炉のまわりでうずくまっていたことを証明するだけさ。どう考えても、我々はこういう過去を黙っているほうがいいのだ。なのにヒムラーは一切合財いいふらして歩いている。今日のローマ人がそれを聞いたら笑い出すに違いないさ」

彼はベルリンの政治的同僚のあいだでは教会をさんざんこきおろすのに、女たちのいるところでは、彼がその場その場で調子を合わせる格好の一例であるが、ぐっと低姿勢になるのである。

「国民にとって教会は確かに必要である。それは強力な支柱である」と、彼はこうした私的な集まりではいっていた。しかしむろん彼は、教会を自分に役立つ道具としか考えていなかった。「ライビ（帝国司教ルートヴィヒ・ミュラーを彼はそう呼んだ）が大きな器《うつわ》であってくれたら。なんであんなちっぽけな従軍司祭を任命するのだ。大人物であれば、私は喜んで全面的に支持してやるのに。彼などになにができる。福音派教会だったら、イギリスのように私の手で国教になれるだろうに」

一九四二年以後になっても、ヒトラーはオーバーザルツベルクの茶飲み話で、教会を政治にとって無条件に必要なものと思うと力説した。さらに、もしいつか、一つの教会を、できれば二つの教会を合併して、指導するにふさわしい聖職者を見つけられたら幸いである。帝国司教ミュラーが自分の大規模な諸計画を遂行するに適当な人物でなかったことが、やはり残念でならないともいっていた。そのさい彼は教会闘争は国民の将来を犯す犯罪であるときびしく批判した。なぜなら、「党のイデオロギー」を教会と取り換えることはできないからだ。教会は長い時間がたてばそのうちにナチズムの政治目標に歩調を合わせるにきまっている。歴史上いつだって教会はそうしてきたのだから。新しい党宗教などは、中世の神秘主義への逆戻りだ。そのことは、親衛隊神話や、ローゼンベルクの晦渋《かいじゅう》な『二十世紀の神話』が証明しているではないかと。

そういう独白のさいに、教会についてのヒトラーの判断がもしも教会に対して否定的なものだったら、きっとボルマンは、彼がいつも持っている白いカードを上着のポケットから取り出したろう。ボルマンは、彼が重要だと思ったヒトラーの言行をことごとく記録していたのだ。そして教会についての否定的コメントほど、彼がいそいそと書きとめたものはないからである。彼はヒトラーの伝記資料を集めているものとそのころ私は推測した。

たとえば一九三七年に、教会が頑固にヒトラーの意図に反抗したので、党と親衛隊の扇動で多数のヒトラー崇拝者が教会を離れたと聞くと、ヒトラーは日和見《ひよりみ》的な態度から、彼の重要な同志、特にゲーリングとゲッベルスに、自分は教会とは精神的つながりはなにもないが、カトリック教会の一員であり続けるから、おまえたちもひき続き教会にとどまるようにと命じた。こうして彼は自殺するまでカトリック教徒だった。

ヒトラーがどういう国教を考えていたかは、彼がたびたび繰り返したアラビア人使節団との話から読みとることができる。その使節団が語ったところでは、八世紀に回教徒はフランスを経て中央ヨーロッパに侵入しようとして、ポアティエの戦闘で敗退した。もしこのときアラブ側が勝っていたら、世界中が今日では回教徒になっていただろう。なぜならアラブ人はゲルマン人に一つの宗教を強制しただろうし、その宗教は、剣をもって信仰を広め、全民族をこの信仰に服せしめるという教義を通じて、ゲルマン人の骨肉に刻みつけられたはずだからである。しかし征服者のアラブ人は、その種族的劣等性のために、荒い自然の中で育ったたくましい原住ゲルマン人をいつまでも押えきれないから、結局このイスラム世界帝国のトップに立つのは、アラブ人でなく、ゲルマン人であったろう、というのである。

ヒトラーはこの話の最後を次のような考察で締めくくるのが口癖だった。「まちがった宗教をもってしまったのが、そもそも我々の不幸なのだ。なぜ我々は日本人のように、祖国に殉ずることを最高の使命とする宗教をもたなかったのか？　まだしも回教のほうが、こともあろうにだらしなく我慢するだけのキリスト教より、よほど我々に向いているだろうに」。彼が開戦前からときおり次のような言葉を付け加えたことは注目に価する。「今日シベリア人や白ロシア人や草原地帯《ステップ》の人間は非常に健康だ。だから彼らは伸びる力があり、今後も生物学的にはドイツ人より優るだろう」。この言葉は、戦争の最後の数か月になると、ますます露骨に繰り返されることになった。

ローゼンベルクは七〇〇ページにもおよぶ『二十世紀の神話』を数十万部売った。この本は世間では党イデオロギーの教科書と思われたが、ヒトラーは例のティーパーティーでこれを、「ものをおそろしく複雑に考える額の狭いバルト人が書いた、だれにもわからないしろもの」と一口で片づけた。そんな本がどうして売れたのかとあきれて、こういった。「中世的観念への逆戻りだ！」。この個人的評価がローゼンベルクの耳に伝わったかどうかはわからない。

ヒトラーにとっては、ギリシャ文化がすべての領域での最高の価値であった。たとえば建築にあらわれているギリシャ人の生活観は「さわやかで、健康」であると。ある日のこと、一枚の美しい女性水泳選手の写真が、彼を陶酔的な瞑想に誘った。「なんというすばらしい肉体が今日でもあるのだ。二十世紀になってはじめて青年はスポーツによって再びヘレニズムの理想に近づいている。これまで何世紀も、肉体が蔑視された。その点で我々の時代は古代以後のどの文化時代とも異なる」。しかし自分ではスポーツを遠ざけた。彼が若いころになにかのスポーツをやったなどとは一度も聞いたことがなかった。

彼がいうギリシャ人とはドーリア人のことだった。だから当然、北方から移住したドーリア人はゲルマン系で、だからその文化は地中海世界のものでないという、当時の学者たちによって育てられた推測が、そこに一枚かんでいるのである。

ヒトラーの自己抑制心

ゲーリングの狩猟好きは、一番好まれた話題の一つであった。「どうしてあんなことに夢中になれるのかね。動物を殺すのは、だれかがしなくてはならないにしても、そんなことに大金を使うなんて……。病気の野獣を撃つのに職業的な猟師がいなければならないことはわかる。槍《やり》で獣に立ち向かった時代のように、危険がともなうならまだしも……太鼓腹の人間だって、遠くから確実に命中させることができる今日だよ……。狩猟と馬術は朽ちた封建世界の最後の遺物だ」

またヒトラーは、リッベントロップの連絡官ヘーヴェル大使に、外務大臣との電話連絡の内容をこと細かに話させることを楽しんだ。その上ヒトラーは大使に、どうやったらボスの頭を混乱させることができるかという入れ知恵もした。ときにはヘーヴェルと一緒に並んで、彼に受話器を持たせたまま、リッベントロップがいったことを復唱させ、その返事を彼に耳打ちするのである。たいていそれは、権限外の連中が外交問題でヒトラーに影響を与えて、彼の権限をゆさぶるのではないかという外務大臣のかねがねの心配を一層つのらせるための意地悪な冗談だった。

劇的な交渉の後でさえヒトラーは、当の相手を慰みものにした。たとえば彼の話によると、オーストリア首相シュシュニックが一九三八年二月十二日にオーバーザルツベルクを訪問したとき、ヒトラーは、涙を流さんばかりの大芝居を打って事態の急を訴え、とうとう彼に承諾させてしまったことがある。よくいわれるヒステリックな反応というのは、おおむねこの種の芝居だったと考えてよかろう。一般に自己抑制心こそ、ヒトラーの最も顕著な本能の一つだったのである。私が目撃した限りでは、そのころ、彼が度を失った例はごくまれにしかない。

一九三六年ごろ、経済相シャハトが山荘のホールに報告に現われた。客の我々はつづきのテラスにすわっていた。ホールの大きな窓が開け放たれていた。ヒトラーは明らかに極度に興奮して経済相を怒鳴りつけていた。そしてシャハトが大きな声できっぱりと答えているのが聞こえた。対話は両方ともしだいに激しい調子になって、ついにぱたっと切れた。ヒトラーはむっとしてテラスへやってきたが、あの大臣が頑としていうことを聞かずに軍備を怠っていると、あとあとまでいいふらしていた。

もう一つ異常な興奮をかき立てられたのは、一九三七年にダーレムでまた反抗的な説教を行なったニーメラーである。同時にニーメラーの電話の盗聴記録が提出され、ヒトラーは吠《ほ》えるような声で、ニーメラーを強制収容所へ連れていって、改善の見込みがないから永久にそこから出すなと命令した。

もう一つの場合は彼の幼年時代に関することである。一九四二年にブートヴァイスからクレムスへ車で行く途中、チェコ国境に近いヴァイトラのシュピタール村のある家に大きな表札が出ていて、この家に「総統が少年時代に住んでいた」と書いてあった。裕福な村の立派な家だった。私はヒトラーにそれを話した。するとその瞬間、彼はわれを忘れて、ボルマンを呼んだ。あわてて飛んできたボルマンにヒトラーがかみつかんばかりに命じた。「あの村のことは決して口にしてはならんとあれほどいったのに。とんまな大管区指導者があそこに表札を出した、すぐ撤去させろ」。そのときの彼の興奮の理由が私にはわからなかった。というのは、リンツやブラウナウ周辺の彼の少年時代の思い出の場所を修復することをボルマンが報告すると、ヒトラーはいかにもうれしそうだったからである。しかし明らかに、彼の少年時代のこの部分を抹殺《まっさつ》したい一つの動機があったのである。今日では、彼の家族的背景が、オーストリアの森のこのあたりでふっつり消えていることは、周知のことである。

ときどき彼は歴史的に有名なリンツの要塞《ようさい》の一つの塔をスケッチした。「ここは私の一番好きな遊び場だった。小学生のころの私は腕白坊主で、がき大将だった。このころの記念に、私はこの塔をいつか大きなユースホステルに造り直したい」。少年時代の最初の重要な政治的印象のことも、しばしば語った。「リンツの同級生たちのほとんどは、チェコ人のオーストリア移住を拒否しろという意見をはっきり持っており、そのことが国籍の問題を自分にはじめて教えてくれた。その後ウィーンでユダヤ人の危険が急激に自分の前に浮かび上がり、一緒にいた多くの労働者たちも急進的な反ユダヤ論者であった。ただ自分はその建設労働者たちと、一点でだけ意見を異にしていた。彼らの社会民主主義的な見解を私は拒否した。私は労働組合へも絶対にはいらなかった。しかしそれが私の最初の政治的障害になった」。多分これも、なぜ彼が、肉屋のうまいソーセージの話など口癖にして、あんなになつかしんだ戦前のミュンヘン時代とはまったく対照的に、ウィーン時代のことをこころよく思わなかったかを説明する理由の一つであろう。

ヒトラーは、桁《けた》はずれに大きいリンツの大聖堂の建設を、いくたの障害を乗り越えて強引に実行した、彼の少年時代のリンツ司教に無条件な尊敬を払っていた。その司教は、ウィーンのシュテファン大聖堂をも凌《しの》ごうとしたので、ウィーンが第二に転落するのを喜ばないオーストリア政府と衝突したのだという。その話に続いていつも、オーストリアの中央政府がグラーツ、リンツあるいはインスブルックのような諸都市の自主的な文化的興隆を片っ端から押えたという話を若干付け加えるのだった。とはいってもヒトラーは、そういう強引な平等主義を全国に及ぼそうと考えていたわけではないらしい。というのは、彼が希望していたのは、自分の故郷に権利を回復してやりたいということだったからである。リンツを「世界都市」にしようという彼の計画は、ドナウ川両岸に立ち並ぶ代表的建築群と、両岸を結ぶ吊《つ》り橋を予定していた。計画の中心は、巨大な集会ホールと鐘楼《しょうろう》をもつナチ党の大管区本部館である。そしてこの鐘楼の地下聖堂に彼は自分の墓所を計画した。その他に川岸の建築群を飾るのは、市役所、グランド・ホテル、大劇場、司令部、スタジアム、美術館、図書館、武器博物館および博覧会場、それに一九三八年の解放を記念する碑と、アントン・ブルックナー記念碑などとなるはずであった。町を一望に収める丘の上に建つはずの美術館とスタジアムの設計は、私に予定された。そこからほど遠くないやはり丘の上に、彼の隠居所が建てられるはずであった。

ヒトラーは、ブダペストのドナウ川両岸に数世紀かかってできあがったあの美観を夢想していたのである。リンツをドイツのブダペストにすることが彼の夢だった。それに関連して、そもそもウィーンは、ドナウ川が裏手を迂回しているから、計画がまずかった。当時の設計者は、流れを都市計画に取り入れることを怠った。もしリンツで川の活用が成功したら、もうそれだけでリンツはいつかウィーンと覇《は》を競うようになると、彼は話した。むろん彼は本気でそう思っていたわけではない。ただときおりむらむらと沸いてくるウィーンへの嫌悪感がそういわせたのである。なぜなら他の機会に、かつて城塞《じょうさい》を築いたときウィーンがどんなに壮大な都市計画を実現したかを、彼はしばしば語っているからである。

すでに開戦前にヒトラーは、彼の政治目標の達成後は国事から引退してリンツで生涯を終えたいと、ときおりもらしていた。それ以後は政治的役割を一切演じない。自分が完全に引退しない限り、自分の後継者が権威を保てないからだ。自分は後継者に口をはさむようなことはしない。後継者に権力が移ったことを確認したら、人々はじきにそっちのほうに顔を向けるだろう。そうしたら自分はまたたくまに忘れられる。みんなが自分を捨てるであろうと、自嘲まじりにそう付け加えながら、彼は続けた。「その後は、ときたま昔の同志のだれかれが訪れるだけだろう。しかし私は当てにはしない。ブラウン嬢のほかはだれも連れていかないよ。ブラウン嬢と私の犬以外は、だれにもわずらわされない。自分から進んで私のもとにいつまでもいる者がどうしているかね。だれも私のことなぞ気にしないだろう。だれもかれも後継者の後を追う。多分まあ年に一度、私の誕生日に来るくらいのものだ」

当然、テーブルを囲んでいる者たちは、そんなことはないと否定し、いつまでもあなたに忠実に、おそばに踏みとどまると誓った。

どういう動機からヒトラーが早めの政界引退を口にしたにせよ、とにかく彼は、そういうおりおりに、彼の権威の源が彼の人格や魅力ではなく、権力そのものであるという認識に立っていたようである。彼と親しいつき合いをさせてもらえなかった例の同僚たちにとって、ヒトラーをとりまく後光は、身近な我々よりはるかにまぶしく映ったはずである。我々のあいだでは、敬意を表わす「総統」という言葉でなく、ただ「チーフ」と呼び、「ハイル・ヒトラー」を省いて、「こんにちは」とだけあいさつしていた。その上、おおっぴらに皮肉られても、彼は気にとめなかった。たとえば「そこに二つの可能性がある」という彼の口癖を、彼の秘書の一人であるシュレーダー嬢が、彼のいるところでも平気で、きわめて陳腐な質問に対してしばしば使ったものである。あるいはエーファ・ブラウンは、我々の目の前でも、あなたのネクタイは服に合わないとヒトラーにずけずけ注意したり、ときには自分のことを「国母」だといって笑ったりした。

いつかティーハウスの大きな丸テーブルで、ヒトラーが私にじっと目をすえたことがあった。私も目を伏せないでその挑戦を受けとめた。一方が負けるまで双方がにらみあうこんなゲームが、どういう本能からくるものかは知らないが、私はにらめっこに負けたことがなかった。しかしそのときは、私は気が遠くなるくらい長い時間、ほとんど超人的エネルギーでもって、目をそらしたくなる衝動に負けまいと頑張らなければならなかった。とうとうヒトラーは目を閉じて、すぐ隣の女性のほうに顔をそらした。

ときどき私は自分に問うてみた。ヒトラーを私の友と呼ぶ資格において、私に欠けている点があるだろうかと。私はつねに彼の周辺にいた。まるでわが家にいるように彼の身近にいた。しかも彼が最も愛する建築の領域での第一の協力者なのだ。

しかし、すべてが欠けていた。私の生涯で、こんなにめったに自分の感情を見せず、見せても次の瞬間にまた閉じてしまう人間に出会ったことがない。シュパンダウ時代に私はヘスと、ヒトラーのこの性質について話しあった。我々に共通の経験から、このほうが真実の彼に近いだろうと思われる部分があるにはあった。しかしそのたびに、それはいつも錯覚にすぎなかった。人が彼の胸の中を注意深く探ると、すぐ彼は越えがたい壁をめぐらしてしまうのである。

むろんヘスも、ヒトラーにも例外があったといっていた。ディートリヒ・エッカートである。しかし話しあっていくうちに、それも友情というより、特に反ユダヤ主義グループで古くから知られた著述家に対する尊敬なのだと考えられた。一九二三年にディートリヒ・エッカートが死んだとき、四人の男たちがヒトラーと「貴様（Du）」と呼びあう仲だった。エッサー、クリスティアン・ヴェーバー、シュトライヒャーおよびレームの四人である。しかし一番目のエッサーとは、一九三三年以後、うまい機会をとらえて再び「あなた（Sie）」という呼び方に戻してしまった。二番目からは遠ざかり、三番目は敬遠し、四番目は殺してしまった。エーファ・ブラウンに対してもヒトラーが完全に人間的に胸襟《きょうきん》をひらいたことはなかった。国民の総統とただの小娘とのあいだの距離は厳然と保たれた。ときたま彼が彼女に、不釣り合いに親しげに「チャッパール」（おとなしく、ぐずなやつ、というほどの意味）と呼びかけることがあったが、まさにこのバイエルンの百姓言葉こそ、彼と彼女との関係を物語っている。

自分がどんなにあぶない綱渡りをしているかを、ヒトラーは、一九三六年十一月にオーバーザルツベルクでファウルハーバー枢機卿と、長々と会談したとき、いやというほど思い知らされたに違いない。会談後、ヒトラーは私と二人きりで、夕暮れの食堂の窓ぎわにすわっていた。彼はしばらく黙って窓外を見つめたあと感慨深げにいった。「私には二つの可能性がある。私の計画を完全に実現するか、完全に失敗するかだ。やり抜いたら私は歴史上の大人物の一人になる。失敗したら、私は裁かれ、捨てられ、そして地獄へ落とされる」

第8章　新しい総統官邸と一九三八年

新しい仕事

「歴史上の大人物の一人」への登竜門にふさわしい背景を作るため、ヒトラーは今や帝国《ライヒ》の威厳をもつ舞台装置を要求した。彼が一九三三年一月三十日に初めてはいった帝国首相官邸は、彼の言によれば、「石鹼会社なみ」なものであって、強力な帝国の中心としてはふさわしくなかったのである。

一九三八年一月末、ヒトラーは公式に私を書斎に迎えた。「私は君に緊急の依頼をする」と、彼は部屋の中央に立って、おごそかにいった。「私は近々きわめて重要な会議を催さなければならない。そのために、特に小国の君主たちを感嘆させるだけのホールと広間を必要とする。敷地として私はフォス街全部を君の自由にまかせる。いくらかかるかは二の次だ。できるだけ速く、しかも正確に建ててもらわねばならない。君だったらどれくらいの期間がいるかね。計画、設計、全部ひっくるめてだ。一年半や二年では長すぎる。来年一月十日までに完成できないか。私は次回の外交官招宴を新しい官邸でやりたい」。私は辞去した。

その日のことを、ヒトラーは上棟式《じょうとう》の演説でこう語った。「そのとき、私の建設総監は数時間の猶予を願い出ました。そして夕方、彼は期日の予定表をもって私のところへ来て、こういいました。『三月に旧館を取り壊し、八月一日に上棟式の運びになるでしょう。そして一月九日、私は閣下に完成をご報告いたします』と。私は自分でも建築の仕事にたずさわっており、それがどういうことであるかを知っています。こんなことはいまだかつてなかったことです。これは空前絶後の業績であります」。確かにこれは私の生涯でも最も軽率な約束だった。しかしヒトラーは満足げであった。

すぐさま作業場を作るために、フォス街の取り壊しにかかった。同時に建物の外観とその配置を決定するために設計が進められた。さらに防空壕までも、手書きスケッチをもとに着工しなければならなかった。また建築上の諸条件が自分にもはっきりわからないうちに大急ぎで多くの工事部分を発注しなければならなかった。たとえば、完成まで最も時間を必要とするのが、たくさんの大広間用の大きな手織り絨緞《じゅうたん》だった。それを敷く部屋の外見がどんなふうになるかもわからないうちに私はその色彩と形を決めた。ある程度は、これらの絨緞に合わせて部屋を設計したのである。私は複雑な組織計画や工程表を作るようなことはしなかった。そんなことをしたところで、全体の実行不可能さを証明するようなものだったろう。この行き当たりばったりのやり方は、私が四年後にドイツの戦争経済の遂行に当たって適用することになった方法と似ているところが多かった。

細長い敷地だったので、一連の各部屋は長い軸《じく》に沿って並べるほかはなかった。私はヒトラーに図面を見せた。すなわち来訪者はヴィルヘルム広場から大きな門を通って車寄せに乗りこむ。玄関前の階段を登ると、まず小さな迎えの間にはいる。そこから高さ五メートル近くの観音開きの扉が、モザイク張りのホールへ招じ入れる。続いて数段登って、半球形のアーチをもつ丸い部屋を突っ切ると、長さ一四五メートルの回廊の前に立つのである。ヒトラーが私の回廊に特に感嘆した面持ちだったのは、それがヴェルサイユ宮殿の鏡の間の二倍以上の長さだったからである。窓の深い壁龕《へきがん》は間接的な光線を与えて、フォンテーヌブロー宮殿を見学したときに見たあの優美な効果をあげさせようとしたのである。

つまり、材料と色彩の組み合わせが部屋ごとに変わるこれら一続きの、総延長二二〇メートルの各部屋を通ってはじめて、ヒトラーの接客室に通ずるのである。いうまでもなく、贅《ぜい》をこらした象徴建築であり、一つの「効果芸術」であったが、それはバロックにもあったし、いつもあるものだったのだ。

ヒトラーは感心した。「連中は入り口から接客室までの長い道を歩くだけで、ドイツ帝国の威容にいささか参ってしまうだろう!」。それからの数か月間、彼はなんども計画を説明させたが、彼自身のために作られるこの建物の場合でも、注目すべきことは、めったに異論をはさまず、まったく私の自由にまかせたことである。

ヒトラーの病気

ヒトラーが新官邸の造営を急いだもう一つの強い理由は、彼自身が自分の健康について心配していたからである。彼はもう長くは生きられないと、本気で心配していた。一九三五年以来、彼はますます胃病の心配をし、その間、あらゆる摂生手段をもってそれを治そうと努力した。彼はどんな食事が有害かを知っていると信じ、だんだんに断食療法をとるようになった。スープ少々、サラダ、少量のごく軽い食物――彼は今やわずかの食事しかとらなかった。彼が皿を指さして、「人間一匹がこれで生きろというんだよ。見たまえ、これを！　医者はうまいことをいう。人間は食べたいものを食べろだって。ところが私はもうほとんどなにも受けつけないのだ。食後にきまって痛みが起こる。もう片づけるのか。私はどうやって生きればよいのだ」などというのを聞くと、悲痛な印象を与えた。

彼が苦痛のあまり会議を突然中断し、三〇分以上戻ってこなかったり、あるいはぜんぜん戻らないようなことがしばしばあった。さらに、彼自身の言葉によると、異常な便秘や心臓の重苦しさ、それと不眠症にも悩んでいた。いつかエーファ・ブラウンが私に語ったところでは、まだ五〇歳にもならないヒトラーが彼女に、「私はまもなくおまえと別れなければならないだろう。老人相手ではどうしようもなかろう」といったということである。

彼の侍医、ブラント博士は若い外科医であったが、博士はヒトラーに一流の内科医の徹底的診察を受けるように説得しようとした。我々はみなこの提案に賛成した。有名な教授の名があげられ、どうしたら人目につかずに診察してもらえるかという計画が練られた。陸軍病院ならば最も確実に秘密保持ができるから、そこへ収容してはといった者もいた。しかし結局は、なんど勧めても、そのたびにヒトラーはそう簡単に自分を病気だとするわけにいかない。そんなことをしたら、特に国外における自分の政治的地位を弱めるといって拒絶した。それればかりか彼は、ひそかに内科医に自宅への往診を頼むことも拒んだ。私の知っている限りでは、彼は当時本格的診察を受けず、独自の理論に従って、根っからしみこんでいる彼のディレッタント的傾向にふさわしく、自分の症状に自分で骨身をけずっていたのである。

ところが、しゃがれ声がひどくなったときは、有名なベルリンの咽喉専門医フォン・アイケン博士を招いた。官邸で精密検査を受け、ガンではないと確認されるとたんに好転した。それまでの数か月間、彼は皇帝フリードリヒ三世と同じ運命をたどるものと自分できめてかかっていたのである。外科医がどこかの無害な結節を切除した。いずれにせよ小さな手術は官邸内で行なわれた。

一九三五年にハインリヒ・ホフマンが重体におちいった。古い知人のモレル博士が、ハンガリーから取り寄せたサルファ薬を使ってそれを治療した。ホフマンはヒトラーに、この医者がいかに奇跡的に彼の命を救ったかをいくども話した。彼が堅くそう信じたのはもっともなことである。というのも、モレルは自分の腕を宣伝するために、彼の手で治った病気をひどく誇大にいう傾向があったからである。

モレル博士は、ノーベル賞受賞者でパストゥール研究所の教授であった有名な細菌学者イリヤ・メチニコフ（一八四五―一九一六）に学び、メチニコフが彼に細菌性疾患の治療法を教えてくれたと称していた。後にモレルは船医として客船での大旅行を企てたことがある。彼は本ものの山師ではなかったが、自分の職業と金もうけの狂信者だったのだろう。

ヒトラーはホフマンからモレルの診察を受けることを説得された。その結果はたいへんなことになった。ヒトラーが初めて医師というものの重要性を確信したからである。「あんなにはっきりと、かつ正確に、私のどこが悪いかをいったものはない。彼の治療法はきわめて論理的にできているから、私はこの医者を全面的に信頼する。彼が命じたことはきちんと守ることにしよう」。ヒトラーの説明によれば、おもな診断結果は胃寄生菌の消耗ということであった。そしてモレルはその原因を神経の過重負担であると診断した――だからまずこれを治せば、他のすべての疾患は自動的におさまる。しかしビタミン、腺物質、燐およびブドウ糖の注射が治癒《ちゆ》を促進させよう。治癒は一年かかるが、その前に部分的成果も期待できよう――というのであった。

それ以後、一番多くあげられた薬は、「ムルティフローア（万能薬）」と呼ばれる胃バクテリアのカプセルであった。それ以外にモレルがヒトラーに注射および投薬したものははっきりわからなかった。我々の目にはこれらの方法が絶対安全だとは思えなかった。侍医のブラントが親しい内科医に問い合わせたところ、彼はモレルの方法を、ことごとく非科学的・冒険的として排斥し、習慣化する危険を指摘した。事実、注射の回数がしだいに増し、動物の睾丸《こうがん》や内臓および化学的・植物的素材からとったバイオ薬品をますます頻繁に血管に注入しなければならなくなった。いつかゲーリングがモレルを「帝国注射長官殿」と呼んで、ひどく侮辱したことがあった。

しかし治療開始後まもなく、ヒトラーに長年心配をかけた足の湿疹《しっしん》が消えた。数週間たつと、胃の調子もよくなった。彼は重い食事をもりもり食べ、気分爽快《そうかい》になり、「もしモレルに出会わなかったらどうなったろう。彼は命の恩人だよ。奇跡的な治し方だ！」と狂喜せんばかりだった。

ヒトラーが彼の侍医の天才ぶりをすっかり信じこみ、直ちにモレルへの一切の批判を禁じると、モレルと我々との関係は逆転した。とにかく、こうしてモレルはそれ以後、内輪のグループに仲間入りし、ヒトラーがいないときは、図らずも気晴らしの対象となってしまった。というのは、モレルは連鎖状球菌だとか、雄牛の睾丸だとか最新のビタミンだとかいう話しかできなかったからである。

ヒトラーは自分が病気のとき以外は、同僚のだれかれをつかまえてはモレルにぜひ診《み》てもらえとすすめた。一九三六年に私の循環器系統と胃が、めちゃくちゃな仕事のリズムと、ヒトラーのアブノーマルな生活に合わせたためにおかしくなったとき、私はモレルの診察室を訪れた。入り口の表札には、「テオ・モレル博士。皮膚病および性病」とあった。モレルの診察室と私宅は、記念教会近くのクーアフュルステンダム街のにぎやかな一隅にあった。彼の家には、有名な映画スターや俳優たちの献辞のはいった写真がたくさん飾ってあった。私はここで王太子に会ったこともある。モレルは通りいっぺんの診察ののち、胃バクテリア、ブドウ糖、ビタミンおよびホルモン剤を処方した。念のために私はその後ベルリン大学の内科医、フォン・ベルクマン教授に、数日間にわたって精密検査をしてもらった。器官の障害はなく、過労による神経的症状のみと診断された。私は自分の仕事のテンポをできるだけセーブした。すると苦痛がおさまった。ヒトラーが機嫌をそこねないように、私は、モレルの指示にきちんと従ったといいふらした。ところで私の具合がよくなると、私はしばらくモレル医術の見本とされた。エーファ・ブラウンもヒトラーのいいつけで、モレルの診察を受けた。あとで彼女に聞いたところでは、彼はむかむかするくらい不潔で、もうこれ以上モレルの診察は受けたくないと思ったそうである。

ヒトラーは一時的によくなっただけだった。しかし彼はもう侍医から離れられなくなり、それどころか、ベルリンのシュヴァーネンヴェルダー島の侍医の私邸が、ヒトラーが頻繁にお茶に立ち寄る、いってみれば官邸以外で彼を引き寄せる唯一の場所となった。彼がゲッベルスを訪れることはごくまれだった。私のところへも、私が建てた家を見るために一度シュラハテンゼーへ来ただけである。

ききめがなくなった一九三七年末以後、ヒトラーは昔の嘆きを再びつぶやきだした。彼がなんらかの注文を出して、計画を相談しているときでも、彼はときおりこう付け加えた。「私はあとどのくらい生きられるかわからない。これらの建物の大部分も、私がいなくなってから完成するのじゃないかな……」。無数の大工事の完成期日は一九四五年から五〇年にかけてであった。だからヒトラーは余命いくばくもないと予想していたのだろう。

私的な集まりでも彼は口癖のようにいっていた。「私はもう長くないだろう。私の計画のためにあと何時間あるだろうかといつも考えている。私はそれを自分の手で果たさなければならない。私の後継者のだれにも、そこに予想される危機を切り抜ける力はない。だんだん悪くなる私の健康が許す限り、私の意図は実現されなければならないのだ」

一九三八年五月二日にヒトラーは私的な遺言を書いた。政治的遺言のほうは、既に一九三七年十一月五日に、外務大臣や軍首脳部の立ち会いのもとで公表され、ヒトラーの遠大な占領計画を「自分が死亡したときのための遺言」と名づけていた。しかし毎晩くだらないオペレッタ映画を見ては、やれカトリック教会だとか食餌療法だとか、ギリシャの神殿や牧羊犬だとかについてとりとめもない長広舌を聞かされていた取り巻き連中に対しては、彼が世界征服の夢を文字通り本気で考えていたことを明かさなかった。後になって、かつてのヒトラーの同僚たちは、一九三八年にヒトラーにある変化が起こり、それはモレルの治療法による健康悪化のせいだと説明しようとした。しかし私は反対に、ヒトラーの計画と目標は一度も変わらなかったと思う。ただ病気と死の恐れが、その時期を早めただけなのだ。もし彼の意図をはばむものがあったとすれば、それはより優勢な抑止力だけであり、一九三八年当時、そのような勢力は見当たらなかったのである。それどころか反対に、この年の成功は、すでに繰り上がっていたテンポをさらに加速させたのである。

このヒトラーの内的な焦りには、私の見るところ、我々の作業をせき立てた熱病のごとき建築熱が関係していた。上棟式のとき彼は労働者たちにこういった。「これからはもうアメリカ式テンポではない。すでにこれはドイツ式テンポである。私は、いわゆる民主主義諸国の政治家よりも、より多くの仕事を成しとげようと考えている。我々は政治の面でもちがうテンポを見せようと思う。ある国を三日か四日でドイツ帝国に編入することができるならば、ある建物を一、二年で建てることもできるはずである」。むろんときには私にも、彼の度はずれた建築熱が、彼の本当の計画をカムフラージュし、完工期日や定礎式などで世間の目をごまかす役割を果たしたのではないかと思われる節もあるにはあった。

たとえば一九三八年にニュルンベルクのドイッチャー・ホーフで会席したときのことである。ヒトラーは、一般世間の耳に入れると予定したこととしか口に出してはならないといった。出席者の中に党全国指導者フィリップ・ボウラーと彼の若い夫人がいた。彼女が口をはさんで、そういう制約は私たちのあいだでは必要ないでしょう。私たちならば、総統が打ち明ける秘密を守るに違いありませんからといった。ヒトラーは笑って、「この中で沈黙を守れる者は一人しかいない」と答え、私をさした。でも、それからすぐ数か月後に起こったことについて、私は彼から何も聞かされていなかったのである。

オーストリア併合

一九三八年二月二日、私は、エーリヒ・レーダー海軍総司令官が取り乱したようすで、ヒトラーのところから退出して官邸のホールを横切っていく姿を見た。レーダーは青ざめ、足どりがもつれ、今にも心臓発作で倒れそうであった。翌々日、私は新聞で、フォン・ノイラート外相がリッベントロップに、陸軍総司令官フォン・フリッチュがフォン・ブラウヒッチュに代わったことを知った。そしてそれまでフォン・ブロムベルク元帥がとっていた国防軍最高指揮権をヒトラー自らが引き受け、カイテルを最高司令部長官にしたのだった。

フォン・ブロムベルク上級大将を私はオーバーザルツベルク以来知っていた。彼は愛想がよく、そしてどことなく気品を感じさせる紳士で、ヒトラーの信望厚く、解任までは特別扱いを受けていた。一九三七年秋に彼はヒトラーの勧めで、パリ広場の私の事務所を訪れ、ベルリン計画の図面や模型を見ていった。彼は、上官の一言一言に相槌《あいづち》を打つ一人の将軍と一緒に、静かに、興味深げに一時間ほどすごした。そのときの将軍が、今や国防軍最高司令部の中でヒトラーに一番近い幕僚となったヴィルヘルム・カイテルであった。軍の階級にまったく知識のない私は、そのとき彼をフォン・ブロムベルクのただの副官だと思っていた。

同じころ、私がまだ面識がなかったフォン・フリッチュ上級大将が、ベントラー街の彼の執務室へ私を招いた。ベルリン計画を見たいという希望ではあったが、彼は大した好奇心を見せなかった。私は大きな製図台に図面を広げた。彼は冷たく距離をおいて、無愛想に近い軍人的手短さで私の説明を聞いた。彼の質問の端々から、長期にわたるこの大建設計画を通して、ヒトラーがどの程度まで平和の方向に関心をもっているかを彼が測っているような印象を受けた。おそらく私はいっぱい食わされたのであろう。

外相フォン・ノイラート男爵にも私は面識がなかった。一九三七年のある日、ヒトラーは、男爵の別邸が大臣としての公職に不十分であることを知り、私をノイラート夫人のところへ遣《つか》わして、国費で建物を大拡張することを申し出させた。夫人は私に邸内を見せ、申し出に感謝するが、彼女と夫の意見ではこの建物で十分に目的を果たせると、きっぱりした調子でいった。ヒトラーは不機嫌だったが、二度とその話を持ち出さなかった。ここに古い貴族の誇り高い節度が表われており、成り上がり連中の背伸びぶりとははっきり違うところである。リッベントロップはむろん後者であった。彼は一九三六年夏に、ドイツ大使館を増改築するために、私をロンドンへ呼び寄せた。一九三七年春のジョージ六世の戴冠式までに完工し、予想される各種の行事のさい、ロンドンの社交界にその豪華絢爛《けんらん》たるところを見せつけたいというのであった。リッベントロップは細部を彼の夫人にまかせた。夫人は、ミュンヘン「工芸組合」のあるインテリア・デザイナーとともに、私にはごてごてしすぎると思われるくらい、飾りたてることに夢中であった。リッベントロップは私に対してはおだやかだった。しかし私のロンドン滞在中、外相から電報がはいるたびに、きまって彼は、自分のやることに茶々を入れるといわんばかりに仏頂面《ぶっちょうづら》をした。そして怒った声で、自分はロンドンにおける使命を自分に委《ゆだ》ねたヒトラー自身と直接政策を打ち合わせているのだといった。

イギリスとの友好関係を望んでいたヒトラーの閣内の多くのものには、この使命を果たす上でのリッベントロップの能力が、このころすでに疑問視されていたのである。一九三七年秋、トット博士はウォルトン卿とともに、自動車道路建設現場の視察を行なった。そのあと博士は、現在の大使では両国関係の改善は到底できないから、博士をリッベントロップの代わりにロンドンへ派遣したいという卿の非公式の希望を伝えた。そこで我々は、それがヒトラーの耳にはいるように手配したが、ヒトラーは反応を示さなかった。

リッベントロップの外務大臣就任後まもなく、ヒトラーは、外相の旧別邸を完全に取り壊し、元の大統領宮殿を官邸として改装するように彼に申し出た。リッベントロップはこの申し出を受け入れた。

ヒトラーの政策の加速度的進行を物語るこの年のもう一つの事件を、私は一九三八年三月九日にヒトラーのベルリン官邸のホールで経験した。そこでは副官シャウプがラジオのそばにすわって、オーストリア連邦首相シュシュニック博士のインスブルック演説を聞いていた。ヒトラーは二階の私室へ上がっていた。見たところ、シャウプはあることを待ちうけているようだった。シュシュニックのいうことがしだいにはっきりしてきて、オーストリア国民は独立に賛成か反対かの決断をすべきであると、国民投票を呼びかけていた。シャウプはメモを取り続けた。それからシュシュニックは国民に向かってオーストリア訛《なま》りで叫んだ。「今こそその時である」と。

シャウプにとっても、今がその時であった。彼は二階のヒトラーのところへ駆け上がった。すこしして、燕尾《えんび》服姿のゲッベルスと礼装のゲーリングがヒトラーのところへ駆けつけてきた。彼らは舞踏会シーズンのベルリンのどこかのパーティーから来て、すぐ二階に消えたのだった。

いったいなにが起こったかを私が知ったのは、またも、それから数日した新聞紙上であった。すなわち三月十三日にドイツ軍がオーストリアに侵入したのである。約三週間後私は自動車でウィーンへ向かった。そこでウィーン大集会のために北西駅のホールを整備するためだった。いたるところの町や村で、ドイツ軍の車は人々から手を振って歓迎された。

しかし、ウィーンのインペリアル・ホテルで、このドイツ＝オーストリア合併歓迎の最も陳腐な裏面にぶつかった。たとえばベルリン警視総監ヘルドルフ伯爵のような「旧帝国」（オーストリア合邦以前のドイツ帝国）の名家の出の連中が、明らかに利権目当てに蠅《はえ》がたかるように馳《は》せ参じていたのである。「あそこにはまだいい下着があるぜ。……ここでは、ウールの毛布がより取り見取りだ。おれは外国のリキュールのある店を見つけたよ……」というのが、ホテルのロビーでの会話であった。私はむかむかしてきた。

オーストリア併合直後にヒトラーは中央ヨーロッパの地図をもってこさせ、うやうやしく拝聴している取り巻きに、今やチェコスロヴァキアがはさみ打ちになっているようすを示した。数年後になってもまだヒトラーは、ムッソリーニがオーストリア侵入に同意を与えたとき、彼がいかに政治的な犠牲を払ってくれたか、それに対して自分はいつまでも感謝していると、なんども強調した。というのはイタリアにとっても、オーストリアが中立の緩衝地帯でいてくれるほうがありがたいし、イタリア国境のブレンナー峠までドイツ軍が来ることは、ローマにとって永久に目の上のたんこぶとなるはずであった。一九三八年のヒトラーのイタリア訪問はある意味でこのときの彼の感謝の表現であった。しかしローマやフィレンツェの古美術や建築も楽しみだったのである。随員にあてられた派手な制服組が、ヒトラーの先に立った。彼は本来は派手なことが好きだった。彼が特に自分のために選んだつとめて質素な服装は、大衆心理を計算に入れてのことだったのである。「私の周囲ははなやかでなければならない。それだけ私のシンプルさが目立つからだ」。ほぼ一年後、ヒトラーは、それまでオペラやオペレッタの装置をやっていた帝国舞台芸術家ベンノ・フォン・アーレントに、新しい外交官用制服のデザインを頼んだ。一面に金の刺繍のはいった燕尾服がヒトラーの気に入った。しかし人々は「なあんだ、まるでオペレッタに出てくるコウモリみたいじゃないか！」と嘲笑した。アーレントはヒトラーのために勲章のデザインもした。それもやはり、舞台の上でこそ引き立ちそうなしろものだった。そこで私はアーレントのことを「第三帝国のブリキ職人」と名づけた。

ヒトラーはイタリア訪問から帰ると、その印象を次のように語った。「うれしいことに、我々には君主制がない。私のことを君主政治だといった者は一人もいなかった。あのイタリアのおべっか使いと規則や儀礼のわずらわしさはなんだ。考えられんくらいだ！　ムッソリーニはいつも国王のうしろにいる。晩餐《ばんさん》でも演壇でも王家が上席を占めていて、国家を本当に代表するムッソリーニははるか末席なのだ」。法律上は、ヒトラーは元首として王と同格であり、ムッソリーニはただの総理大臣であった。

イタリア旅行後、ヒトラーは、ムッソリーニに特別な敬意を表する義理があると感じた。彼はベルリンの「アドルフ・ヒトラー広場」に、ベルリン再開発計画での改造後は、ムッソリーニの名を冠することに決めた。この広場は、「組織的時代」の近代的建築物によってそこなわれたものであって、ヒトラーは建築的には嫌なものとみており、次のようなこじつけめいた言い方をした。「我々が今度『アドルフ・ヒトラー広場』を『ムッソリーニ広場』と改名すれば、私はこの広場から逃げられるし、その上、私がほかならぬ私の広場をムッソリーニに譲るということで、一躍彼の名声が高まろう。私自身はそのためにすでにムッソリーニ記念碑まで設計した」。それがその通りにならなかったのは、ヒトラーが命じた広場の改造が実現しなかったからである。

ズデーテン割譲

劇的な年となった一九三八年は、チェコスロヴァキアの大半に侵入したことについて、ヒトラーが西側諸国の同意を取り付けるところまでいった。その数週間前、ヒトラーはニュルンベルク党大会の演説において、ドイツ国民の怒れる指導者として振る舞った。彼は自分の信奉者たちの狂ったような喝采《かっさい》にささえられて、耳をそばだてている諸外国に、彼が戦争をも辞さないことを信じこませようとした。これはあとから考えると、大上段に振りかぶった脅し文句で、そのききめはすでにシュシュニックとの会談で成功裏に実証されていたのであった。また他方で彼は、世間の目の前で断言することによって、ここで引き下がっては自分の面目が丸つぶれになるぎりぎりのところへわざと自分を追い込んだのである。

そのころ彼は、一番近い同志たちにさえ戦争覚悟の態度にいささかの疑いもはさませず、彼らに情勢の不可避なことを説いた。普通だったら、人に自分の意中などのぞかせないのが彼のやり方だったのである。ところがこのときは、彼の戦争覚悟の説得は、長年副官を務めてきたブリュックナーにさえ特別な印象を与えた。一九三八年九月の党大会の期間中、ニュルンベルク城のある城壁に我々は腰を下ろしていた。目の前には、タバコの煙の中に古い町並みが九月の柔らかい日射しを浴びて横たわっていた。ブリュックナーが沈んだ声でいった。「多分、こんな平和な風景もこれで見納めだな。きっとまもなく戦争だよ」

ブリュックナーが予言した戦争が再び回避されたのは、ヒトラーの抑制よりむしろ西側諸国の弱腰によるものであった。「ヒトラーの無謬性」を今や完全に信じこんだ彼の崇拝者たちと、震え上がった世界の目の前で、ドイツへのズデーテン割譲が実現したのである。

すでにその前から、チェコは漠然とした恐れから、国境の要塞化を行なっていた。それに対抗して投入される予定だった大砲を試し撃ちしたところ、チェコの要塞は専門家も驚くほどびくともしなかった。ヒトラーはトーチカ施設の図面を手に入れるため、わざわざ自分でかつての国境へ行き、感慨に堪えない様子で戻ってきた。要塞はすごく巨大で、きわめて巧妙に設計され、一帯を徹底的に活用して、相当奥深くまで梯形《ていけい》に配置されていたそうである。「断固たる防衛に出られたら、これを占領するのは容易なことでなく、我々はたくさんの犠牲を出しただろう。しかし、今や我々は一滴の血も流さずにこれを手に入れた。これで一つ確かなことがある。私はチェコが新しい防衛線を築くことを今後決して許さない。我々はなんとすばらしいスタートをきったことか。山を越えれば、もうボヘミアの谷なのだ」

ユダヤ人虐殺と私

十一月十日に、私は車で事務所へ向かう途中、まだ煙が上がっているベルリン・ユダヤ教会の焼け跡を通りすぎた。これが、この開戦前の最後の年の性格を雄弁に語る四つめの犯罪的事件であった。今日もなおこれが、私の生涯のいやな記憶の一つとして目に焼きついているのは、私がファザーネン街で目撃した焼け焦げた棟木《むなぎ》、崩れたファサード、燃えつきた壁といったものが、通行の邪魔になったからである。まさにこれが、戦争中ほとんど全ヨーロッパをおおうことになったあの惨劇の前触れだったのだ。しかし一番目ざわりだったのは、「街」が政治的に放置されていたことであった。壊れたショーウィンドーの破片は、とりわけ私の市民的秩序感覚を傷つけた。

あのとき、ガラス以上のものが崩れたこと、ヒトラーがこの夜、この年四度目のルビコンを渡り、彼の帝国の運命をどうしようもないところまで引きずり込んでしまったことに私は気づかなかった。ドイツ国民のある集団の破滅で終わることになったあることが始まったことを、あの瞬間に私は少なくとも直感しただろうか。それが私の道徳的本質をも変えたことを？　それは私にはわからない。

むしろ私はその事件をたいしたことではないと受け取ったのである。それには、この襲撃は遺憾なことであったというヒトラーの声明が作用している。彼自身がいかにも当惑しているふうだったのである。後にゲッベルスは、自分がこの残酷な夜の首謀者だったと、内輪の集まりでほのめかした。彼がためらっているヒトラーに既成事実を突きつけて、断を下さざるを得ないように仕向けたことは、大いにありうることだろう。

考えるたびに奇妙だと思うのは、ヒトラーの反ユダヤ思想が私にほとんど印象を残さなかったことである。当時の私の記憶の中から今も残っているものを分類してみると、私がヒトラーに望んでいた理想像と現実とのずれ、しだいに傾いていく彼の健康についての心配、教会闘争の緩和への期待、ユートピアともみえる遠大な目標、ありとあらゆる魅力的な事柄の発表、等々である。ヒトラーのユダヤ人憎悪などは、そのころの私には自明でありすぎて、かえって気にならなかったのだ。

私は自分をヒトラーおかかえの建築家だと考えていた。政治的なできことは私には直接関係なかった。私はただそれに印象深い舞台装置を与えるだけであり、ヒトラーは私を、ほとんど建築上の問題にばかり引っぱり込んで、そういった私の考えを一層強めた。それに、もしも私が政策決定に一枚加わろうとすれば、そうでなくても結構いい年をした新参者の出しゃばりとみられただろう。自分は政治的立場を一切とらなくてよいのだと私は思っていた。その上ナチスの教育は、それぞれの分に忠実であればよいという考え方をたたきこんでいた。だから私には、建築のことだけに没頭することが期待されていたのである。私がこの幻想にどんなにばかばかしいくらいしがみついていたかを、一九四四年にヒトラーにあてた私の意見書が物語っている。「私が果たすべき使命は非政治的なものです。私は、私という人間と私の業績が専門的に評価されさえすれば、安んじて仕事をすることができました」

しかしこの職分観は根本的にはナンセンスであった。今にして考えれば、この職分観は、党の反ユダヤ主義の合い言葉からくるものや、茶席の話題となったことがらを実際に行なう忌むべき仕事を、理想化されたヒトラー像とは切り離したいという私の気持ちを表わしている。というのは、群衆をユダヤ教会とユダヤ人商店に向けてけしかけたものはだれか、それはヒトラーの指示によるのか、あるいは少なくともその了解を得て行なわれたものかは、実は問題ではなかったのである。

シュパンダウから釈放されたあと、この二〇年間、私がたったひとり独房で問い続けてきた問題を、やはり人からもいくども質問された。すなわちユダヤ人の追放、逮捕、殺害について私がなにを知っていたかということである。それは、私が当然知っていなければならないはずであり、知っているならその責任は当然わが身にも負うべきものであろうと。

そう追及する人たち、とりわけ私自身を私は長いあいだ次のような答えで鎮めようと努めた。すなわち――どの全体主義政治でもそうであるように、ヒトラー体制においては、地位の上昇とともに孤立と隔離がひどくなる。殺害の機械化とともに殺害要員の数が省かれ、従って知らない可能性がそれだけ増す。組織的な秘密保持マニアが、人にものを明かす程度に、いく段かのランクを設けて、非人間的な所業がばれないようにありとあらゆる逃げ道を作っていた――というのがその答えであった。

しかし私は今はそういう答え方を一切しない。そういう答え方は弁護士のやり方だからだ。確かに私はヒトラーのお気に入りとして、また後には権力を持った閣僚として隔離されていた。仕事のことで頭がいっぱいだったということは、建築家および軍需大臣としての私に、いくらでも逃げ口上を与えてくれる。一九三八年十一月九日から十日の夜に実際に始まり、そしてアウシュヴィッツとマイダネクで終わったことを、私は本当に知らずにいた。しかし私の隔離の程度、私の逃げ口上の信憑性、私の無知の度合いを決定したのは、結局私自身であった。

だから私の深刻な自己批判も、実は、私に会って根掘り葉掘り聞きたがる人と同じように、問題の立て方がまちがっていたのだと思う。私が知っていたか、知らなかったか、そしてどの程度知っていたか、などということは、自分が残虐行為について知っていなければならなかったのであり、たとえわずかしか知らなくてもそのわずかなことから当然その帰結がわかっていたはずだと考えれば、もうまったくとるにたらないことなのである。私に尋ねる人たちは、私から結局弁明を期待しているようだが、私は弁明をするつもりはない。

新総統官邸の落成

一九三九年一月九日に新しい官邸が完成した。一月七日にヒトラーはミュンヘンからベルリンへ来た。彼は興奮した面持ちで、明らかにまだ職人や掃除人でごった返しているものと予想していた。だれでも知っているように、建物の引き渡しの直前は、足場をはずしたり、屑《くず》や埃《ほこり》をどけたり、絨緞を敷いたり、絵をかけたりで、てんやわんやの騒ぎである。ところがヒトラーのその予想はみごとにはずれた。実は、我々ははじめから数日間のサバを読んでおり、結局その余裕を使わなかったので、引き渡しの四八時間前にはすっかり完了していたのである。ヒトラーが各部屋を見て回ったころは、すぐにでも机に向かって政務を執《と》ることができるまでになっていたのである。

彼はこの建物に非常に感心した。彼は私を「天才的な建築家」だとしきりにほめ、いつもの彼に似合わず、その言葉を私にじかにいった。しかも二日も早く仕事を果たしたことは、偉大な組織家という名声をも呼んだ。

ヒトラーが特に気に入ったのは、長い廊下である。今後、国賓や外交使節は、客間へ通されるまでに、必ずそこを通ることになっていた。そこの大理石の床はつるつるに磨《みが》かれているので、本当はそうしたくなかったのだが、もしものことがあってはと、細長い絨緞を敷くつもりだったが、ヒトラーはその配慮を受けつけなかった。「そうしたくないというほうが正しい。外交官ならば、つるつるの床を歩けなければいけない」

ヒトラーの目には客室が小さすぎて映った。彼はこれを三倍に拡張することを命じた。戦争のはじめには、そのプランもでき上がっていた。それに対して執務室のほうは満点の評価を得た。特に彼が喜んだのは、刀が鞘《さや》から半分出ている図柄を象眼した書机である。「けっこう、けっこう。私と向かい合わせにこのテーブルについて外交官がこれを見たら、恐怖をおぼえるだろうな……」。私が彼の部屋の四つの扉の上に取り付けた四か所の欄間から、「英知、熟慮、勇気、正義」の四徳の像が彼を見下ろしていた。なにを思ってこのアイデアを思いついたのか、私にもわからない。円形の大広間には、アルノ・ブレーカーの二つの彫像が、大回廊へ通ずる入り口の両側に立っていた。この彫像の一つは「断行する者」、もう一つは「熟慮する者」を表わしていた。断行には賢明さが必要だという、私の友人ブレーカーのどちらかといえば情熱のほうがかっているこの暗示は、勇敢さとともに他の三つの徳も忘れないようにという私の隠喩《いんゆ》的な忠告と同じように、芸術的な諭《さと》し方を素朴に過信したきらいがあった。同時に、驕《おご》れる者は久しからずといった一抹の不安も暗示していたのであろう。

重い大理石のカバーのついた大きな机が、窓ぎわにおかれてあった。一九四四年以降は、ここで作戦会議が行なわれた。大きく広げられた参謀本部作成地図は、ドイツ帝国内への東西両軍の進攻の急速さを示していた。ここはまた地上におけるヒトラーの最後の軍事拠点でもあった。ここを引き払った後の拠点は、一五〇メートル離れた地下数メートルのコンクリートの下にあった。音響上から全面板張りの内閣閣議室は、ヒトラーの気に入ってはいたが、彼が本来の目的でこれを使ったことは一度もなかった。閣僚のいく人かは、「自分の」部屋を見るだけでよいから、その願いをヒトラーに取り次いでくれないかと私にいってきた。ヒトラーがこれを承諾したので、ときたま閣僚たちが、一度もすわることもなく終わってしまったが、しかしちゃんと金文字でその名前を打った大きな青い皮の書類挟《ばさ》みが置いてある自分の席の前に、しばしば黙然とたたずむ光景がみられた。

ぎりぎりの期限を守るために、この工事には四五〇〇人の労働者が二交代で就労した。さらに全国に散在する数千人の職人が各部分を製作した。それらの石工、指物師《さしもの》、左官、配管工などが全員招待されて、建物を見学し、完成した各部屋を感嘆しつつ見て回った。

ヒトラーは体育館で彼らにこう語った。「私はドイツ国民の代表である。私がだれかを総統官邸に迎えるとき、その人を迎えるのはアドルフ・ヒトラー個人でなく、ドイツ国民の総統である。だから、その人を迎えるのは私でなく、私を通してドイツが迎えるのだ。そういう使命をこれらの部屋が果たすことを、私は望んでいる。一人一人が一つの建築に協力した。その建築は今後数世紀生き続けて、我々の時代について語るだろう。新しい大ドイツ帝国の最初の建築であったと！」

食事のあと彼はしばしば、客たちの中でまだ官邸を見ていないものがいるかどうかを尋ねて、客のだれかれに新築を見せる機会があると、うれしそうだった。そういうとき、彼はデータを記憶する自分の特殊な才能を連れの者たちに披露して、彼らを驚かせるのであった。彼は私にこう尋ねはじめる。「この部屋の大きさは？　高さは？」。私は当惑して肩をすぼめる。すると彼が数字をあげるのである。それはいつもぴったりだった。そのうちにそれらの数字を私も覚えたので、これはだんだん芝居じみてきた。しかしヒトラーがいかにも楽しそうなので、私も調子を合わせた。

私は次から次へと栄誉を授けられた。たとえばヒトラーは私の同僚たちのために自邸で昼食会を催してくれたり、官邸についての本に一文を寄稿してもくれた。また「黄金党員章」を授与し、彼の青年時代の水彩画に若干の控えめな賛をつけて贈ってくれた。ヒトラーが一九〇九年の一番みじめだった時代に描いたこの絵は、ゴシック風教会を非常に精緻《せいち》で、入念に、またペダンチックな筆致で描いたものである。とりわけどうという情熱も感じられず、霊感に導かれたようなタッチ、個性的な筆使いがあったわけでもないが、題材の選び方、平板な色彩、完全な遠近法などに、この絵がヒトラーの青年時代のまぎれもない作品であることが示されていた。同じ時代の他の水彩画もことごとく精彩がなく、第一次大戦の志願兵時代の絵も非個性的であった。こうしてみると、ヒトラーが自意識をもつように変わったのはずっと後のことであろう。その証拠が、彼がほぼ一九二五年ごろに描いたベルリン大ホールと凱旋《がいせん》門の二枚のペン画のスケッチである。さらに一〇年後にも彼は私のいるところでしばしば赤と青の色鉛筆をもって、頭に浮かぶ形を紙の上にとらえるまで、何重にもせっせとスケッチを重ねていた。そのころになっても、昔の水彩画を特別な好意の印として人に贈っているところをみると、青年時代のみすぼらしい水彩画に愛着があったようである。

不吉な前兆

官邸には数十年来、ラインホルト・べガスが制作したビスマルクの大理石の胸像があった。落成式の数日前にそれを新しい部屋へ移すさい、作業員が誤って床へ落とし、首を折った。私には不吉な前兆のような気がした。以前私は、ヒトラーから、ちょうど第一次大戦が始まるときにも、郵政局の建物から鷲《わし》の像が墜《お》ちた話を聞いていたので、私はこの事件を秘密にして、ブレーカーに正確な複製を頼み、これに渋をつけて古めかしく細工させておいた。

前に述べた演説の中でヒトラーは、自信をもってこういっている。「これはまさに建築の奇跡である。しかも作られた上になお記念碑としても残るものであろう。それはきっと残る。だれかが作って、それを他のだれかが一、二年履《は》きつぶしてぽいと捨てるような長靴とは違うのだ。それは残る。そしていく世紀も、それを作ったすべての人々のことを証言する」。一九三九年一月十二日にこの記念碑的な新しい建物は落成式を迎えた。ヒトラーは各国の外交官たちを新年祝賀会の大広間に迎えたのである。

落成式から六五日たった一九三九年三月十五日に、チェコスロヴァキアのハーハ大統領が新しい執務室へ案内された。この部屋で、その夜のうちにハーハの屈服で始まり、早朝には彼の国の占領という悲劇が演ぜられたのである。「とうとう私は」と、ヒトラーがあとで報告した。「あの老人を、神経が参って、もう署名するばかりのところまで追いこんだ。ところがそこで彼が心臓発作を起こした。隣室で私の侍医のモレル博士が彼に注射したがこれがききすぎたのだ。ハーハはみるみる元気になり、私が最後に彼に勝つまで、頑として署名しようとしなかった」

完成から六年半たった一九四五年七月十六日に、ウィンストン・チャーチルが爆撃でほとんど倒壊した官邸を視察した。「官邸の前に大群衆が立っていた。彼らは、拒むように首を振っている一人の老人を除いて、私に歓呼した。この様子は、疲れ切った行列やぼろぼろの着物と同じくらい私を動かした。それから我々は官邸の崩れた廊下や各室を長々と見て回った」

それからまもなく建物は取り壊された。石や大理石はベルリン・トレプトウにあるロシア軍の戦没者墓地の材料となったのである。

第9章　ある日の総統官邸

官邸における昼食会

官邸におけるヒトラーの昼食会にはいつも四、五〇人の人間が出席した。彼らはヒトラーの副官に電話して出席を通知すればいいのである。たいていは大管区および全国指導者たち、数人の大臣たち、それに側近の者たちであるが、ヒトラー付きの国防軍副官を除いて軍人は一人もいなかった。ヒトラーは彼の副官シュムント大佐から、軍幹部の陪席をいくども懇請されたが、そのたびにヒトラーは断わった。多分、そんなことをしたら、彼の昔の同志連中が将軍たちをここぞとばかりにこきおろすことがわかっていたからだろう。

私はヒトラーの住まいにはフリーパスで出入りできた。前庭の入り口の守衛は私の自動車を知っていて、なにもいわなくても門を開けてくれた。私は車を中庭に止め、トローストが改築した住居へはいった。それは、私が新築した官邸の右側に延びており、それとホールでつながっていた。

親衛隊ヒトラー護衛隊隊員が私ににこやかに敬礼する。私は自分の証明書を差し出し、勝手知ったわが家のように、案内も乞わずに広い控の間へはいった。そこには二組のゆったりした席が設けられ、白い壁はゴブラン織りで飾られ、濃い赤の大理石の床に絨緞がたっぷり敷いてあった。たいてい数人の客が、話しこんだり個人的な電話をかけたりしていた。この部屋が特に好まれたのは、ここで喫煙できる唯一の部屋だったからである。

外ではきまりになっていた「ハイル・ヒトラー」というあいさつが、ここではめったに使われず、「今日は《グーテン・ターク》」のほうがずっと多かった。上着の襟章《えりしょう》によって党籍を示す習慣も、ここではほとんど普及しておらず、制服もわりあい見かけなかった。ここらあたりまではいってこられる者は、ある程度格式抜きの特権をもっていたのである。

備えつけの家具が窮屈なため、利用する者がなかった接客サロンを通ると、はじめて本来の住居にはいる。そこでは客たちはたいてい立ったままおしゃべりをしていた。住居全体の中でただ一室、ゆったりできる設備のあるこの一〇〇平方メートルほどの部屋は、ビスマルク時代を偲《しの》んで、一九三三から三四年の大改築のときも手をつけなかった。木の梁《はり》をわたした天井、板張りの腰壁、暖炉といったもので、暖炉には、かつて宰相フォン・ビューローがイタリアからもってきたルネッサンス時代のフィレンツェの楯が飾ってあった。これが一階で唯一の暖炉である。そのまわりを黒い皮張りのいすが囲み、ソファの後ろに大理石の大きなテーブル、その上にいつも新聞が二、三紙おいてあった。壁に一枚のゴブラン織りと、二枚のシンケルの絵がかかっていた。

ヒトラーの出席時間はあてにならなかった。食事は二時と一応きまっていたが、彼が上階の私室、あるいは会議室からやって来るのは、三時を過ぎることがよくあった。彼は客たちに握手してあいさつする。みんな彼のまわりに突っ立ち、彼はいろいろとその日の問題について自分の意見をいった。数人のおもだった者には、たいてい改まった口調で「奥さま」の様子をたずね、新聞係からニュースの切り抜きを渡されると、ちょっとわきの肘《ひじ》掛《か》けいすに腰を下ろして読みはじめた。ときどき面白そうなニュースがあると、客のだれかにそれを手渡して、それに軽く注釈をつけた。

レストラン「総統官邸亭」

こうして客たちは、食堂へ通ずるガラス扉の前のカーテンが引かれるまで、一五分から二〇分ぐらい、まわりに立っている。でっぷり太っていかにも頼もしそうな執事が、その場の空気にふさわしいプライベートな口調で、食事ができたことをヒトラーに告げる。「総統」が先頭に立ち、続いて他の者たちが、序列はおかまいなしにぞろぞろと食堂へはいるのである。

トロースト教授が作った官邸の住居部分のうち、この大きな（一二メートル四方の）正方形の部屋が一番広々としていた。一方の壁は三枚のガラス扉越しに庭に面し、反対側の大きなビュッフェはジャカランダ材（ブラジル産の硬材）で張られ、その上にカウルバッハの未完成の絵がかかっていた。未完のおかげで、とにかくこの絵は平凡ではないにしても、折衷派の画家の几帳面《きちょうめん》さを逃れていた。残りの二方の壁は、真ん中にそれぞれ一か所ずつ半円形のアルコーブ（壁の一部を入り込ませた床の間のような部分）があり、そこの明るい色の大理石の台の上に、ミュンヘンの彫刻家ヴァカーレの裸体像があった。アルコーブの左右にもガラス扉があり、配膳台や大きなホールや前述の入り口に通じていた。黄色く変色しかかった白い平坦《へいたん》な塗り壁と明るいカーテンがこの部屋に明るい広がりを与え、壁の中の軽い突出部はきびしく、澄んだリズム感を強調し、縁の蛇腹《じゃばら》がその感じをひきしめていた。調度は落ち着いた控えめなものだった。約一五人用の大きな丸テーブルが中央にすえつけられ、黒っぽい木に濃い赤色の皮を張った目立たないいすがそれを囲んだ。どのいすも一様で、ヒトラーのは特別ということもなかった。他に四隅にもそれぞれ四ないし六脚の同じ形のいすと小テーブルの組み合わせが四組あった。どのテーブルにも、かつてトロースト教授が吟味したシンプルな明るい感じの陶器や、あっさりしたガラス器類が出されていた。中央に花を活けた水盤があった。

これが、ヒトラーが客たちに向かってしばしば口にした「レストラン・総統官邸亭」である。彼は窓側にすわり、すでに食堂へはいる前から、自分の左右にすわる二人の客をきめておいた。残りの者は思い思いにテーブルを囲んだ。客が多いと、副官たちや、私も含めて重要でない連中は、わきのテーブルのほうにすわった。実は私にはそっちのほうがよかったのである。そこなら遠慮なくおしゃべりができるからである。

食事はきわめて簡素だった。前菜がなく、スープ、肉に少々の野菜とじゃがいも、デザートだけであった。飲み物は、ミネラルウォーターか、普通のベルリン製のビン詰めビールか、安もののブドウ酒ぐらいであった。ヒトラー自身は彼用の菜食をとり、ファッヒンゲンの水（ミネラルウォーター）を飲んだ。客が彼と同じものをとることもできた。しかしそうするものはごくわずかだった。こういう簡素な食事に価値をおいたのはヒトラー自身である。彼は、このことがドイツ中に宣伝されることを見込んでいたのである。あるときヘルゴラント島の漁師たちが彼に巨大なロブスターを贈り、そしてこの珍味が客用の食卓に出たとき、ヒトラーが、こんなグロテスクな格好をした化け物を食うなんて正気の沙汰《さた》ではないといったのも、たんに嫌悪からだけでなく、同時にそういった贅沢《ぜいたく》をいましめたのである。

ゲーリングはめったに食事に来なかった。あるとき私が彼のところで、官邸の昼食のためさがらせていただきますと申し出ると、彼はこういった。「わしはあそこの飯はまずくてかなわん。それにミュンヘン出の俗物党員どもときたら、我慢ならん！」

二週間に一回くらいの割りでヘスが会食に来た。彼の後ろに、妙ちきりんな格好をした副官がついてくる。彼はブリキの容器をかかえていて、それでさまざまなまぜものをした特製の食事を官邸に運びこみ、官邸の台所で温め直すのである。ヘスだけがこの特別あつらえの野菜食を出してもらっていたことを、ヒトラーは長いこと知らなかった。それがとうとうばれると、ヒトラーは一同の面前で怒ってヘスにいった。「私のところには一流の栄養食の料理人がいる。君の医者が食餌の処方を書けば、彼は喜んで作るのだ。なにもわざわざ持ち込まなくたっていい」。そのころすでにヒトラーと反《そ》りが合わなくなりかけていたヘスは、ヒトラーに、自分の食事の材料は特別な作り方でなければできないのだといい張ろうとしたが、即刻食事を家へもって帰れと、断固として命じられてしまった。それからは、ヘスはほとんど会食に現われなくなった。

党の要求で、「バターより大砲を」を可能にするために、ドイツ中の全家庭で毎日曜日一品料理を食べる運動が起こると、ヒトラーの家でも一碗の雑炊《ぞうすい》しか出なくなった。そのため客の数もときどき二、三人に減ってしまったが、ヒトラーはそういう同志たちをいや味たっぷりに皮肉った。というのは、そのとき一緒に、寄付金を書きこむ奉加帳が回されたからである。私には、雑炊一碗が五〇から一〇〇マルクかかった。

食卓での会話

ゲッベルスは円卓の一番の常連だった。ヒムラーはめったに現われなかった。ボルマンはむろん会食を怠らなかったが、私と同じように内廷に所属していたので、客とは見られなかった。

ヒトラーの食卓談話は、オーバーザルツベルクの会話の退屈さのままであった。あきれるほどの話題の狭さと、偏見のはいったものの見方を、ここでも越えることがなかった。彼のレパートリーは拡大も補充もされないから、定義の固定化がひどくなった点が違うだけで、新しい視点や見解はほとんどみられなかった。彼はいくどでも繰り返すことの苦痛を隠そうともしなかった。私は少なくともあのころは、彼の人間にひかれてはいたが、彼のいうことを感銘深く聞いたとはいえない。私はもっと高いレベルの意見や判断を期待していたから、彼の話はむしろ興ざめだった。

ときどき彼はひとり語りで、自分の政治的、芸術的および軍事的観念の世界は単一の世界をなしており、それは二〇歳から三〇歳までの間に綿密に作り上げたものだと主張した。このころが精神的に最も実り豊かな時代であり、今自分が計画し創造しているのは、当時の理念の実現にすぎない、ともいった。

食卓の会話では第一次世界大戦の経験談が大きな比重を占めた。客の大半がそれをみずから体験していたのである。ヒトラーはときどきイギリス人と向かい合わせになったことがあった。彼はイギリス人の特性を茶化すことがあったが、おおむねその勇敢さと頑固さに敬意を表した。たとえば、イギリス人は毎日お茶の時間になるとぴたりと砲撃を止めたので、伝令であるヒトラーはこの時間には危険なく任務を遂行できた、と皮肉たっぷりに主張した。

　フランス人に対し彼は三八年当時には報復的な考えを述べたことがなかった。彼は一九一四年の戦争をもう一度やる気はなかったのである。アルザス・ロレーヌのとるに足らない一帯のためにもう一度戦争するのはばかばかしいと彼はいった。それにアルザス人はたえず国籍を変えさせられて非常に無性格になっているので、ああいう人間はどちら側にも得にならない。彼らは今のまま放っといたほうがいいのだともいった。むろんそのさい、ヒトラーは、ドイツは東へ伸びられるという前提から出発していた。フランス兵の勇敢さは、世界大戦で経験済みだった。将校団だけが弱くなっている。ドイツ人の将校をつけたら、フランス軍は優秀な軍隊になるだろうと。

　人種的観点からむしろ問題の多い日本との同盟を彼は拒否しなかったが、日本との対決を遠い将来に覚悟していた。話がこのことに及ぶたびに彼は、いわゆる黄色人種と手を握ったことを残念がる口ぶりを示した。しかしイギリスだって第一次世界大戦において日本をドイツ・オーストリアに立ち向かわせたのだから、それをとやかくいう必要はないといった。ヒトラーはイタリアをそれほど強国とは信じていなかったが、日本は列強級の同盟者とみていた。

　アメリカは一九一四から一八年の戦争にあまり深入りしなかったし、大きな出血も払わなかった。もし試練が大きければ、アメリカはきっと耐えきれまい。なぜなら彼らには戦う意味がほとんどないからだ。そもそも単一のアメリカ国民なるものはまったく存在しない。あれはいろいろな国民や種族の移住者の寄り合い世帯ではないか……。

かつて伝令兵のヒトラーの上官の連隊副官であり、今や皮肉にもヒトラーの副官にされていたフリッツ・ヴィーデマンが、ヒトラーに異を唱えて、アメリカとの協調を迫ったことがあった。ヒトラーは、食卓の不文律を侵したその異議申し立てを怒って、彼をサンフランシスコ総領事に左遷した。「そこで目を覚ましてもらうのだな」

食卓の会話に参加した男の中には、世界を知っている者は一人もいなかった。食卓に集まった連中は、ほとんどドイツを出たことがなかった。だれかがイタリアへ観光旅行に出かけようものなら、ヒトラーのテーブルではそれだけで一つの事件であり、本人は外国通で通った。ヒトラーも世界からはなにひとつ学ばず、知識、洞察を得たこともなかった。おまけに周囲の党政治家たちは概して教養がなかった。帝国指導層のエリートである五〇人の全国および大管区指導者たちのうちでも大学教育を受けた者はたった一〇人で、大学にいたことのある者が数名、大半が中等学校以下であった。彼らのうちのだれひとりとして、なんらかの領域で取るに足る業績をもって世に出た者はなく、ほとんど全部が驚くほど無教養であった。彼らの教養水準は、伝統的に高い水準をもつドイツ国民の指導層に期待されるものにほど遠かった。ヒトラーには、根本的に、同じ程度の仲間を身近におくほうがよかったのだ。そういう連中の中にいるのが一番気楽だったのだろう。そもそも彼は、当時の言い方でいうちょっとした衣のほころびを仲間たちが指摘するのを好んだ。ハンケがいつかこういった。「同僚にちょっとした欠点があるほうがいいんだ。彼らは、それがお頭に知れていることを知っている。だから総統は同僚をめったに取り替えない。というのは総統はそういう連中と一番仕事がしやすいからだ。だれだって欠点はある。それを適度に隠しておくのに、そういうほうが具合がいいのさ」。先祖がユダヤ人だとか、党員期間が短いということは別にして、どんな不道徳な履歴も欠点でしかなかった。

ナチスのような理念を輸出するのはまちがいだ、なぜなら、そんなことをしたら他の国民を強め、したがってこちらの立場を弱くすることになるから、とヒトラーは考えていた。だから他の国の国民社会主義政党に、自分に匹敵する指導者が見当たらないことで彼は安心していた。彼はムッセルトやモーズリーを、独創的なところのない模倣者とみていた。彼らは我々と我々の方法を奴隷的にまねているのであって、あんなものはなんにもならない。国によってそれぞれ別な条件から出発し、それにもとづいて定めなければならないと彼はいった。ドグレルのほうをもうすこし高く評価したが、彼からもなにも期待しなかった。

政治はヒトラーにとって目的のための手段であった。彼の告白の書『わが闘争』ですら、彼は例外としなかった。あれはもう大部分古くさくなっている。自分はあんなに早くから先の先までものごとをきめてしまってはいけなかったのだと。これは、この本を読む機会を私から摘みとってしまった言葉である。

政権掌握後、イデオロギーがかすんでしまったとき、党綱領の卑俗化に抵抗したのはとりわけゲッベルスとボルマンだった。彼らはヒトラーをイデオロギー的に急進化させようとたえず努力した。ヒトラーの言によれば、ライも正真正銘の堅固なイデオローグの中にはいるが、取り立てて影響を与えうるほどの人物ではなかった。それに対してヒムラーは、ゲルマン原種族信仰、選民思想および革命家の思想などを組み合わせて、途方もなく擬似宗教的な形式をとりはじめた彼独自の滑稽な道を歩んだ。ヒトラーとともに特にゲッベルスがこのヒムラーの生き方を冷笑したが、むろんヒムラーが持ち前の愚かしい頑固さで失笑を招くようなことをしたことも確かである。たとえばヒムラーが日本人からサムライの刀を贈られたとき、彼は日本人とゲルマン人の祭式の共通性を発見し、学者の協力を得て、どうしたらこの共通性を種族的に解決できるかに腐心した。

ヒトラーは、どうしたら彼の帝国のためによき子孫を長期的に確保できるかという問題に特に関心を寄せた。そのための計画は、ヒトラーが教育組織をまかせたライの手によってでき上がった。それによれば、少年教育のための「アドルフ・ヒトラー学校」の建設と、青年教育のための「オルデンスブルク」（修道院のような隔離施設）によって、専門的および世界観的に鍛えられたエリートが育てられるはずであった。だがもしそれが実現したとしても、これらのエリートは、党官僚組織における地位を独占することにしかならなかったろうし、また彼らは青春時代を修道院のような密室の奥深くですごすことによって、世間ばなれしているだろうし、すでにその気配が現われていたように、どうにも手がつけられないくらい自分の能力を過信したであろう。その証拠に、高級幹部たちは自分の子供をこの学校に送らなかった。大管区長官ザウケルのような狂信的な党員さえ、彼のたくさんの子供を一人もこのルートに乗せなかったし、ボルマンにいたっては、皮肉なことに、彼の息子の一人を罰としてそこへ送りこんだのである。

ボルマンの考えでは、教会闘争こそ、ないがしろにされてきた党イデオロギーを覚醒《かくせい》させる手段であった。彼はこの闘争を先鋭化させる牽引力《けんいん》となっていた。さらに円卓の集まりでも彼はこれを繰り返し力説した。確かにヒトラーのためらいは、彼がこの問題をもっと有利な時点まで延ばしたということでしかなかった。というのは、この男ばかりの集まりで彼はオーバーザルツベルクの集まりのときよりもっと言い方がざっくばらんで、粗野だったからである。「他の問題を片づけてしまったら、私は教会と談判する。そうしたら教会は腰を抜かすだろう」と、彼はよくいっていた。

しかしボルマンは、この談判を先へ延ばしておきたくなかった。彼の猪突猛進性《ちょとつもうしん》はヒトラーの計算高い実利主義に合わなかった。ボルマンは自分の意図を推進させるためにあらゆる機会を利用した。昼食のときでさえ、彼はヒトラーの機嫌をそこねる話題を口にしないという暗黙の約束を破った。そういうときの彼のやり方は実に巧妙だった。すなわち彼は円卓の出席者のだれかとしめし合わせておいて、どこかの牧師あるいは司教がどんな反逆的な演説をしたかを、まず大声でしゃべらせるのである。そのうちにヒトラーがその声に気づいて、詳しい説明を求める。ボルマンは、そんなことでヒトラーの食事の邪魔をしたくないのだがと断わっておいて、実はたいへん不埒《ふらち》なことがあったのだと答える。ヒトラーはその先を聞きたがる。ボルマンは止むを得ませんなといった顔で事件を報告する。同席の客たちの怒った顔も、みるみる赤くなっていくヒトラーの顔も、ボルマンはほとんど気にとめない。ころ合いを見計らって彼はポケットから書類を取り出し、反逆的な説教とか教会の教書の一節を読みはじめる。そうするとヒトラーはひどく興奮して――まぎれもない不機嫌の印であるが――指を鳴らしはじめ、食事を中断し、あとで思い知らせてやると口走るのである。彼は、国内の反逆より外国の悪評や排斥のほうがまだ我慢できたのである。たいていのことは自己抑制できる彼も、そういう教会内の反抗分子にすぐ手をつけられないことが、きわめて彼をいらだたせたのであった。

悪ふざけの犠牲者

ヒトラーにはユーモアの才がなかった。彼は茶化すのは人にまかせ、自分はそれを聞いて手放しで笑うだけだったが、文字通り腹をかかえて笑うほうだった。ときには度がすぎて、涙を流すことさえあった。しかし根本的には、笑うのは好きだが、それは人をばかにした笑いだった。

どういうふうに頭を働かせてヒトラーを楽しませるか、同時に、どうやって国内の権力闘争における彼個人の敵を撃ち落とすかという点にかけては、ゲッベルスが一番うまかった。たとえばこんな調子でゲッベルスがいう。「いつかヒトラー・ユーゲント（ヒトラー青少年団）が宣伝省に、ヒトラー・ユーゲントの総裁ラウターバッハーの二五歳の誕生日に新聞でそのことを宣伝しろといってきました。私は彼のところへ宣伝文句の草案を送りました。すなわち彼は『新鮮そのものの肉体と精神で』この誕生日を祝ったとね。彼からはなんともいってきませんでしたよ」。ヒトラーは腹をかかえて笑った。そしてゲッベルスは、思い上がったユーゲントの指導部をこきおろすねらいを、長たらしい演説でやるよりも、ずっとうまく果たしたのである。この円卓の場でもヒトラーは、自分の少年時代のことを繰り返し語り、そのたびに自分の教育がきびしかったことを力説した。「なんども父からひどく打たれた。しかしそれは必要なことで、私の役に立ったと思う」。内相のヴィルヘルム・フリックが間の抜けた声でそれに口をはさんだ。「総統、あなたが今日あるのは、大いにそのおかげだったんですな」。一瞬、あたりが凍りついたように静まり返った。フリックは事態を糊塗《こと》しようとした。「いえ、私が申し上げているのは、総統、そのためにあなたがかくも成功なさったということなんです」。フリックをまったくの頓馬《とんま》だと思っていたゲッベルスが痛烈に皮肉った。「フリック君、君はきっと子供のころに殴られたことなんかなかったんだと思うな！」

経済相でライヒスバンク総裁を兼ねていたヴァルター・フンクが、副総裁ブリンクマンは数か月も奇行を演じたあげく、ついに精神病だとわかったという話をした。フンクはこれでヒトラーを笑わせるとともに、彼が人からのまた聞きと称する事件を、なにげなくヒトラーに耳打ちしようと図ったのである。その事件というのは、ブリンクマンがライヒスバンクの掃除婦や給仕たちを、ベルリンの高級ホテルであるホテル・ブリストルの大広間での大晩餐会《ばんさんかい》に招待し、その上彼みずからギターを弾いてみせたことがあった。そのこと自体は、官民一体という政府のかけ声に合わないでもなかった。しかしフンクが次のことを語るに及んで円卓に爆笑をまき起こしたとなると、そんなきれいごとではすまなくなるのである。「このあいだブリンクマンは経済省の前のウンター・デン・リンデン通りに立って、彼の書類カバンから刷り上がったばかりの紙幣を一束取り出しました。ご承知の通り、その紙幣には私のサインが刷りこんであります。それを彼は通行人に分けてやったのです。『ま新しいフンケン（フンクの名前にひっかけたこの言葉には、火花、つかの間、ささいな、という意味がある）をほしい人はいませんか』とね」。これで彼の狂っていることがはっきりしたと、フンクはいって、さらに次の話をした。「ブリンクマンがライヒスバンクの全職員を集めて、こういった。『五〇歳以上の者は左側、それ以下の者は右側に並べ！』。そして右側の一人に、『君は何歳だ』と聞いた。『四九歳です、副総裁殿！』『では左側へ行きたまえ。さて、左側の者は全員解雇する。ただし年金は二倍出す』」。ヒトラーは目に涙をためて笑った。彼はやっと気を取り直すと、精神病者を見分けるのが時にいかにむずかしいかという話をひとり言のように話した。こういう手のこんだ回り道をして、フンクは実はなにげなくゲーリングをおとし入れようとしたのである。というのは、ヒトラーがまだ知らなかったことであるが、ライヒスバンクのサインをする権限をもっているブリンクマンが、ばかなことに、ゲーリングに数百万マルクの小切手を振り出し、それをまたゲーリングがなんの気なしに現金にしてしまったからである。そこでゲーリングは、ブリンクマンを擁護するために、ブリンクマンがばかだという命題に全力をあげて、反対せざるを得なくなった。フンクはヒトラーに自分に有利なことを吹きこむことが予想された。ヒトラーに先に固定観念を植えつけたほうが有利であることは、経験上明らかであることを知っていた。ヒトラーは一度口に出した意見は変えたがらないからである。かくてフンクは、現金化された数百万マルクをゲーリングから取り戻すのに非常に苦労することとなったのである。

ゲッベルスの冗談の第一の標的はローゼンベルクに向けられた。彼はローゼンベルクを「帝国《ライヒ》おかかえ哲学者」と呼び、エピソードふうに彼をこきおろした。ローゼンベルクを槍玉にあげれば、ヒトラーの拍手を呼ぶことは必定だったので、稽古を積んで檜舞台を待っている俳優みたいに、彼はなんどもその話を繰り返した。そしてその最後にヒトラーが次のように口をはさむのも、これまたほとんど毎度のことだった。「『フェルキッシャー・ベオバハター』（ナチ党機関紙）は、編集主幹のローゼンベルクとまったく同じで、退屈な新聞だ。ユーモア新聞の、『ディー・ブレンエッサー』がこれがまた考えられる限りで最も悲しい新聞だ。『フェルキッシャー・ベオーバハター』が他ならぬユーモア新聞になっている」。大出版会社の所有者であるミュラーも、ゲッベルスの手で、ヒトラーの慰みものにされた。それはミュラーが、党員購読者と並んで、オーバーバイエルンの厳格なカトリック層の昔からのお客を放さないように努力していたからである。彼は信心のための暦からローゼンベルクの反教会文書にいたるまで幅広い出版物を並べていた。そういうことができたのは、二〇年代に彼が赤字の「フェルキッシャー・ベオバハター」を出し続けてやったおかげでもあった。

入念に準備されたいくつかのあてこすりや冗談は、その一こま一こまからヒトラーが連続的に一つずつの情報を受けとれるように、ひと続きの連載物語みたいに仕組まれていた。この点にかけてもゲッベルスが水際立ってうまく、ヒトラーはそのたびに喝采《かっさい》した。そしてその先を続けるようゲッベルスをけしかけた。

放送界では、古い党員であるオイゲン・ハダモフスキーが国立放送局長として実権を握っていたが、ちょうどそのころ、彼は国立放送局総裁になることに野心を燃やしていた。他の候補者を立てたかった宣伝相ゲッベルスは、ハダモフスキーが一九三三年以前に選挙戦の情宣活動に敏腕をふるったことがあるため、ヒトラーが彼を支持するのではないかと心配していた。そこで宣伝省次官ハンケがハダモフスキーを呼び寄せて、彼がたった今ヒトラーから「国立放送局総裁」に指名されたと公式に伝えた。待望の指名をかちとったときのハダモフスキーの狂喜ぶりが、昼食の席で、あまりにグロテスクにゆがめられて話されたので、ヒトラーは、みんながハダモフスキーをかついだのだと受け取った。翌日ゲッベルスは、嘘の任命を報道し、ハダモフスキーを大げさに讃《たた》えた新聞を若干部数印刷させた。そういうことにかけては彼は緻密《ちみつ》だった。そうしておいて彼はヒトラーに、新聞にかかれた賛辞や誇張や、またそれをハダモフスキーがどんなにうれしがって読んだかを逐一報告した。むろんそれがまた爆笑の種になった。さらに同じ日にハンケは、新任者に、就任のあいさつをマイクを通じて話すように頼んだ。ただしそのマイクにはコードがつないでなかった。そこでまた、かつがれた当人がどんなバカさかげんで、大喜びで演説したかという報告が、大笑いの種になった。こうしてゲッベルスは、ヒトラーのハダモフスキー支持をひとまず心配する必要がなくなったのである。ところで、このあくどいいたずらのあいだ、なぶりものにされた当の本人には弁明の機会をただの一度も与えられなかった。多分彼は、このいたずらのせいでヒトラーのところに出入りできなくなろうとは、思ってもみなかったであろう。ゲッベルスが事実を彼に話したのか、それとも彼の想像にまかせたのかをだれも確かめはしなかった。

だまされたのはヒトラーで、陰険なゲッベルスが彼をペテンにかけたのだと、いってもいえないこともないだろう。確かに私のみるところでも、こういうことではヒトラーはゲッベルスの敵ではなかった。こういった下劣な緻密さが直情的なヒトラーにはなかった。しかし考えなければならないのは、ヒトラーがそれに拍手をおくることによってあくどいいたずらに手をかし、あまつさえそれを、あおったことである。もしもちょっとでもいやな顔をしていたら、こういうことは押えられただろうのに。

ヒトラーは人から影響を受けやすかったのだろうかと、私はいくども問い返してみた。確かに、利巧な人間にとっては、かなり御しやすかったろう。ヒトラーは疑い深かったが、これも、私がなんども経験したように、ずいぶんいいかげんだった。考え抜いた指し手や、練りに練った誘導作戦を彼は必ずしも見抜けなかった。つまり計画的な「いかさま」には明らかにセンスがなかったのである。このいかさまの名手はまずゲーリング、ゲッベルス、ボルマンで、ややおいてヒムラーもそうであった。重要問題について、公開の意見表明によってヒトラーの考えを変えさせることはほとんどできなかったので、いきおいこれらの連中の立場がいっそう強くなった。

こういった悪ふざけをもう一つ報告して、この昼食会の物語を終えることにしよう。それは、ヒトラーとの個人的な親しい間柄であることによって、かえってゲッベルスから猜《さい》疑《ぎ》の目で見られ、その標的にされた対外新聞出版部長プッツィ・ハンフシュテングルのことである。ゲッベルスは、業《ごう》つくばりといわれるハンフシュテングルを曝《さら》しものにするのが好きだった。そこで彼は、ハンフシュテングルの作曲した「熱風《フェーン》」という題のポピュラーな行進曲のメロディーが、イギリスの歌からの盗作であることをレコードによって証明しようとした。

実は、すでにスペイン内乱のころに、ハンフシュテングルがスペインで戦っているドイツ人兵士の戦闘精神をこきおろしたと、ゲッベルスが円卓で話したときから、この対外新聞出版部長は信用を失っていたのである。そのときヒトラーは、人の勇敢さをとやかくいう資格などない、臆病者には目にもの見せてやると激怒した。数日後ハンフシュテングルのところへ、ヒトラーの使者が封印した命令書をもって現われ、彼のために用意された飛行機の離陸後でなければ命令書を開封してはならないといった。飛行機は離陸し、ハンフシュテングルはこれを読んでびっくりした。彼は「スペイン赤色地区」に行き、そこでフランコの代理人を務めることとあったからである。

それからの顛末《てんまつ》は、食卓でゲッベルスからヒトラーに逐一報告された。すなわちハンフシュテングルは命令を知ったあと絶望して、すべてが誤解にもとづいているのだから、すぐ引き返してくれと操縦士に頼んだこと、飛行機が数時間もドイツ領上空の雲の中を旋回したが、乗客には嘘の地点を知らせていたので、彼は自分がスペイン領に近づきつつあると思いこんだこと、そして最後に操縦士が緊急着陸しなければならないと説明し、確かライプツィヒ飛行場に降りたはずであることなどである。飛行場で、自分があくどいいたずらの犠牲であったことを知ったハンフシュテングルは、こんどは興奮して、自分の命がねらわれているといって、それからまもなく消息を絶ったのである。

この物語の一部始終は、この場合はヒトラーもゲッベルスと組んで狂言を仕組んだだけに、なおさらヒトラーの食卓で大爆笑をひき起こした。しかしヒトラーはそれから数日後、ハンフシュテングルが国外に亡命したことを知るや、彼が内部秘密を売るために新聞社と連絡をとるのではないかと心配した。しかしハンフシュテングルは、守銭奴という評判に反して、そういうことはまったくしなかった。

親しい同志や忠実な闘士たちの自尊心と名誉すら、こうした残酷な悪ふざけで無茶苦茶にする嗜好《しこう》と相通ずるものがあると、ヒトラーは思っていた。だが、たとえ私がまだ彼に引きつけられていたとしても、私の服従は、初めて一緒に仕事をしたころのあの心服ぶりではとうになくなっていた。毎日のつきあいでは私はある距離をおいており、だからときには、批判的にみるゆとりもあったのである。

その上、彼とのつながりは、ますます建築主と建築家とのそれに変わっていった。全力をあげて彼にサービスし、彼の建築理念を実現することだけしか、その時の私の念頭にはなかった。さらに依頼される建築が大がかりで、重要になればなるほど、人々は私にも敬意を表するようになった。今や自分は、歴史上の最も有名な建築家の列に加わるようなライフワークにとりかかろうとしているのだと、あのころ思ったものだ。

　この意識は同時に、ヒトラーの愛顧を受ける一方でなく、愛顧にこたえるだけの仕事を彼のためにしてやろうという気持ちを私にもたせた。加うるに、ヒトラーは私を仕事仲間として遇し、建築技術では私のほうが彼よりすぐれていることを事あるごとに口にしたのである。

夕食での話題

　ヒトラーのところで食事をとることは、相当の時間をむだにすることだった。というのは、食卓には四時半ごろまでにつくことになっていたが、当然だれだって毎日そんなに時間をつぶすことはできないからである。私も自分の仕事をおろそかにしないように、週に二、三度しか陪席しなかった。

　しかしヒトラーの客になっていることも大事だった。そうすれば名声があがるからだ。その他に多くの客にとって大事なことは、ヒトラーの日々の意見をおおよそ知っておくことだった。ヒトラー自身にとっても会食が役に立つのは、これで思うままに、楽々と政治路線あるいはスローガンをみんなに周知させることができるからである。それにひきかえ彼は、彼自身の仕事の内容、たとえば重要会議の結果を人にもらすようなことはほとんどなかった。たまにそうするときは、会談の相手をこきおろすためであった。

客の中の若干の者は、会談のきっかけをつかもうと、もう食事中から、釣り師が餌を投げるように、ヒトラーに好餌《こうじ》を出した。たとえば、ある建設計画の最近の進捗《しんちょく》状況の写真を示したりなどした。あるいは最近上演された劇、特にヴァーグナーとかオペレッタの舞台写真が、誘い水としてよく使われた。しかし確実な誘い水は、「総統、私は新しい建築プランをもってまいりました」である。こうすれば「そりゃ結構だ、食事のあとすぐ見せてくれたまえ」というヒトラーの返事が九分九厘確実だった。会食の慣例では、こういう手は厳禁のはずだが、そうでもしなければ、ヒトラーと公式に面談する機会をうるまでに数か月も待たされるおそれがあった。

食事がすむと、ヒトラーは立ち上がり、客たちは簡単に別れを告げた。そして特に選ばれた者が、どういう理由かわからないが、「ヴィンターガルテン（冬園）」と呼ばれる隣接のホールへ案内される。そのときヒトラーはときどき私に「ちょっと待っていてくれたまえ。君ともう少し話したいから」といった。一時間以上待たされることもしばしばあった。やがてヒトラーが私を呼び入れ、それからはまったくプライベートな態度で私と差し向かい、ゆったりしたソファに腰かけ、私の工事の進み具合などをたずねた。

そうこうするうちにかれこれ六時ごろである。ヒトラーは別れをいって二階の自室にはいり、私はときどきちょっとのあいだ事務所へ戻った。夕食においで願いたいという呼び出しを副官から受けると、また二時間後に官邸に来なければならなかった。ときたま、私のほうからプランを見せる必要があって、呼び出されなくても出向くこともあった。

この夕食に集まるのは、彼の副官たち、侍医、写真師のホフマン、ミュンヘン時代の知人一、二名、ときどきヒトラー専用機の操縦士バウアーとその無線士と機関士、それから不可欠の付き人であるボルマンなどの七、八名である。これがベルリンでの最もプライベートなグループである。というのは、ゲッベルスのような政治的同僚は、夜はたいてい歓迎されなかったからである。会話の程度は昼食のときよりさらに数段落ちるもので、取るにたらぬ話に終始した。ヒトラーは演劇の話を聞きたがり、スキャンダルの噂話も彼を喜ばせた。操縦士は飛行機の話をし、ホフマンはミュンヘンの芸術界のゴシップをばらまき、絵画収集の報告をしたが、ヒトラーはたいてい自分の生涯の歴史を繰り返し語った。

夕食も簡素な献立であった。執事のカネンベルクが、この私的な雰囲気の中では、もっとよい料理を出そうとしたことが二、三度あった。そればかりかヒトラーはキャビアをぱくぱく食べて、生まれて初めてこの美味をほめたことがあった。ところがカネンベルクからその値段を聞いて高価なのにびっくりすると、その後はキャビアを出すことを禁じた。その後安ものの赤いキャビアを勧められたが、これすらも高すぎるとして断わられた。むろんこの程度の費用は経費全体の中では微々たるものでしかない。しかしヒトラーの常識では、キャビアを食べる総統なぞ、どうにも納得できなかったのである。

夕食後、一同は、ふだんは公式の場にとってあるホールへ移った。みんなゆったりしたソファに腰を下ろした。ヒトラーは上着のボタンをはずし、脚を前に投げ出した。明かりがゆっくりと消えていくと同時に、奥の扉から官邸の女もまじえた特定の職員や、ヒトラー親衛隊員たちが招じ入れられる。最初の劇映画が始まる。我々はオーバーザルツベルクのときのように、三、四時間黙ってすわった。これらの映画が夜中の一時ごろに終わると、我々はしびれをきらして、よろよろと立ち上がる。ヒトラーだけがまだ元気なようすで、他のテーマに移る前に、俳優の演技を論じたり、ご贔屓《ひいき》のだれかの演技に恍惚《こうこつ》としたりした。さらに居間でだらだらとおしゃべりが続けられた。ビール、ブドウ酒、サンドイッチが出され、二時近くなってやっとヒトラーは別れを告げた。この凡俗の集まりと同じ場所で、ビスマルクはいつも知己、友人や政治的な仲間たちと話を交わしていたのだなと、私はときどき思わざるを得なかった。

夜の単調さを救うために、有名なピアニストか学者を招待することを私はいくどか提案した。しかしあきれたことに、ヒトラーはこういって逃げたのである。「芸術家なんて、口でいうほど来たがりはしないさ」。しかし本当に招いたら、彼らの多くはそれを名誉と感じただろうに。きっとヒトラーは、彼の好みに合う一日の陳腐な締めくくり方を邪魔されたくなかったのである。ヒトラーが、専門的に彼よりすぐれている人間に、ある畏《おそ》れを感ずることに、私は気がついていた。彼は、ときたまであるが、公式謁見《えっけん》のような格式張った雰囲気の中でも、そういうことがよくあった。これが多分、たまたま私というまったく新米の建築家を雇い入れた理由の一つだったろう。私に対してならば、彼は劣等感を持たなかったからである。

一九三三年以後しばらく、副官たちが婦人を招待していた。彼女たちの一部の者は映画人で、この人選はゲッベルスが行った。しかし一般には既婚者だけで、それもたいてい夫と同伴でしか許されなかった。ヒトラーがこの原則を重視したのはゴシップを避けるためだった。もしそんなゴシップがばらまかれたら、ゲッベルスが作った「堅い生活をする総統」というイメージに傷がついたであろう。この婦人たちに対するヒトラーの物腰は、ダンス学校の卒業舞踏会における卒業生のようだった。一点一画のまちがいもなく、十分な回数だけのお辞儀をし、オーストリアふうに手に接吻してお別れのあいさつをするといった、控えめな態度が表に現われていた。パーティーが終わったあともたいてい彼は個人的なグループとしばらく一緒にいて、今夜の婦人たちの品定めに夢中になった。それも、彼女たちの魅力とか賢さよりも容姿についてであり、またちょっぴり、自分の願望のかなえられないことを確信している生徒みたいな話しぶりだった。ヒトラーはすらりと背の高い女が好きで、むしろ小柄で可愛らしいエーファ・ブラウンのようなタイプは彼の好みではなかった。

婦人の招待は、私の記憶では一九三五年のある日だったと思うが、突然ぴたりと取りやめになった。その理由は私にもいまだにわからない、噂話みたいなものでもあったのだろうか。とにかくヒトラーが出し抜けに、今後は婦人の招待をやめると宣言した。それからは夜の銀幕のスターたちを愛《め》でることで満足した。

それからだいぶたった一九三九年ごろ、エーファ・ブラウンがベルリンの官邸内に、ヒトラーの寝室の隣の、狭い内庭に面した寝室をあてがわれた。ここで彼女は、オーバーザルツベルクのときよりもっと引き籠った生活を送った。彼女は裏口から隠れるようにはいって、裏階段を上り、家の中に古くからの知り合いしかいないときでも、絶対に一階へ下りて来なかった。彼女が時間をもてあましているとき私がお相手してやると、彼女は非常に喜んだ。

ベルリンではヒトラーは、オペレッタを見るとき以外は、劇場へはめったに行かなかった。しかし「こうもり」や「メリー・ウィドウ」のような、すでに古典的になったオペレッタの上演は見逃さなかった。私はドイツ中のいろいろな都市で彼と一緒に「こうもり」を少なくとも五、六回は見たと思う。そしてそのたびに彼は、贅《ぜい》をつくした舞台の飾りつけのために、ボルマンの内廷費の中から膨大な金を寄付した。

そのほか彼は「軽演劇」が好きで、「ヴィンターガルテン」のベルリン・バラエティーショーによく出かけた。もっとなんども行ったら、きっと彼も嫌いになっただろう。ときどき彼は自分の身代わりに執事を行かせ、晩遅くなって、プログラムをもとに見てきたことを話させた。内容はつまらないが、裸の「妖精《ニンフ》」たちが大勢出るレビューのかかる「メトロポール劇場」にも数回出かけた。

毎年バイロイト音楽祭の期間中は、必ず第一期の全公演を見に行った。私のような音楽の素人《しろうと》にも、彼がヴィニフレート・ヴァーグナー夫人との会話で、音楽の細かいところまで、彼の鑑賞力を示していたようにみえた。しかし彼がもっと関心をもっていたのは演出である。

もっとも、バイロイトを除いては、オペラはごくたまにしか見なかった。はじめはもうすこしあった一般演劇への関心も、まもなくさめていった。彼のブルックナー好みさえ、それによってどうということはむしろなかった。ニュルンベルク党大会における彼の文化講演の前は、必ずブルックナーの交響曲の一節が演奏されたが、それは、ザンクト・フローリアンにおいてブルックナーのライフワークが続けられるように彼が配慮したからにすぎない。しかし世間には、彼は、芸術心の旺盛《おうせい》な人物というイメージを売り込んでいた。

ヒトラーが文芸に対して関心があったか、そしてどの程度あったかは、私にはわからない。彼が口にするのはたいてい、軍事学の本や、海軍年鑑や建築の本のことで、そういうものなら、彼は非常な興味をもって夜遅くまで繰り返し研究していた。そのほかのことは口にしなかった。

ヒトラーの一日

私は仕事を集中的にやるほうなので、ヒトラーが自分の仕事時間を浪費するのが、はじめは理解できなかった。もちろん私も、ヒトラーが退屈と暇つぶしで一日を終えることに理解をもつようにはなったが、それにしても、平均六時間のこの時間が私には長く感じられ、反対に本来の日常仕事がそれに比べて短すぎると思われた。彼は本当にいつ仕事をするんだろうと、私はしばしば首をひねった。一日の中で残っている時間はほとんどない。彼は朝遅く起き、それから一、二件の用談を片づけるが、そのあとの昼食から早めの夕食まで、彼は多少とも時間をむだ遣いしている。たまに午後にあく時間も、建築プランに対する嗜好によってつぶされることがあった。ときどき副官たちが、「今日はプランを見せないでください」と私に頼んだ。そういうときは、持参した図面を入り口の電話交換室に隠した。ヒトラーに尋ねられると、私は逃げ口上をいっておいた。しかしときには、この嘘を見すかして、彼みずから控の間やクロークへ、私の図面を捜しにいった。

国民の目には、ヒトラーは日夜疲れを知らず働いている総統であった。芸術的資質をもった者の仕事ぶりを知る人は、ヒトラーのずぼらな一日を、ボヘミアン的生活として理解するかもしれない。私が見た限りでは、彼は重要でないことに何週間もかかわりあっているあいだに、しばしばある問題を成熟させ、それから「突然の認識」ののち、彼が正しいと思う解決を、数日の集中的な期間に最終的に決定する。そこで食事の会は、新しい考え方をちらつかせ、手をかえ品をかえてそれにアタックし、無批判な聴衆の面前でこれを練り上げ、完成させる手段として役立ったのであろう。そしていったん決断を下すと、また無為の生活に戻っていくのである。

第10章　鎖を解かれた帝国

模型の完成

週に一、二度、夕方になると私はヒトラーのところへ行った。夜一二時ごろ、最後の映画が終わると、彼はときどき私の図面を要求し、明け方の二時、三時まで詳細に検討した。他の客たちはブドウ酒のあるところに集まるか、それとも、ヒトラーとはほとんど話ができないと知って帰宅した。

最もヒトラーの関心をひいたのは、かつての芸術院の展示室に展示されている我々のモデル都市であった。人目につかずにそこへ行けるように、彼は、官邸と我々の住居とのあいだにある大臣たちの庭の壁に穴をあけてドアを作り、連絡路を設けさせた。ときどき彼は昼食の小グループを我々のアトリエへ招いた。懐中電灯と鍵を持って、我々は出かけた。がらんとした展示室のスポットライトが模型を照らしていた。私はいちいち説明する手間が省けた。ヒトラーが目を輝かして同伴者たちにこまごまと説明したからである。

新しい模型が置かれ、それに太陽の方向から強いスポットライトが当てられたときは一同息をのんだ。それは実物の五〇分の一の縮尺で、指物師《さしもの》が綿密に仕上げ、予定の材質に合わせて塗装してあった。こうして新しい大きな市街の大部分が徐々に組み込まれ、我々は、一〇年後には実現するはずの建築群の立体的な展望をうることができた。この模型街路は、ベルリン芸術アカデミーのかつての展示室を貫いて、約三〇メートルにもわたっていた。

特にヒトラーをうならせたのは、メイン・ストリートのプランを一〇〇〇分の一の縮尺で示した大きな全体模型であった。ヒトラーは、完成したときの効果を図るために、あらゆる角度からそれをながめた。たとえば、南駅に着いた旅行者の視点をとってみたり、大ホールからのながめや、街路の中央から左右のながめをためしてみた。正確な印象をうるために、彼はひざまずくようにして、目を模型の街路のレベルの二、三ミリ上にすえ、そして異常に上ずった調子でしゃべるのだった。これは彼がふだんの硬直した態度を捨てたときの癖であった。これまでに私は、こんなに水を得た魚のようにいきいきとしているヒトラーを見たことがない。それにひきかえ私のほうはきわめて疲れていたし、その上うやうやしくお側に控えるあの態度がふっきれず、ほとんど口をつぐんだままだった。私の親しい同僚の一人は、この奇妙な関係を目撃したときの印象を次のようにいった。「あなたがなにものだかわかっていますか？　あなたはヒトラーの不幸な恋人なんだ！」

人びとの好奇の目から慎重に隠されていたこの部屋へはいれたのは、ごくわずかな客だけだった。ヒトラーのじきじきの許可がなければ、だれもこのベルリン大建設計画をうかがい知ることはできなかった。いつかゲーリングが大通りの模型を見たとき、供の者を先に行かせて、震え声でこういった。

「総統は数日前、彼の死後の私の任務について、私と話し合った。そして、そのときは君の好きな通りにやりたまえと、一切を私にまかせた。ただひとつだけ、彼は私に約束させたのだ。それは、私が君のプランに嘴を容れないで、すべてを君にまかせること。そして工事資金は、君が私に要求するだけのものを君に渡さなければいけないということだった」。ゲーリングは喉をつまらせて、ちょっと息をとめた。

「私は総統の手を握って、以上のすべてを厳粛に約束した。そして今、私は君にもそれを約束しよう」といって、彼は私の手を強く握りしめた。

私の父も、今は有名になった自分の息子の作品を見にきた。しかし父は模型の前で肩をすくめただけだった。「おまえは頭がどうかしてしまったな！」

その日の夕方、父と私はある劇場へ行って、ハインツ・リューマンが出演するある喜劇を見た。偶然ヒトラーもそこへきていた。幕間に彼は副官から、私の横にいる老紳士が私の父であると聞いた。すると彼は我々二人に、自分のところへくるようにといってきた。私の父は、七五歳の高齢にもかかわらず矍鑠《かくしゃく》としていたが、ヒトラーの前に出ると、後にも先にも私がそんな父を見たことがないほど激しく震え出した。父は真っさおになり、ヒトラーが息子をほめた言葉に答えることすらできず、一言もいわずに辞去した。後まで父はこの出会いのことを口にしなかった。私も、ヒトラーに会ったときどんな印象を受けたのかを、ついに尋ねなかった。

壮麗なる建築群

新しい街路を作るにあたり、国の行政措置が必要だった。ビジネス・ビルを撤去させようとした役所側の方針を、我々はヒトラーの後楯を得て食いとめ、街路の延長の三分の二は民間の建物のためにさいた。我々は官庁街を作る気などさらさらなかったのである。新しい地区に都市生活の全機能を取り入れるために、我々の計画に盛りこんだのは、豪華なロードショー映画館、二万人収容の大衆映画館、新しいオペラ劇場、三つの一般劇場、新しいコンサートホール、「諸国民館」と呼ばれる会議場、ベッド数一五〇〇の二一階建てホテル、寄席《バリエテ》、豪華大レストラン、ローマ帝政時代の大浴場ほどの規模をもつ屋内水泳場などであった。表通りの喧騒から一歩はずれれば、小ぎれいな商店街とアーケードをもつ静かな内庭が散策にさそい、ネオンサインが豊かに使われるはずであった。ヒトラーと私は町全体を、特に外国人をひきつけるようなドイツ商品の連続的見本市として考えたのである。

　今日、当時の模型写真と図面を見返してみると、この部分の街路もあまりに統制されすぎて、生気がないように見える。シュパンダウから釈放された翌朝、車で飛行場へ行く途中、これらの建物の一つの前を通りすぎたが、私はほんの数秒のうちに、昔気づかなかったことに気づいた。すなわち、我々は、基準もなにもなしに建てていたのだった。私企業のためにすら、長さ一五〇ないし二〇〇メートルのブロックをあてがった。我々は建物の高さや、商店のファサードの高さを統一的に定め、高層建築を建築線の向こうにとじこめてしまったので、町を活気づけ、自由に羽ばたかせる手段を放棄していたのである。ビジネス・ビルの写真を見返しても、そのたびに、記念碑的な硬さに私は一驚するばかりである。こんな硬さでは、この街路に都市生活を導入しようとした我々の努力は絶対に実らなかっただろう。

　メイン・ストリートの南の起点である中央駅では比較的よい解決法を見つけていた。大部分がむき出しの鋼鉄の骨組みに鋼板とガラス板のカーテンウォールをほどこしたこの駅は、ほかの石造建築群の中ではひときわ目立ったであろう。エスカレーターとエレベーターで連絡した上下四層の交通面を備え、ニューヨークのグランド・セントラル駅をも凌《りょう》駕《が》するはずだった。

　国賓は正面階段を下りてくる。彼らも、また駅の普通の出入り口から出てくる旅客も、都市の景観、つまりは帝国の威容に圧倒されたことだろう。いや、もっと正確にいえば、文字通り「肝をつぶした」だろう。カルナックからルクソールに至る白羊宮通り《ビダー・アレー》（エジプト王朝当時の）を真似た長さ一〇〇〇メートル、幅三三〇メートルの駅前広場は、周囲を鹵獲《ろかく》した兵器によって彩られるだろう。こういったプランをヒトラーは対仏戦後に定め、一九四一年晩秋の、対ソ戦の最初の敗北後にもう一度これを確認した。

この広場の最後を飾るのが、八〇〇メートル先のヒトラーの凱旋《がいせん》門（むろん、たまたま彼がそれをそう呼んだだけだが）である。パリのエトワール広場にあるナポレオンの凱旋門は、高さ五〇メートルという記念碑的大きさをもち、二キロにわたるシャンゼリゼ通りに堂々たるフィナーレを与えているが、幅一七〇、奥行き一一九、高さ一一七メートルの我々の凱旋門は、メイン・ストリート南半のほかのすべての建物を大きく抜きん出ており、文字通り睥睨《へいげい》したことだろう。

何回か試案を作り討議を重ねた結果、私はヒトラーに変更をうながす気がまったくなくなった。これは彼の計画の魂だったのだ。ヒトラーの構想は、トロースト教授の影響を受けるよりずっと前、これは、二〇年代のスケッチブックから発展させた彼の建築観の最大の残存資料である。プロポーションの変更や単純化の提案を彼はぜんぜん受けつけなかったが、私が仕上がったプランの上に簡単に三つの十字印で建築家のサインをしたとき、彼は満足げだった。

「大アーチ」の高さ八〇メートルの開口部のかなたの五キロ先に、我々の想像では、大都会の靄《もや》の中に、この町の第二の勝利の記念塔である高さ二九〇メートルの丸屋根をもつ世界最大の集会ホールが建つはずであった。

凱旋門とホールのあいだに一一の政庁があった。内務、交通、法務、経済および食糧省と並んで、私は一九四一年以降にも植民地省を計画に入れなければならなかった。だからヒトラーは独ソ戦中もドイツ植民地の構想を捨てなかったわけである。我々のプランニングから、ベルリン市内に散在するオフィスの統合を期待した諸閣僚は、新しい建物は官僚機構の維持のためでなく、おもに対外的看板に使うのだとヒトラーが命じたのを聞いて、一様にがっかりした。

記念碑的な中央部分に続いて、一キロ以上にわたる部分が再び商業・娯楽街の性格を帯び、それがポツダム通りとの交差点である「円形広場」で終わる。そこから北へ向かって改めて荘重になりはじめる。右手に、ヴィルヘルム・クライス設計の「兵士ホール」という巨大な立方体がそびえる。このホールの性格についてヒトラーは一度も公式に発言したことはないが、兵器庫と記念碑との結合を考えているようだった。いずれにせよ彼は、フランスとの休戦後、一九一八年のドイツの降伏と一九四〇年のフランスの崩壊の調印式場となった食堂車をこのホールの第一の陳列品にすることを命じた。納骨堂は、過去、現在および未来の有名なドイツの元帥たちの墓所に予定された。ホールの背後から西へ向かってベントラー通りまで、新しい陸軍総司令部の建物が林立する。

これらの計画を視察したあと、ゲーリングは自分と自分の航空省がこのままでは見劣りがすると感じた。彼は私を建築家として獲得した。そして我々は兵士ホールの向かい側の、ティーアガルテンの隣接地に、ゲーリングの目的にぴったりの敷地を見つけた。たくさんある彼の管轄下の機関を一九四〇年以降は「元帥府」という名称の新しい建物に統合するはずであった。私が書いたその建物の設計案に彼は有頂天になって喜んだが、ヒトラーはきっぱりとこういった。「ゲーリングには大きすぎる。これでは彼ばかりが目立ってしまう。だいたい、彼がそんなことに私の建築家を利用するのが、そもそも気に入らない」。その後もときどきヒトラーはゲーリングの諸計画に不満を洩《も》らしたが、しかしゲーリングに分を守るようにいう気はまるでなかった。ゲーリングはヒトラーをよく知っていて、私を安心させた。「そんなのは放っとけばいいんで、あれこれ考えることはないよ。これはこの通り建ててしまおう。しまいには総統だって感激するだろう」

こういうヒトラーの寛大さは、私的な問題にもよくみられた。たとえば彼の周囲の結婚スキャンダルを、それがブロムベルクの場合のように、政治的工作に利用できるものでない限り、彼は見て見ぬふりをした。彼は苦笑し、内輪では痛烈な皮肉をいったが、肝心の本人にだけは、その本人の行為を悪いと思っていることをおくびにも出さなかった。

ゲーリングの建物の計画は、階段ホール、ホール、広間などをつなぐ一連の広い空間を含んでおり、この部分の面積のほうが執務部分より大きかった。誇示用のこの部分の中心は豪壮な階段ホールで、一階から四階まで吹抜きのホールに、実際には使わない階段が設けられている。というのは、だれだってエレベーターを使うにきまっているからだ。だから全体がただの見せものであった。私の建築的な指向においては、これは、首相官邸の新築にもまだみられたような意図的な新擬古典主義《ネオクラシツィスムス》から、新奇で、はったり的な威容誇示建築への決定的な第一歩だった。私のオフィスの日記には、一九四一年五月五日に、元帥の計画した庁舎の模型が元帥を大変喜ばしたとある。特に彼を有頂天にさせたのが階段ホールだった。ここで彼は毎年空軍将校たちにその年の目標を伝えることになったろう。日記によれば、ゲーリングはこういっている。「この世界最大の階段ホールのために、ブレーカーに建設総監のための記念彫刻を作らせよう。この建物をこんなにみごとに作った人物のためにここに建てる」

「メイン・ストリート」へ向かって長さ二四〇メートルのファサードをもつこの部分は、同じ大きさの延長部分とつながっており、この延長部分は、ティーアガルテンのほうに向いて、ゲーリングの要求した式典用広間であるとともに、彼の住居ともなる部分を含んでいた。寝室は最上階におかれた。防空を口実にして私は最上階の屋根の上に、どんな大木でも根を張れるような、厚さ四メートルの盛土をしたかった。そうなったら、ティーアガルテンより四〇メートルも高いところに、プールとテニス場をもつ一万一八〇〇平方メートルの大庭園ができるはずである。さらに噴水、池、アーケード、回廊、およびベルリンの甍《いらか》の波を見下ろす二四〇席のサマーシアターが予定された。ゲーリングは夢中になって、既に屋上庭園の催しまで空想するありさまだった。「大ドームをベンガルふうに照明し、そこから私の客のために花火を打ちあげよう」

地上階だけでも、ゲーリングの建物は五八万立方メートルになるはずだった。それに比べて新築成ったばかりのヒトラーの総統官邸は四〇万立方メートルしかなかった。しかしそれでもヒトラーはゲーリングに先を越されたと思っていなかった。彼の建築理念を示唆する一九三八年八月二日の演説で彼は、ベルリン市の大整備計画の結果、できたばかりの官邸を自分は一〇年か一二年ぐらいしか使わないことになろうし、その先には今の数倍の総統府および総統官邸が予定されていると語っているのである。ヘスのベルリン政庁を共同視察したあと、彼は自然発生的に官庁街の建物の最終的決定を下した。というのはヒトラーがヘスのところで、けばけばしく赤い色調の階段ホールと、彼や帝国《ライヒ》首脳部がえらんだ蒸汽船スタイルよりずっと控えめで簡素な設備を見たからである。官邸へもどったヒトラーは、彼の代理の芸術的無能ぶりを慨嘆して批評した。

「ヘスは頭から足の先まで非芸術的だ。私が彼を動かして新しいものを作るなどということはまったくあり得ないだろう。彼はいつか私の官邸を自分の居場所としてゆずり受けることになるが、彼はそれをちょっとたりとも変えてはならない。彼はまったく無能だからだ」。こういった審美眼への批判がときには出世にとどめを刺すこともあり、ルドルフ・

ヘスの場合も当時は各方面からその意味で注目された。というのは、ヒトラーがヘスの人物そのものに判定を下したことはほとんどなく、ヘスはヒトラー側近のよそよそしい態度から、自分の値打ちが暴落したことを悟るしかなかったからである。

真の目的

都心再編成計画では、北部も南部とおなじく中央駅から出発した。長さ一一〇〇メートル、幅三五〇メートルの池をはさんで、駅から二キロ近く先に中央ドームが望まれる。池は汚水処理をしていないシュプレー川とは通じていない。かつての水上スポーツマンとして私は、この池を水泳用にきれいにしておきたかったのである。都会の真っただ中で、脱衣場やボート小屋や日光浴テラスが屋外プールをとり囲むはずである。その光景は、この池に影を映す周囲の高層ビルと著しい対照をなすだろう。池の発想はきわめて単純なものだった。泥の水底は建設目的に合わなかったのである。

池の西側に三つの大きな建物が並ぶ。その中央が、半キロ近い長さの新ベルリン市庁舎である。ヒトラーと私は数種類のプランを選んだ。たび重なる討議の末、私はヒトラーの粘り強い反対を押しきって私の主張を守った。市庁は新しい海軍軍令部とベルリン警視庁にはさまれる。東側の緑地帯の中央には、新しく防衛大学が作られることになった。そして以上の建物のプランは既にでき上がっていた。

二つの中央駅を結ぶこの大通りが、建築であらわされたドイツの政治的、軍事的および経済的威力を誇示することになるのはいうまでもない。中央に帝国の独裁者が君臨し、その権力の最高の示威として、そのすぐそばに、未来のベルリンの象徴的建築である巨大なホールが予定された。「ベルリンは、その偉大な新しい使命に適応するために相貌《そうぼう》を一新しなければならない」といったヒトラーの宣言が、少なくともプランニングの段階においては実現したわけである。

私はこの世界に五年間暮らした。そこにどんなに汚いところ、おかしなところがあったにせよ、私は自分がそこで考えたことをすっかり洗い流すわけにはいかない。ときどき、ヒトラーに対する私の嫌悪の理由を捜してみるとき、彼が手を下した、あるいは計画した恐ろしいことと並んで、戦争および破局に対する彼のいいかげんさが私にあたえた個人的幻滅があげられよう。しかし同時に、以上のような諸計画もこの無思慮ともいうべき権力のもてあそびがなければ不可能であったということも、認めないわけにいかない。

むろんこのような巨大な計画は、ヒトラーの一生を支配した誇大妄想のあらわれであろう。にもかかわらず、この南北軸のプラン全体を軽々しくけなすことは不当であろう。広い道路、新しい中央駅と地下交通網は、今日の尺度からみれば、規模において決して誇大ではない。まして我々の計画した商業建築などは、全世界で高層ビルや大官庁ビルなどによって既に凌駕《りょうが》されてもいるのである。もしこれらが人間的な枠を破っているとすれば、それは大きさよりむしろその威圧的な雰囲気に問題があるのである。大ドーム、ヒトラーの未来の官邸、ゲーリングの大建築、兵士ホールおよび凱旋門、これらの建築を私はヒトラーの政治的な目で見たのである。それは、新都市の模型をながめていたとき、ヒトラーがふと私の腕をとって、うるんだ目で私に打ち明けたあの目的である。「我々がなぜこんな大きなものを考えるのかわかるかね？　ゲルマン帝国の首都なのだよ。ただ私が健康であってくれればだがね……」

建築期限と費用

ヒトラーは彼の計画のうち長さ七キロの中心部の実現を急いだ。綿密な話し合いののち一九三九年春に私は、一九五〇年までにすべての工事を完了させると約束した。そのとき私は内心、彼が大喜びするものと思っていた。だから、切れ目なしの工事を前提としたこの期限を聞いて、彼がふむふむとうなずいただけだったのにがっかりした。おそらくこのとき彼は、彼の軍事計画が私の計算をご破算にせざるを得ないことを予想していたのであろう。

しかし別な日には、ヒトラーは完成の日をひどく心待ちにした。ただ彼は一九五〇年を期待していないようだったから、もし彼の都市計画が彼の侵略政策を隠蔽《いんぺい》するためのものだったら、これは彼の陽動作戦のうちでも最たるものであったろう。彼の計画の政治的意味についてヒトラーがいろいろいうのを聞けば、私も不信の念をいだかざるを得ないはずだが、実際には、そういう言葉と、彼が私のベルリン工事期間のスムースな進行を前提としているという確信とが、おなじ程度の重味でバランスを取っていたのである。彼がときに幻のようなことをいうのに私は慣れていた。後になって、それらの言葉をつなぎあわせて、私の建設計画と結びつける糸をみつけるのは造作もなかった。

ヒトラーは、我々の計画が公表されないように気を配った。一部だけが発表されたのも、完全に世間の目をかすめてやることはできなかったし、既に準備作業にはあまりにたくさんの人間が加わっていたからである。こうして我々は、着々と姿をあらわしてくる部分計画にときおり目を通し、また都市計画の基本構想も、ヒトラーの許可を得て、私の書いた論文によって公表された。しかし、寄席芸人のヴェルナー・フィンクがこれらの計画を風刺するや、ほかの問題も付け足されたとはいえ、彼は直ちに強制収容所に送られてしまった。それは、私がそんな風刺を気にしていないことを示すために、自分から寄席に行こうと思っていた一日前のことであった。

我々の用心は細かいことにも向けられた。我々がベルリン市庁舎の塔を設計する機会を考えていたとき、世論を知るために、次官カール・ハンケを通じて、あるベルリンの新聞に「投稿」をした。ところが市民の憤激を受けたので、私は計画を先へ延ばした。我々の計画を実現するには世間の一般的な感情をほぐしてかからなければならない。たとえば博物館の予定地である人気のあるモンビジュー城は、シャルロッテンブルクの公園に移築復元するという配慮がなされた。電波塔でさえ同じような理由から保存されたし、我々の新築計画には邪魔な戦勝記念塔も撤去できなかった。ヒトラーはそこにドイツ史の記念碑を見て、その記念碑的効果をいっそう強めるために、その機会に台座を入れて柱の高さを引き上げた。彼はそのために、今も残っている一枚のスケッチをみずから書き、記念柱の高さをけちったプロイセンのけちぶりを皮肉った。

私はベルリン建設計画の全工費を四〇億ないし六〇億ライヒスマルクと見積もったが、これは今日の工事費に換算すると、約一六〇億ないし二四〇億ドイツマルクに相当する。一九五〇年までの一一年間に、年に約五億マルクを投下するはずであった。これは決して空想的な額ではない。というのは、これは当時ドイツの建設業の全工事高の二五分の一でしかなかったからである。私自身の気休めと自己弁護のために私はそのころ、むろんかなり怪しげではあるがもう一つの対比をしてみた。すなわち、フリードリヒ大王の父で、倹約家として有名なプロイセン王フリードリヒ一世が彼のベルリン工事のために、当時のプロイセン王国の全租税収入の何パーセントを使ったかを計算したのである。それは、一五七億マルクの租税収入の約三パーセントにすぎない我々の支出の何倍にも達していた。むろんこの比較が当を得ていないのも、あのころの税収と当時のそれとは比較にならないからである。

予算関係の私の顧問であるヘットラーゲ教授は、財政についての我々の考え方を皮肉ってこういった。「ベルリン市は収入に従って支出を定めなければならないが、我々のところでは逆だ」。この年額五億マルクは、ヒトラーと私の意図では、一つの費目で一括請求するのでなく、できるだけたくさんの予算費目の中に分散させるはずであった。つまり国鉄はベルリン鉄道網再編成のために、ベルリン市は路面電車および地下鉄のためにという具合に、各省および各公共機関がそれぞれの予算の中にその必要額をもりこむ手はずになっていた。私企業もそれぞれの費用を分担した。

我々が一九三八年に既にすべての細部を確定し終わったとき、ヒトラーは、(彼の言い方を借りれば)世間の目をかすめて資金を調達したことを面白がってこういった。「ああいうふうに分散させておけば、全体がどれくらいの額かがわからない。我々が直接調達するのは、大ホールと凱旋門だけだ。我々は国民に寄付を呼びかけよう。そのほか財務大臣に、君のところに毎年六〇〇〇万マルク出させるようにしよう。君がそれだけすぐ必要なくても、貯めておけばよい」。一九四一年に私は既に二億一八〇〇万マルク集めていた。一九四三年に財務大臣の申し出で、その間に三億三〇〇〇万マルクに上った勘定が、ヒトラーには黙って、私の了解だけで取りくずされた。

この公金浪費に怒った財務大臣シュヴェリン・フォン・クロージクはなん度も抗議を唱えた。私に対して心配をかけさせまいとして、ヒトラーは自分をバイエルン王ルートヴィヒ二世になぞらえていった。「五〇年もたったら、私の建築が国家にとってどんなにすごい財源になるかが財務大臣にはわからないのだ。ルートヴィヒ二世はどうだった。彼は城の建設費のために、気違いだといわれた。それがいまではどうだ。外国人の大部分はそれがあるためにバイエルンへやってくるんじゃないか。入場料だけでも建築費をとうに上回っている。どうだね。世界中が我々の建物を見物しにベルリンへやってくるのだ。アメリカ人には、大ホールがいくらかかったか教えてやりさえすればいいのさ。それにさらに話を大きくして、一〇億でなく一五億といってやろう。そうすれば彼らはこれが世界一金のかかった建物だと思うにちがいない」

これらの計画の審議のさいに彼はしばしばこう繰り返した。「シュペーア君、私の唯一の希望は、生きながらえてこれらの建物をこの目で見ることなのだ。一九五〇年には万国博覧会をやろう。それまで建物はあき家にしておいて、博覧会の会場に使うのだ。そして世界中の人を招こう！」とヒトラーはいったが、彼の真意を推測するのはむずかしかった。一一年間にわたる一切の家庭生活の喪失を覚悟しなければならない私は、妻を慰めるために、一九五〇年には世界旅行をしようと約束した。

建築ブーム

建築費をできるだけたくさんのものに分散しようというヒトラーの計算は、現実にそのとおりになった。というのは、発展一途の豊かなベルリンが、官庁の集中化によってつぎつぎと新しい役人を吸引したからである。産業界もバスに乗り遅れまいと、ベルリンの表通りに堂々たる本社、支社を進出させようとした。ところがそういう目的のためには、「ベルリンのショーウィンドー」としては、これまで「ウンター・デン・リンデン街」しかなく、ほかに主要街路はなかった。そこで新しい一二〇〇メートル道路が魅力的だったのだ。他の大通りのような交通困難が予想されなかったし、また今のところはまだ辺鄙《へんぴ》なこのあたりの地価が割安だったからである。私が仕事を始めたばかりのころは、市域全体にわたってたくさんの建築申請が無選択に認可されそうであった。たとえば、ヒトラーの治政が始まってまもなく「ライヒスバンク」の新社屋が、あるつまらない町の一画のいくつかの建物を取り壊したあとにできた。ある日ヒムラーが、食後ヒトラーにこの建物の設計図を見せて、直角形のブロックの中のタテ翼とヨコ翼とがキリスト教の十字架の形をしており、これはカトリックの建築家ヴォルフが、ひそかにキリスト教の賛美をこめたものだと大まじめでいったことがある。ヒトラーは建築には素人ではなかったので、単純に面白がっただけであった。

計画の最終的確定後数か月して、鉄道移転をまたずに着工する最初の一二〇〇メートルの道路部分の工事が開始された。数年先でなければ手にはいらない敷地へも、各省庁、民間企業が続々と申し込みを寄せてきたので、全七キロの着工に見通しがたったばかりか、南駅南方の敷地の分譲も始めた。ドイツ労働戦線の指導者であるライ博士が、労働基金から生まれたその巨額の資金で、彼の目的のために街路総延長の五分の一を買い取ろうとしたのを、我々はやっとのことで食いとめた。それでも彼は、大きな娯楽施設を設けるために、長さ三〇〇メートルのブロックをひとまとめに買った。

むろん、このようにわっと建築熱がわき起こった陰には、目立った建物を作ってヒトラーの嗜好《しこう》に迎合しようという意図も働いていた。これらの建物の工費は通常より高かったので、私はヒトラーに、一〇〇万マルクを追加支出するごとに建築主を表彰することをすすめた。彼はそれを即座に受け入れた。「それでは芸術に貢献したものにも勲章をやろうじゃないか。芸術家にはめったにやらないで、大建築に金を出したものにばかりやる。勲章はきっとききめがあるよ」。イギリス大使さえ、ヒトラーが彼にベルリン新市街計画区域に新大使館を建てるよう提案したとき、ヒトラーの成功を信じて疑わなかったのも無理からぬことである。ムッソリーニもこの計画に非常に関心をもった。

ヒトラーのスケッチ

ヒトラーは建築の領域における彼の本当のもくろみについては沈黙を守ったが、周知のことについてはずいぶん話したり書いたりした。結果として建築ブームが起こった。もしヒトラーが馬の飼育に興味があったら、指導者のあいだにきっと馬の飼育熱が広がったろう。しかしこうして生まれたのは、ヒトラー的色彩をもった設計の大量生産であった。確かに第三帝国の様式というものはなかったし、いうなれば、いくつかの折衷主義的要素を帯びたある方向があったにすぎないが、この方向が圧倒的であったことも確かである。ただ、ヒトラー自身は決して教条的であったわけではない。高速道路のレストハウスや田舎のヒトラー・ユーゲント宿舎が都会の建物とは外見を異にすることに、彼は理解をもっていた。ヒトラー式の顕示様式の工場が建ったら、彼は絶対に喜ばなかったろうし、逆にガラスと鉄でできたような工場建築には彼は事実、感激したのである。しかし一つの帝国を打ち建てることをみずからの使命とする国家の公共建築は、彼の言葉によれば、まったく一定の色彩をもたなければならなかったのである。

ほかの諸都市にも、ベルリンの都市計画に追随する構想がたくさんあらわれた。各大管区指導者はそれぞれの都市に自分の名を永久に刻みこもうと思ったのである。そしてこれらの計画のほとんどどれもが、私の交差軸プランを踏襲したばかりか、垂直方向のプランもまったく同一だった。ベルリン方式が定式となってしまった。ヒトラーは計画を打ち合わせるさいも、飽きもせず自分でスケッチを書き続けた。それらは遠近法的にバランスのとれた器用な筆致のもので、平面図、断面図および見取り図を縮尺通りに書いた。建築家でもこれほどうまくは書けないものである。ときどき彼は、徹夜して綿密に書きこんだスケッチを、翌朝見せることもあったが、大部分は、我々の打ち合わせ中にさっと手早く書き上げたものである。

ヒトラーが私と差し向かいで書いたスケッチを、私は今でも全部保存している。それには日付と題目がついている。面白いことに、全部で一二五枚の彼のスケッチの四分の一が、いつも彼の座右にあったリンツの建設計画のためのものだった。その中でも一番多いのが劇場のプランである。ある朝彼は、徹夜で清書したミュンヘンの「ナチ運動記念塔」の草案を見せて、我々をびっくりさせた。この記念柱は新しい象徴として聖母教会の塔をしのぐこととなった。

彼はこの構想を、ベルリンの凱旋門と同様に、彼個人の仕事と見なし、したがって彼のミュンヘンの建築家の設計を細部まで修正することを辞さなかった。今日でも私は、それを建築家の設計よりは、台座における力学的な力の移し方については本当に改良だったと思っている。

ヒトラーからミュンヘン都市計画を委託されたギースラーは、どもりの労働戦線指導者ライ博士のまねをするのがうまかった。ヒトラーはその芝居を非常に面白がって、ミュンヘン都市計画のモデルルームをライ夫妻が訪問したときの様子をいくどもギースラーに演じさせた。ギースラーはまず、ドイツ労働者の指導者がいきな夏服に、縫い合わせの白い手袋とカンカン帽のいでたちで、これも負けず劣らず派手な身なりの夫人を連れてアトリエにはいってきて、ギースラーの案内でミュンヘン計画の模型を見せられるくだりを演じてみせ、さらにライとのやり取りを演じた。

「私がここのブロック全部に建てよう。これはいくらかね。二、三億か。よし、では建てることにする……」「で、ここに何をお建てになるのです」「大きなモードの家だ。モードはぜんぶ、私の手で作るのだ。やるのは家内だ。それには大きな建物がいる。さあ、これからは、ここで家内と私がドイツのモードを定めるのさ……それからと……それから……娼婦《しょうふ》もいるな。家中いっぱいに、超モダンな作りで。全部私たち夫婦が手に入れる。建築費の二億や三億は問題じゃない」。ヒトラーは、ギースラーが機嫌を悪くするくらいこの場面を何度も繰り返させて、労働戦線指導者の堕落ぶりに、涙の出るほど笑いころげた。

ヒトラーは私の建築プランをたえずせきたてただけでなく、同時に、全ドイツの大管区の首都の広場《フォーラム》の施設を承認したり、代表的計画の施工主として活動するよう指導層を叱咤《しった》していた。私は、際限のない競争をけしかける彼の傾向に出会ってしばしば困惑させられた。なぜなら彼は、こういうやり方でこそ実績があがるのだという確信から出発したからである。我々の能力に限界があることを彼は理解できなかった。まもなく大管区指導者たちが手持ちの石材を彼らの建築目的に消費してしまうので、このままでは工事期日が守れなくなるだろうという抗議も、彼には馬耳東風だった。

ヒムラーがヒトラーの助け舟に乗り出した。彼はレンガや花崗岩の不足の心配を耳にして、囚人たちを生産に投入するよう申し出たのである。彼はヒトラーに、ベルリンのザクセンハウゼンに親衛隊管理下の大きなレンガ工場を作ることを提案した。ヒムラーは新しいことには機敏であり、まもなく新式のレンガ生産方式の開発者を捜し出したが、その発明は完全なものではなかったので、しばらくは約束通りの生産は上がらなかった。

一度や二度の失敗にはこりず、たえず未来のプロジェクトを追いかけるヒムラーの二回目の約束も、似たような結末をたどった。強制収容所の囚人を使って彼はニュルンベルクとベルリンの建築用の花崗岩のブロックを作ろうとしたのである。彼はただちに無邪気な名前の会社を設立し、石材の切り出しにかかった。しかし、どの道素人のやったことで、石材はひびだらけで、とうとう親衛隊は、約束の花崗岩の一部しか供給できないと白状せざるを得なかった。ヒムラーの約束を大いにあてにしていたヒトラーは、次第に不機嫌になって、とうとう、親衛隊は刑務所の伝統にしたがってフェルトの上履きか紙袋でも作っているほうがいいのだと皮肉った。

党と私との距離

計画された多くの建物のうち、私自身はヒトラーの希望により大ホール前の広場を設計することになっていた。そのほかにゲーリングの新しい建物と南駅を引き受けていた。おまけにニュルンベルクの党大会の建物群も設計しなければならないので、これだけでも十分すぎた。しかしこれらのプロジェクトはほぼ一〇年間にまたがっているので、私が技術的細部まで立ち入らねば、八ないし一〇人のこぢんまりしたアトリエでどうにかやっていかれた。私の私設事務所は昔の首相広場、今のアドルフ・ヒトラー広場から遠からぬ西はずれのウンター・デン・リンデン通りにあった。しかし、私の午後の時間は夕方おそくまでは毎日、パリ広場の都市計画事務局のためにとってあった。ここで私は自分の考え方にしたがってドイツ一流の建築家に大きな発注をした。パウル・ボナーツはたくさんの橋梁建築ののち最初の高層ビル（海軍軍令部）を引き受けたが、その堂々たるプランはヒトラーの喝采を得た。ベステルマイアーは新市庁舎を、ヴィルヘルム・クライスは陸軍総司令部、兵士ホールおよびさまざまな博物館を引き受け、ヴァルター・グロピウスやミース・ファン・デア・ローエの師であったペーター・ベーレンスは、彼の伝統的依頼主であるA・E・G社の提案で、大通りに面した新社屋を建てることを依頼された。当然この仕事はローゼンベルクと彼の一派の抵抗を呼んだ。彼らは、この建築リアリズムの先駆者が「総統の街路」に永遠にその名をとどめるなどはとんでもないと思ったのである。しかしペーター・ベーレンスのペテルスブルクの大使館を高く評判したヒトラーは、あえてベーレンスに注文を出した。

私の師テッセノウにも、私はいくどか建築競技に参加するように懇請した。しかしテッセノウは彼の簡素な手工芸的・小都市的スタイルを放棄したくなかったので、大建築を手がけることは極力避け通した。

彫刻家としては、私はおもにヨーゼフ・トーラク（彼の仕事についてベルリンの総美術館長であるヴィルヘルム・フォン・ボーデが一書を著わしている）とマイヨールの弟子のアルノ・ブレーカーに依頼した。ブレーカーは、一九四三年に、グルーネヴァルトに設けられるはずだった彫像の依頼を師にゆずっている。

歴史家たちは、私が個人的交際においては党から一定の距離を保っていたといっている。しかし党の領袖《りょうしゅう》たちが、私を新参者とみており、彼らのほうこそ私に距離をおいていたのだともいえるだろう。党全国指導者および大管区指導者たちの感情に私がほとんどわずらわされなかったのは、私がヒトラーの信頼をかち得ていたからである。私を「発見」したカール・ハンケを除けば、私は彼らのだれとも親しくまじわらなかったし、だれも私の家に出入りしなかった。その代わり私は、仕事上のかかわりのある芸術家やその友人たちとは親しくつきあった。ベルリンでは、私の乏しい時間の許す限り、頻繁にブレーカーやそのサークルとまじわったし、彼らの仲間にはしばしばピアニストのヴィルヘルム・ケンプも加わった。ミュンヘンでは私はヨーゼフ・トーラクや画家のヘルマン・カスパーと親しくした。夜おそくなると、彼のバイエルン君主制賛美論を黙らせるにはずいぶん苦労させられた。

また、ヒトラーとゲッベルスのための建物より以前の一九三三年に、ヴィルスナク近くのジグレーンの荘園邸宅の改築を私に依頼した最初の建築主とも、私は親しかった。ベルリン旧市街から一三〇キロ離れたローベルト・フランク博士の屋敷に、私は家族とともに週末をすごした。フランクは一九三三年までプロイセン発電会社の総裁であったが、政権掌握後その地位を離れ、以来在野の人として隠棲《いんせい》していた。ときどき党から圧力をかけられると、彼は私のコネによって党の干渉を免れた。後に一九四五年、私が家族を混乱の真っただ中からできるだけ遠いシュレスヴィヒに移したとき、私は彼に私の家族のことを頼んだのである。

私は現職に任命された直後ヒトラーに、有能な党員は既にとうに指導的地位にいるから、私の任務のためには二流の党員しか残っていないということを納得させたことがある。すると彼は即座に、私の協力者は私が好きに選んでよいという許可を出した。そして、私の傘下にはいれば心配ないといううわさが次第に広まって、だんだんたくさんの建築家が私の事務所に集まってきた。

いつか私の協力者の一人が入党のための紹介を私に頼んだことがあった。そのときの私の答えが建設総監部内を口から口へ伝わった。「なぜ入党するのだ。私が党にいるだけで十分じゃないか」。私はヒトラーの建築プランに本気であったことは確かだが、ヒトラー帝国の形式ばったいかめしさを、ほかのものほどいかめしく受け取らなかった。

私はその後ずっと党の集会にほとんど顔を出さなかったし、たとえばベルリン大管区の党員ともほとんど接触がなかった。私にまかされた党の職務も、私がその気になれば自分の権勢に利用できただろうが、私はそんな気にならなかった。「労働の美」局局長の仕事すら、私は時間がないのでますます常任の代理にまかせきりにした。むろんこの引っ込み思案には、公開の席で演説することにあいかわらずしり込みをする私の気弱さも一枚加わっていたのである。

イタリア旅行とチェコ占領

一九三九年三月、私はごく親しい友人たちと南イタリア旅行を企てた。ヴィルヘルム・クライス、ヨーゼフ・トーラク、ヘルマン・カスパー、アルノ・ブレーカー、ローベルト・フランク、カール・ブラントおよび彼らの夫人連の一行であった。さらに宣伝相の夫人マクダ・ゲッベルスも我々に招待されて変名で参加した。

我々の周辺には、ヒトラーが見て見ぬふりをしていたが、たくさんの色恋沙汰があった。たとえばボルマンは、鉄面皮なこの男のやりそうなことだが、愛人の映画女優を恥も外聞もなくオーバーザルツベルクの彼の家に連れこんで、彼の家族と一緒にいく日も逗留《とうりゅう》させたくらいである。それでもスキャンダルにならなかったのは、私には理解できないボルマン夫人の忍従のおかげであった。

ゲッベルスにも色恋話がたくさんあった。彼が常日ごろどんなふうにして若い映画女優たちを脅迫しているかを次官のハンケが、なかば腹立ちまぎれに、しかしなかば面白そうに話していた。しかしチェコの映画スター、リダ・バーロヴァとの関係はただのうわ気にとどまらず、ゲッベルス夫人が彼との別れ話を持ち出し、子供は夫人のほうに引き取るといい出すほどだった。ハンケと私は全面的に夫人のほうを支持したが、ハンケが年上の宣伝相夫人に惚れていたので、この夫婦げんかはいっそうややこしくなってしまった。そこで私は、彼女を苦境から救い出すために、我々と一緒に南へ旅行しようと誘ったのである。ハンケは彼女のあとを追いかけたくて、旅行中矢つぎばやにラブレターを送ってきたが、彼女は頑としてそれをこばんだ。

そんな旅行中でもゲッベルス夫人は愛すべきバランスのとれた女性であった。総じて政府高官連の夫人たちは、権力の誘惑に対して夫たちよりずっと控えめであった。彼女たちは夫たちの幻想の世界におぼれるようなことはせず、男たちのしばしばグロテスクな高調子を心の底で疑わしげに見守り、政治的喧騒《けんそう》の中に巻き込まれることはなかった。ボルマン夫人は内気な、すこしおどおどした感じの世話女房で、夫と党のイデオロギーに盲目的に従うだけだった。ゲーリング夫人は夫の名誉欲をひややかに笑っているような感じを私は受けた。エーファ・ブラウンも精神は高潔だった。彼女が目の前にいつでもぶら下がっていた権力を私ごとに利用するようなことはただの一度もなかった。

セジェスタ、シラクーザ、セリヌンテおよびアグリジェントなどのドーリア風の神殿遺跡をたずねたシチリア旅行は、前のギリシャ旅行の印象を補完する意味で収穫があった。

セリヌンテとアグリジェントの神殿を見たとき、私は、古代人も誇大妄想性を免れなかったことを改めて知って、ひそかに安堵《あんど》の胸をなでおろした。このギリシャ植民地のギリシャ人は、母国で賛美された節制の原則をはっきりと捨てていた。これらの神殿に比べると、我々が出会うサラセン＝ノルマン建築は、フリードリヒ二世の驚嘆すべき狩猟館であるカステル・デル・モンテの八角建築は別として、ことごとく色あせて見える。パエストゥムは一つの絶頂だったのだ。それに反してポンペイとペストームの純粋な形式との隔たりは、我々とドーリア世界との隔たりより大きいように思えた。

帰途ローマに数日間滞在した。連れのおしのびのゲッベルス夫人が、ファシスト政府に見つかって、イタリアの宣伝相アルフィエリが一行全員をオペラに招待した。しかしドイツ帝国のセカンド・レディーがなぜ単独で外国旅行をするかをいいくるめる自信がなかったので、我々は早々に帰国した。

我々がギリシャの過去の中を夢遊病者のようにさまよっていたあいだに、ヒトラーはチェコを占領してドイツに併合していた。ドイツ中が重苦しい雰囲気《ふんいき》に包まれていた。我々はみんな、我々の前途への不安に胸をふさがれる思いだった。一つの国民がどうしたら政府の宣伝にまどわされずに、将来への正しい見通しを持てるかという問題は、いまだに私の心にしこりとして残っているのである。

そのときも気休めになったのは、ヒトラーがある日、ゲッベルスに対してとった態度である。というのは、ゲッベルスが首相官邸の昼食のとき、数週間前にベーメン・メーレン保護領総督に任命された前外相コンスタンティン・フォン・ノイラートについて、こういったのである。「フォン・ノイラートは卑屈な人間として知られています。だが、総督職には秩序を維持する厳しさが必要です。あの人間は我々とはまるっきり違う別世界の人間ですよ」。ヒトラーはその言葉をたしなめた。「フォン・ノイラートしか適任者はいないのだ。彼はアメリカやイギリスでは高貴な人物として知られている。彼を任命することで国際間には安心感を与えるだろう。チェコ人から彼らの民族的生活までも奪わないという私の意志をそこに読みとるからだよ」

ヒトラーは私にイタリアの印象をたずねた。一番私の目についたのは、田舎《いなか》の家々の壁にまで軍国的な合い言葉が書かれていることだった。「我々にはそんなものは必要ない」とヒトラーはいった。「いったん戦争になれば、ドイツ人は大丈夫やるさ。そんなたぐいの宣伝は、まあイタリア人向きだな。それも、どこまで役に立つかな」

初めての演説

私はヒトラーから、自分の代わりにミュンヘン建築展の開会演説をしてくれと、以前から頼まれていた。今までは、そういう頼みにはなにかにか口実を設けて断わってきた。おまけに一九三八年春には、断わるのと引き換えに、ヒトラーのためにリンツの美術館とスタジアムの設計を引き受けさせられたこともあった。

ところがヒトラーの五〇歳の誕生日の前夜に「東西軸」街路の一部の開通式が行なわれることになり、彼がみずから通り初めをするといってきた。私は初めて演説をせざるをえなくなった。しかもこんどは国家元首の前で、大勢の見守るなかでである。昼食の席でヒトラーは宣告した。「大ニュースだ。シュペーア君が演説をするのだ。彼がなんというか私は楽しみにしている」

ブランデンブルク門の前の車道の真ん中に市の名士たちが居並び、私は彼らの右手に立った。張りめぐらした綱の後ろの歩道に群衆がひしめいていた。遠くから歓声があがり、ヒトラーの自動車の行列が近づくとともにそれが潮のように高まって、ついに万雷のとどろきとなった。ヒトラーの車がぴたりと私の目の前に止まり、彼が降りて、私に握手した。その間、顕官たちの敬礼に片手をちょっとあげて答えた。すぐ近くから移動カメラが撮影を開始した。ヒトラーは私から二メートルのところで、私の演説を待ちかまえるように立っていた。私は大きく息を吸ってからたった二言だけいった。「総統、私は閣下に東西軸道路の完成をご報告いたします。どうぞでき上がりをご覧ください！」。すこし間をおいて、ヒトラーが短く答えた。それから私は彼の車に同乗して、七キロの道の通り初めに出発した。沿道は、彼の五〇歳の誕生日を祝う人垣で埋まっていた。これも実は宣伝省の大衆動員の一つに違いなかったが、その歓呼は私には嘘とは思えなかった。

我々が総統官邸に到着し、そこで祝宴の開始を待っていたとき、ヒトラーがうれしそうにいった。「君の演説があんまり短いので、私はあわててしまったよ。もっと長いのかと思っていたのだ。私はいつもそうなんだが、君の演説のあいだに私の返事を考えるつもりだった。ところがすぐおしまいになったので、なんといおうかととっさに迷った。しかし許してあげよう。あれはいい演説だった。私の生涯で聞いた一番いい演説の一つだった」。このエピソードはそれから何年も彼の語り草となった。

夜中の一二時にヒトラーは陪食グループの祝辞を受けた。しかし私が彼に、私が今日ある部屋に四メートル近い高さの凱旋門の模型をおいたというと、彼はただちに祝賀の一党を立たせて、その部屋へ急いだ。長いあいだ、感動を面《おもて》に浮かべながら彼は、彼の若き日の夢が模型となってあらわれたそれをしみじみながめた。ひと言もいわず私の手を握り、それから誕生日の客たちに向かって、未来の帝国の歴史におけるその建築の意味をたたえた。彼はその夜のうちもいくどとなく模型のところへいった。その往復のたびに我々は、ビスマルクが一八七八年のベルリン会議で議長をつとめたときの昔の閣議室を通り抜けた。今はそこの長いテーブルの上にも、ヒトラーの誕生日の贈りものが堆《うずたか》く積み上げられていた。それらは実のところ、全国・大管区指導者たちから贈られた俗悪芸術品の集積であった。たとえば白大理石の裸体像、当時人気のあった小さなブロンズや、「芸術の家」における展覧会の水準の油絵などである。それらの一部は、ヒトラーの賛辞を得たが、彼の失笑を買ったものもあった。しかしどれもこれも似たり寄ったりだった。

ゲッベルス夫人

その間にハンケとゲッベルス夫人の関係はどんどん進み、ついに結婚したいといいだして、事情を知る人々を驚かせた。どうみても似合いのカップルではなかった。ハンケは若く未熟なのに、夫人のほうはずっと年上の、エレガントな社交界のレディーだった。ハンケはヒトラーに結婚を懇請したが、ヒトラーは国家的理由からそれを拒んだ。一九三九年のバイロイト音楽祭のはじめのある朝、ハンケは絶望してベルリンの私の家にきた。ゲッベルス夫妻が仲直りして、一緒にバイロイトへ出かけたと、彼は報告した。私は結局それがハンケのためにも一番いいことだと思った。しかし絶望した恋の奴《やっこ》を、おめでとうといって慰めるわけにいかない。そこで私は、バイロイトで何が起こったかを探ってあげると約束してすぐに出発した。

ヴァーグナー家はヴァーンフリート館に広い棟続きを増築し、そこに期間中ヒトラーと副官が逗留《とうりゅう》し、ヒトラーの招待客はバイロイトの個人宿舎に泊った。それらの客をヒトラーはオーバーザルツベルクのそれや、さらに官邸のそれよりももっと慎重に選んだ。接待役の副官を除けば、これならばヴァーグナー家に好感を与えると確信できるような若干の知人とその夫人しか招かなかったのである。となると、それはいつもディートリヒ博士とブラント博士および私の三人きりだった。

ヒトラーはこの期間中はふだんより、くつろいでいた。官邸の夜の会食のときですら、ときおり権威上やむをえず体裁をつくろわされていると、自分でも信じていたので、ヴァーグナー家では本当に安んじて、権威からの解放感を味わえたのである。ここで催された音楽祭のパトロンとして、またヴァーグナー家の友人として、ヒトラーにとってこの期間はまさしく、彼が青年時代にすらおそらく夢想だにできなかった一つの夢の実現であった。

私と同じ日にゲッベルス夫妻も到着し、ヒトラーと同じくヴァーンフリート館の棟続きに宿をとった。ゲッベルス夫人はすっかり打ちしおれた感じだった。

彼女ははっきりと私にいった。「どんなに私の主人が私を脅したことか、恐ろしいことです。ガスタインで保養をしようと思っているところに、いきなりホテルにやってきて、三日間というものは私を説得しつづけたのです。私はどうにもしようがなかったのです。彼は子供たちを私から取りあげるぞといって脅かしたのです。表面的に一応また仲直りする以外に仕方がなかったのです。アルベルト、私はたまらないんです。私は二人だけでカールと会うことは絶対にしないと約束しなければならなかったのです。私は不幸です。しかしそれ以外の選択の道はありませんでした」

ヒトラー、ゲッベルス夫妻、ヴァーグナー夫人と私とが大中央桟敷で聞いた「トリスタンとイゾルデ」のオペラは、まさにこの夫婦の悲劇そのままであった。私の右側にいたゲッベルス夫人は、上演中、泣きつづけており、休憩のときにも、気もそぞろに片すみのソファにすわったきりだった。しかし一方、ヒトラーとゲッベルスは窓から外の群衆に姿をみせ、この気の毒な情景に目を閉ざしているようであった。

次の朝、私は、昨夜のゲッベルス夫人の態度を理解できなかったヒトラーに、この仲直りの背景について説明したのであった。国家元首として彼はこの解決に同意したのであるが、すぐゲッベルスを呼び、彼の夫人とともにすぐバイロイトを立ち去るほうがよいと冷たくいいきった。弁明のチャンスも与えないし、握手さえもしないで、ヒトラーはゲッベルスと別れ、私のほうを向いていった。「ゲッベルスは、女性にかけてはハレンチな奴だ」。ヒトラー自身も、ほかのやり方ではあるがやっぱりそうであった。

第11章　「地球」

世界最大のホール

ヒトラーは私のベルリン建設モデルを見たとき、このモデルの一部に強くひきつけられてしまった。そこはヒトラーの時代に獲得された権力を今後数百年にわたって記録する帝国《ライヒ》の将来の中心部に当たっていたのだ。

フランスの国王の居城が都市計画的にみてシャンゼリゼをしめくくっているように、ヒトラーは自分のすぐそばに、自分の政治的活動の表現としての建物が、壮麗な街路の視点に集まるように設計させたのであった。この建物とは、国家指導のため内閣官房府と、陸海空の三軍に対する命令権を実施するための国防軍最高司令部、および党官房（ボルマン）、儀典局（マイスナー）、人事局（ボウラー）等である。この設計図では国会議事堂が建築上の中心となっているとしても、このことは国会に権限執行について大きな役割が与えられているということではない。国会議事堂は単に偶然にそこに建てられていたにすぎない。パウル・ヴァロット設計のヴィルヘルム時代風の建物を取り払ってはどうかと私がヒトラーに提案すると、彼は意外にも激しく反対した。彼はこの建物が好きだったし、またこの建物が社交的目的にのみ役立つと考えていた。この考えについて、ヒトラーはむしろ口をつぐんでいた。もし彼が建設計画の背景を大胆に私に話すときは、むしろ建築主と建築家との関係をつねに特徴づける信頼感に立って、「古い建物には、国会議員のための図書室と休憩室を設置すればよい。議場が図書館となっても私はかまわん！　五八〇席では我々にとってはあまりにも小さすぎる。すぐに新しいのを作らなくてはならなくなる。一二〇〇人を収容できる議事堂を考えたまえ」といった。このことは約一億四〇〇〇万人の民族を予想していたのであって、それをもって、ヒトラーは民族の急速な自然増加、あるいは他のゲルマン民族の併合――被征服国住民の選挙権はもちろん認めてはいなかったが――をも含めた規模を暗にほのめかしていた。

そこで私はヒトラーに、国会議員の当選に必要な得票数を増加し、古い国会議事堂の議場をそのまま使用してはどうかと提案した。しかしヒトラーはヴァイマール共和国から受け継がれた各国会議員一人当たり六万票の得票数を変えようとはしなかった。彼はその理由をいわなかったが、彼は形式の点でも、選挙期間、投票証明書、投票箱、秘密投票などを含む従来の選挙様式を主張していた。この問題に関して一党独裁制を導入して以来、その間に意味のないものとなったが、彼に権力的地位を与えた伝統を明らかに守ろうとするつもりであった。

将来「アドルフ・ヒトラー広場」を囲むことになる建物は、あたかもヒトラーが国民代表の非重要性を均衡上でもはっきりとけじめをつけようとしたかのごとく、新国会議事堂の五〇倍もある大ドームをもっており、ヒトラーはこの建築を既に一九三六年の夏には決心していたのである。

一九三七年四月二十日、彼の誕生日に私は完成図、平面図、断面図、最初の模型を渡した。彼は感激してはいたが、私がこの設計案に、「総統のアイデアにもとづいてつくられた」と記したということに異議を唱えた。というのは、私が建築家であり、この建物への貢献は自分が一九二五年に描いた構想案よりもずっと高く評価されるべきだと彼は考えたからであった。結局私がこの設計権所有者となることを申し出たためにヒトラーは満足した。

数々の設計案の後に部分模型が完成し、一九三九年には、高さ約三メートルの正確な木製の外観と内部の模型が完成した。これは床をとりはずすことができ、目の高さから完成後の印象をためすことができた。ヒトラーは何度もやってきては、この模型をみて感激に身をふるわせていた。一五年前、彼の友人たちには空想的なばかげた遊びとしかみえなかったことを、今ヒトラーは勝ち誇って、「こういったものがいつの日にか建てられるだろうということを、当時だれが信じただろうか」といった。

世界最大の集会場はたった一つの部屋からできていたが、この部屋には一五万人から一八万人もの聴衆を収容することができた。事実、ヒムラーやローゼンベルクの神秘的な考え方に対するヒトラーの否定的な態度にもかかわらず、礼拝所が問題点となっていた。ちょうどカトリック教徒のためのローマのサン・ピエトロ大聖堂といったような、伝統と尊厳さを通して数百年の年代を越えて、同様の意義をもつような礼拝所が問題となった。そのような宗教的な裏付けなしに、ヒトラーの中心部建築案のための出費は無意味であり、理解しがたいものであろう。

円形の内部空間は、想像もつかない二五〇メートルの直径をもち、二二〇メートルの高さのところには、地上九八メートルから軽く放物線を描く巨大なドームの頂点がみられるのである。

いわば、ローマのパンテオンが我々のモデルであった。ベルリン・ドームにも丸い明かり取り窓がなければならなかった。この明かり取りだけでも直径四六メートルあり、パンテオンの四三メートル、サン・ピエトロ大聖堂の四四メートルのいずれをもしのいでいた。内部空間はサン・ピエトロの容積の一七倍もあった。内部の形はできる限り簡素なものとした。直径一四〇メートルの円状の平面を囲んで、高さ三〇メートルの三層の観覧席がせり上がっている。この円状の平面を、高さ二四メートル——これは他に比べて人間的な寸法である——の一〇〇本の大理石製の柱が囲み、それは入り口の向かい側にある高さ五〇メートル、幅二八メートルの床が全面モザイクで敷きつめられた内陣によって区切られていた。その内陣の前には、唯一の象徴的な飾りとして、高さ一四メートルの大理石の土台の上に、樫《かし》の葉に囲まれた鉤《かぎ》十字をつかんでいる帝国の鷲《ライヒわし》が立っていた。この国の紋章が、同時にヒトラーの壮麗な街路の終着点であった。この国の紋章の下には諸国民の総統の広場があり、総統はそこの場所で将来の彼の帝国の諸民族に対して演説をするつもりだった。私はこの広場を建築的にもっと引きたたせようと試みたが、ここでも基準を越えた建築の欠点が現われてきた。その建築様式の中では、ヒトラーは視覚的に「無」に消えてしまったのである。

外からみると、このドームは緑青を生じた銅板でおおわれるはずであったから、高さ二三〇メートルの緑の山のようにみえるだろう。てっぺんには四〇メートルの高さのできるだけ軽い金属構造のガラス製の灯明台が作られ、その上には鉤十字をもった鷲が作られるはずだった。この構想によって、さらに人間の目でとらえうる尺度の採用をしようと決心したが、それは明らかにムダな希望であった。ドームは明るい色の花崗岩《かこうがん》でできた正方形の土台の上に鎮座しており、その土台は長さ三一五メートル、高さ七四メートルに及ぶはずであった。その四隅の細かい帯状模様の四本に束ねられた竪縞《たてじま》の柱や、広場に向けてせり出した柱の並んだ玄関は、巨大な立方体のもつ偉大さを強調することになっている。一五メートルの高さの二基の彫刻は、柱の並んだ入り口を守るように立っていた。ヒトラーは私たちが最初の設計のスケッチを完成したときに、既にその彫刻の寓話《ぐうわ》的な内容を決めていた。一つは天体をもったアトラス神、他の一つは地球をもつテルス神だった。天体と地球は七宝でつくられ、輪郭あるいは星座は金象眼でつくられることとなった。

この建物は二一〇〇万立方メートル以上の広さがあった。ワシントンの国会議事堂など、大きさにかけてはこの何分の一にしかならなかったろう。数と大きさは、まさにインフレ的特徴をもっていた。

しかし、ホールは、決して実現性の見込みのない気違いじみた産物というわけではなかった。私たちの計画は、クロード・ニコラ・ルドゥーやエティエンヌ・ルイ・ブレー等の建築家たちが、実現の意図なくしてブルボン王朝の挽歌《ばんか》、革命の賛歌として設計したような建築物と同じように、華美なものになってしまった構想ではあるが、彼らの考え方とは別であった。彼らの建設計画にも、ヒトラーのそれに劣らない規模をみることができる。将来アドルフ・ヒトラー広場をとり囲むべき大ホールと他の建物のために、一九三九年以前に、国会議事堂の近辺の邪魔になる古い建物は既に取り払われ、建築用地の調査が着手され、細かい設計図ができあがり、そのモデルが作られていた。ファサード用の花崗岩購入に、既に数百万の金額が費やされていたし、それも、ドイツ国内ばかりでなく外貨不足であったにもかかわらず、ヒトラーの特別命令によって、南スウェーデンやフィンランドから調達された。

五キロに及ぶヒトラーの壮麗な街路に面した他の建物と同じように、この建物も一一年後、一九五〇年に完成する予定であった。このホールの建築期限が一番長かったので、厳粛な定礎式は一九四〇年と定められていた。直径二五〇メートルの部屋の天井をアーチでおおうことは、技術的には何の問題もなかった。一九三〇年代の架橋技師にとっては、鉄筋コンクリート製の計算上完全な建造物を作ることは容易だった。代表的なドイツの静力学者たちもこの大きさでの巨大なドームは可能だと計算していた。「廃墟となっても価値のある」という私の考えにもとづいて、鉄鋼の利用はできるなら避けたかった。このときに、ヒトラーは異論を述べた。「爆弾がドームにあたれば、ドームが壊《こわ》れることだってあるのだ。破壊されたときの修理については君はどう考えているのだね?」。彼のいうとおりだった。それゆえに、鉄鋼の骨組みを組みたてさせ、そこに中のドームの丸天井が釣り下げられるようにしたのだ。しかし、外壁はニュルンベルクのときのように、がっしりとした建築方法が考えられた。丸天井とともに石の外壁は、強大な圧力を生じ、きわめて強い土台によってささえられる必要があった。技師たちは、三〇〇万立方メートル以上の容積をもつコンクリートのブロックを使用することに決めた。マルク地方の砂地を利用して、数センチの沈下率についての私たちの計算が正しいものかどうか確かめるために、ベルリンで試作品が作られた。これが今日において、設計図と模型写真以外にその建物の唯一の残された証拠である。

企画中、私はローマのサン・ピエトロ大聖堂を見学した。私は、その建物の大きさが、見るものに与える印象に比例したものでないことに失望した。これだけの大きさをもっても、印象は建物の大きさに比例して大きくなるものでないことに気づいた。私は当時、我々のドームの効果もヒトラーの期待にそわないのではないかと恐れた。

この巨大建築の計画のことを、航空省防空問題担当のクニプファー部長はうわさで聞いた。そのころ、将来の新建築はすべて、空襲の被害を軽減するために、建物をできるだけ分散して建てなければならないという法律的な指示が公布された。ところが、低い雲の上にそびえたつ、爆撃隊の絶好の目標となる建物が、帝国の首都のまん中に建つことになった。ちょうど、ドームの南北にある政治中心地への道しるべのようなものだった。この心配を私はヒトラーに述べてみたが、彼はきわめて楽観的であった。「ゲーリングは敵の飛行機が絶対にわがドイツに侵入してこないと保証したよ。そんなことで、私たちの計画を邪魔させない」とヒトラーはいった。

ヒトラーは、ミュンヘン一揆の失敗による投獄後まもなくドーム建設を考えつき、その後一五年間も胸にいだき続けてきたので、これに強い執着心を持っていた。この計画の完成後、ソヴィエトが、レーニンに敬意を表してモスクワに、高さ三〇〇メートルもある会議場を計画しているのを聞いたときヒトラーは憤激した。明らかに、彼以外の者が、世界中で一番高い壮大な建築物を建てるということが耐えられなかったのであろうし、また同時に、スターリンの意図がそう簡単にはくつがえされるものではないことが彼を不快にしたのである。でも最後には、その建造物がユニークなものであるということで、自らを慰めていた。「摩天楼が一つ多かろうと少なかろうと、多少高かろうと低かろうと、そんなことに何の意味がある。ドーム、これだ！　他のあらゆる建物と区別されるではないか！」。彼がソヴィエトとの戦争が始まった後でも、このモスクワとの競争を思い出しては気にしているのを感じていた。「今となっては、モスクワのあの建築物も永久に終わりになるだろう」と彼はいっていた。

ヒトラー宮殿

ドームの三側面は水面で囲まれ、その水の上の映像が効果を高めるようになっている。この目的のために、シュプレー川を湖のように広げることも考えていた。もちろん、用水路はその結果、二本のトンネルとしてホール前の広場を通らねばならなかった。南向きの第四側面は、背後の「アドルフ・ヒトラー広場」を見下ろしていた。この場所で、今までテンペルホーフで開かれていた毎年のメーデー大集会が開催されることになっていた。

示威大集会の実行計画を宣伝省はすでに準備していた。一九三九年カール・ハンケが、政治的・宣伝的必要性に合わせた、いろいろな大衆動員段階について私に説明してくれた。外国要人歓迎用の小学生動員から一〇〇万人の労働者の動員にいたるまで、目的ごとにいろいろの方式が準備されていた。ハンケはこの歓呼動員について皮肉たっぷりにいった。「この広場を埋めつくすには、将来、絶えず最大の歓呼動員が招集されるだろう。というのも、この広場は一〇〇万人の人間を収容するからだ」

このドームに向かい合って位置している側には、片方は新しい国防軍最高司令部、もう一方には内閣官房府事務局の建物が置かれ、その中間で目抜き通りからドームに向かって眺望《ちょうぼう》が開けている。ここだけが、建物によってぐるりを囲まれた大広場の唯一の入り口であった。

集会場の近くに、最も重要かつ心理学的に最も興味深い建物であるヒトラー宮殿があった。この場合、ヒトラーの住居という代わりに宮殿という言葉を使うことは誇張ではなかったのだ。残されているスケッチが示すように、ヒトラーは一九三八年十一月以来、これと取り組んでいたのだ。新しい総統宮殿はそれまでに非常に増大した彼の顕示欲を明示している。従来使用されているビスマルク時代の総統官邸に比べると、この新しい建物は、その規模においては約一五〇倍になっている。敷地一〇〇万平方メートル以上もあるネロ皇帝の伝説的な宮殿「黄金の家」以外に、ヒトラーのそれと比べられるものはなかった。ベルリンの真ん中に、庭園を合わせて二〇〇万平方メートルも占有することになっていた。応接室は一連の広間を通って食堂に通じており、そこでは一〇〇〇人が同時に食事をすることができるはずであった。

公式引見のために八つの大サロンが用意されていた。バロック風とロココ風のすばらしい宮廷劇場をまねた四〇〇の席がある劇場には、超近代的な舞台装置が備えられた。ヒトラーは自邸からいくつかの広間を通って大ドームの建物に行くことができた。その反対側には、執務棟が続いていて、その中心に執務ホールが置かれることになっていた。それは大きさからいうと、アメリカ大統領の応接間をはるかにしのぐものだった。ヒトラーにはちょうど完成した現官邸内で、外交官たちが長く歩かなければならない点が非常に気に入っていたので、彼は新建築物にも同じようなものを望んでいた。そこで私は外交官たちの歩くところを倍の半キロにまでのばした。ヒトラーが石鹼コンツェルンの本社社屋とよんだ一九三一年に作られた古い首相官邸の建物に比べて、彼の要求はおよそ七〇倍にも拡大されていた。この事実は、ヒトラーの誇大妄想《もうそう》性がだんだんと進行していたことを明らかに示すものであった。この絢爛《けんらん》豪華さのなかで、比較的に控えめな寝室に彼は白く塗ったベッドを置こうとした。これについて、ヒトラーは、あるとき私に「私は華美な寝室が大嫌いだ。私が一番くつろげるのは簡素なベッドの中だけだ！」といったことがある。

一九三九年、この計画が具体的になりはじめたころも、ゲッベルスの宣伝によって、ヒトラーは文字通り謙遜《けんそん》さ、素朴さを持っているという国民の印象は依然として続いていた。この印象を害さないように、ヒトラーはその私邸、宮殿、将来の内閣官房府の建設計画をだれにも打ち明けなかった。あるとき、我々が雪の中を散歩したときに、自分の希望の根源を私に打ち明けたことがある。「君にはわかるだろうが、私自身には、ベルリンの本当に小さな質素な家で十分なのだ。私はもう十分に権力も名声も手に入れた。私個人にとってはこの出費は必要ではない。でも信じてくれたまえ。いつの日か、私の後に来るものにとっては、このような体面がどうしても必要なのだ。彼らのうちの多くはこのような方式で権力の座に止まることができるのだ。どんなに小さな権力でも、このようなすばらしい環境を背後に出現すれば、どんな力が同時代の人々に作用するかといったことは、まったく信じられないようなことなのだ。偉大な歴史的背景を伴うこのような部屋は、小物の後継者すら高い歴史的な地位にまでひきあげてくれる。だから、我々は私の在世中にこれを建てなければならないんだ。私がそこで生活したということ、そして、私の精神がこの建物に伝統を与えるためにも！　たとえ二、三年間でも私が、そこで生活するだけで十分なのだ」

既に一九三八年、現総統官邸の建築に従事した労働者を前にして、同じようなことをヒトラーは演説している。「私はドイツ国民の総統として、昔の王宮やお城に立ち入ろうとは思わない。当時ヒトラーは、「私は大統領官邸に移るのを拒否する。私はかつての侍従長の家には住みたくはないのだ。しかし、この分野においても、国家は各国の王や皇帝のそれにも匹敵する体面は維持するであろう」と述べた。当時、ヒトラーは我々が例の建物に要する費用の調査を禁じていたので、立方メートルあたりの見積もりすらなしで、ただ彼に従っていた。それを私は二五年後の今日、初めて計算してみると次のようになる。

一	ドーム	二一〇〇万立方メートル
二	居住御殿	一九〇万立方メートル
三	内閣官房府	一二〇万立方メートル
四	内閣官房府付属施設	二〇万立方メートル
五	国防軍最高司令部	六〇万立方メートル
六	新国会議事堂	三五万立方メートル
	合計	二五二五万立方メートル

施設の広さが立方メートルあたりの単価を軽減したとしても、総額は想像を絶するものであったろう。この巨大な建物は、巨大な外壁とそれに見合う深い基礎工事を必要としていた。さらに外壁は高価な花崗岩でできていたし、内壁面は大理石が、ドア、窓、天井等にも高価な材料が考えられていた。「アドルフ・ヒトラー広場」だけでも五〇億マルクというのも、多分低すぎる評価といえるであろう。国民感情の急変と、一九三九年以後全ドイツに広がりだした幻滅が、二年前にはまだヒトラーが（国民の）自発性に頼ることがで

きた歓呼動員を、今や組織しなければならない必要性があらわれたばかりでなく、その間に、彼自身も彼を慕う大衆から離れていっていた。ときおり、ヴィルヘルム広場で大衆が彼に呼びかけたときでも、以前に比べていらいらして不機嫌になりがちであった。三年前には、ヒトラーはしばしば「歴史的バルコニー」に立ったものだが、今では副官たちがヒトラーに姿をだすように頼むと、ときおりガミガミとどなりつけた。

「私をほっておいてくれないか！」

この一見大して重要でもなさそうなことが、新しい「アドルフ・ヒトラー広場」の構想にも影響している。ヒトラーはかつて私に「私が不人気な処置をとらざるを得ないこともありうることだ。おそらく、そうなれば暴動が起こるだろう。このような場合のことも考慮に入れておかなければなるまい。この広場に面している建物のすべての窓は鋼鉄の防弾鎧戸《よろいど》をつけなくてはなるまい。戸も鋼鉄製で広場に通じる唯一の通路は重い鉄の格子で遮断されるようにしておこう。帝国の中心は要塞のように防ぐことができなければならない」といった。

この発言は以前のヒトラーにはなかったある種の不安を物語っている。この不安は、完全に機械化し、最新に武装された連隊にまでなった「親衛旗」兵舎をどこにするかの位置が論じられたときに、再び現われた。ヒトラーはその兵舎を南枢軸道路のすぐ近くに移したのである。一二〇メートル幅の道路を示しながら「もし暴動が起こったらどうするかね？」「みんなが戦車に乗って道いっぱいに広がって、私のほうへゴロゴロやってきたら、だれも抵抗できやしない」といった。陸軍総司令部がこの指令を聞いたのか、あるいは親衛隊が進んでそう望んだのか、あるいはヒトラー自らが命令したのかはわからないが、いずれにせよヒトラーの同意をもって、ベルリン近衛連隊「グロース・ドイチェランド」の兵舎は、ヒトラーの中心部に最も近いところに作られることになった。

ヒトラーと国民との断絶を――時と場合によっては国民に銃を向けることさえ決心していたヒトラーの――無意識に私は、その宮殿のファサードに表現したのであった。大きな鋼鉄製の入り口の扉と、ヒトラーが大衆の前に立つバルコニーに続く戸以外に入り口は一つもなかった。このバルコニーも、大衆の上方一四メートル、つまり五階くらいの高さのところにつりさがっていたのである。この目立って無愛想なファサードは、今日においてもなお、自己神格化に定住した隔絶した総統の印象をはっきりと伝えているような気がする。私が拘留されている間に、赤いモザイク、数々の柱、青銅製のライオンを含めた私の設計図と黄金色の断面図が、明るいほとんど愛らしいまでの姿をもって思い出の中に現われた。しかし、二一年以上もたってから、このモデルのカラー写真を再び見たときに、私は思わず、セシル・B・デミル監督の映画の中の、古代ペルシャ総督官邸の建築を思い出した。暴君政治の正確な表現であるすばらしさと並んで、この建築のもつ残酷さが私には感じられた。

シンボルの変更

ある日、私は、建築家ブリンクマンが——トロースト同様、元来、造船設計家であった——ヒトラーを驚かしたインクつぼに大笑いしたことがある。ブリンクマンはこのインクつぼにたくさんの装飾、渦巻き、階段などのついたもったいぶった設計をほどこし、あらゆるはなばなしさのまん中に、まったく孤立して見捨てられた「インクの湖」——「国家元首のインクつぼ」——を作った。こんな変なものはついぞ見たことがなかった。ヒトラーは期待に反して、このインクつぼを拒否しなかったばかりか、むしろこの青銅製のインクつぼを異常にほめちぎった。ブリンクマンはヒトラーのために設計した書斎用いすでも同じような大成功をおさめた。これはちょうど、ゲーリング風の大袈裟《おおげさ》好みで、安楽いすの両ひじの角に極端に大きな金箔の松カサをつけた、いわば王座にも似ていた。私にはこれらの二つの作品は、そのふくれあがった誇張さでいわゆる成り上がり者の趣味のように思えた。一九三七年以降、ヒトラーはこの華美への傾向をますます増大したのだ。彼は、かつて自分が感激したウィーンの環状道路に再び引き戻されていた。トローストの影響から、彼はだんだんと離れていった。

そして、私もヒトラーと共に進んだ。というのは、この当時の私の設計は私が自分のスタイルとみていたものとはあまり関係がなかった。この私の初期のものから離れていく傾向は、巨大建築物にあらわれているばかりでなく、当初に目ざしていたドーリア的特徴もなくなり、「堕落芸術」になりさがっていたのである。富と無限の資金、そしてヒトラーの党イデオロギーとが、東洋専制君主の豪華な宮殿にむしろ立ち戻った様式に私をひきずりこんでしまった。

戦争の初めころは、私は一つの理論というものを持っており、それを一九四一年、コクトーやデピオも出席していたフランスやドイツの芸術家のグループの前で、パリの「マキシム」での食事のときに説明した。フランス革命は、後期ロココの後に新しい様式感覚をつくりあげた。簡単な家具でさえも、最高に均整がとれていた。その最も純粋な表現がブレーの建築設計にみられるのだ。この革命様式に、より豊かな資料を軽妙にいい趣味を持って造り上げられた執政（ディレクトワール）様式が続いたのだ。アンピール様式で初めて曲がり角にきた。年々絶えずふえてくる新しい要素が、古典的な基本形を押しのけ、最後にはとうとう「後期アンピール」様式の華美な装飾が、その壮麗さ、富の点でもまったく追い抜くことのできないものになった。この後期アンピール様式をもって、執政官政治とともに希望をもって始まり、同時に、革命からナポレオン帝国への過渡期ともいえる様式発展の終着点とみなされている。この発展は同時に崩壊の信号でもあり、ナポレオン時代の終わりを宣言している。この二〇年間に、よそでは一〇〇年間もかかって起こることが起こった。すなわち、ドーリア式古代建築に始まり、バールベックにあらわれている後期へレニズムの、裂け目の多い、バロック風ファサードへの発展、中世初期ロマネスク風建築から中世後期の失敗に終わった後期ゴシックへの発展がそれである。

よく観察してみると、私は後期アンピール様式の例に従い、私がヒトラーのために設計した建築案の中に彼の政権の終結が宣言されていること、そしてヒトラーの失脚もある意味でこの計画の中で読みとられることをいうべきであったろう。だが、当時の私にはそれがわからなかった。おそらくは、ナポレオンの側近が後期アンピール様式のけばけばしいサロンの中で偉大さの表現のみをみて、後世になってはじめてナポレオン没落の前兆を発見したのと同様に、ヒトラーの取り巻き連中も、インクつぼの山を政治的天才にふさわしい背景とみて、ドームをヒトラーの権力の顕示として考えたのであった。

私たちが一九三九年に設計した最後の建物は、事実、一二五年前、ナポレオンの失脚の直前のあの誇示的な金ピカ好み、派手好みと堕落とを強調した様式にもよく似た、新アンピール様式であった。この建物には、様式だけでなく巨大さにおいても、ヒトラーの意図がはっきりと表現されていた。一九三九年初夏のある日、ヒトラーは、二九〇メートルの高さのドームのてっぺんにつけられる国章を鉤爪につかんだ「帝国の鷲」を示して「ここは変更しよう。ここでは鷲が鉤十字の上に立つのではなく、地球を支配するのだ。世界最大の建物の頂点は地球の上にたつ鷲でなければならない」といった。この建物の模型の写真の中にも、この最初の案の変更がみられる。

数か月後、第二次世界大戦が始まった。

第12章　破局のはじまり

独ソ不可侵条約

一九三九年八月の初めごろ、私たち気のおけない連中ばかりで、ヒトラーと一緒にケールシュタインのティーハウスに行った。自動車の長い列は、ボルマンが岩石を爆破して造らせた曲がりくねった道を登っていった。高い青銅製の玄関を通りぬけ、大理石で飾られた山の冷気に満ちたホールにはいり、ピカピカの真鍮《しんちゅう》製のエレベーターに乗りこんだ。

五〇メートル上昇している間に、突然ヒトラーはひとり言のようにいった。「おそらく近いうちに、何か大きな事件が起こるだろう。たとえ、ゲーリングを行かせねばならないとしても。必要とあれば、私自身も行くことになる。私はすべてを賭けたのだ！」。そのときはそれだけで終わったのだったが、それから三週間ほどたった一九三九年八月二十三日、私たちはドイツの外務大臣がモスクワで交渉を進めていることを聞いた。夕食の間に、ヒトラーのもとにメモが届いた。彼はそれにざっと目を通して、顔を紅潮させて一瞬前方を見つめ、机を叩いたので、コップがガチャガチャと音をたてた。彼は上ずった声で叫んだ。「手に入れたぞ。うまくやった！」

一瞬後、彼は再び冷静に戻ったし、誰もあえてたずねないまま食事は続けられた。食事が済んでから、ヒトラーは側近の者をそばに呼んで、「我々はソヴィエトと不可侵条約を結ぶだろう。読んでみたまえ。スターリンからの電報だ！」。それはヒトラーにあてたもので、簡単に合意が成立したと書いてあった。これは想像を絶する最も意外な驚くべき転換であった。スターリンとヒトラーとの名前が一枚の紙に仲良く並んでいる電報であった。引き続いて、スターリンの列席下で繰り広げられた赤軍のパレードの映画が上映された。ヒトラーは、今や無害になった中立を守るこの陸軍力について満足の意を表わし、明らかに、武器や軍隊等の動員計画について討議するため将校副官連中のほうに向いた。婦人たちはこの会話から締め出されていたが、もちろん彼女らは我々からこの新しい事実を聞いたし、また、まもなくラジオを通しても公表されたのであった。ゲッベルスが同じ夜、この情報を記者会見で発表している時、ヒトラーは彼と連絡をとった。彼は外国の特派員たちの反応を知りたかったのであった。熱っぽくギラギラと光った目で、彼は我々にゲッベルスから聞いたことを伝えてくれた。「これ以上のセンセーションはないのだ。会見中教会の鐘がひびいたときに、イギリスの特派員は、元気なくいったそうだ。ああ、これは大英帝国葬送の鐘の音だと」。この言葉はその夜、気まぐれなヒトラーに最も強い印象を与えた。今や彼は、彼に対してだれも手だしができないほどの高い地位にいるという確信をもったのである。

その夜、山荘のテラスからは、ごく珍しい自然のドラマがながめられた。向かい側の伝説に包まれたウンタースベルクの上空には、オーロラが明るく輝き、空が七色に変化していった。神々の黄昏《たそがれ》の終幕も、これ以上に感銘深くは演出されなかったであろう。我々の顔や手もすっかりオーロラの色に染められてしまった。この光景は何かを暗示するような雰囲気であった。いきなり、ヒトラーが将校副官に向かい「たくさんの血が流れるように見える。今度は暴力なしには終わらないだろう」といった。

数週間以前から既に、ヒトラーの興味の中心は、明らかに軍事的分野に移っていた。彼の四人の将校副官――国防軍最高司令部に対するルドルフ・シュムント大佐、陸軍に対するゲアハルト・エンゲル大尉、空軍に対するニコラウス・フォン・ベロー大尉、海軍に対するカール゠イェスコ・フォン・プットカマー大佐――のうちの一人と、彼はよく数時間にわたって話し合い、彼の計画について確信を得ようとしていた。ヒトラーは、若い遠慮ない将校たちが好きだった。懐疑的な将官のグループの間では得られない賛成を、この若い連中のなかで見いだしたからである。

しかし独ソ協約の発表直後、副官たちは、ゲーリング、ゲッベルス、カイテル、リッベントロップ等の政治・軍事両面の実力者によって交代させられた。ゲッベルスはとりわけ率直に戦争の危険性について憂慮して話していた。驚いたことには、今まできわめて過激だった宣伝屋がこの危険を極端に大きくみて、ヒトラーの側近に向かって平和路線をすすめようとしていた。その上、主戦派の代表格リッベントロップをおこらせてしまったのである。ヒトラーの私的な側近である我々は、ゲッベルスおよび平和維持に努めたゲーリングとを、獲得した特権を賭けようとしない権力の栄華の中で堕落した弱々しい人間とみなしたのであった。

この数日間で、私の一生の仕事の実現が危なくなったにもかかわらず、国家的問題の解決のほうが個人的利害関係より優先すると私は信じていた。このころのヒトラーが示した自信は、私の疑念をもぬぐいとったのである。当時のヒトラーは、私にとってためらうことなく、強者たることを意識し、断固として冒険的な企てに踏みこみ、それをやりとげた古代伝説の英雄のように思われた。

ヒトラーとリッベントロップ以外のだれであったにせよ、本来の主戦派は大体次のような理由をあげていた。「急速な軍備拡張によって、兵器面では四対一の比率で有利であると考える。敵側もチェコスロヴァキアの占領以来、急激に軍備拡張をすすめている。敵の生産が最高水準に達するまでには少なくとも一年半から二年はかかるであろう。一九四〇年以後になると、今日のかなりの優位も追いつかれ始めるだろう。もし、敵が我々のように生産すれば、ドイツの優位は次第に危なくなっていく。この比率を維持するために、我々はその四倍も生産しなければならない。しかし、今はそんなところではないんだ。よしんば敵側がドイツのたった半分しか生産しなかったとしても、事態は常に悪くなるのだ。その上に、ドイツは現在あらゆる分野で新兵器を所有しているが、敵側は老朽化した武器しかもっていない」

このような意見がヒトラーの決断に決定的でないにせよ、時期の選択に関して影響を与えたことは間違いない。「これからやってくる困難な時期に元気でいられるように、できるだけ長い間オーバーザルツベルクにいよう。決断を下すときにベルリンへ行く！」

数日後ヒトラーの自動車の列は、一〇台の車が安全車間距離をとってアウトバーンをミュンヘンに向かっていた。妻と私もその中にいた。晩夏の雲一つない晴れた日曜日であった。人々はヒトラーをいつもとはちがって無言で見送った。だれ一人として手を振らなかった。ベルリンでも、内閣官房府の周辺は妙にひっそりとしていた。以前は、ヒトラーの存在が総統旗により示されると、群衆がこの建物を取り巻き、彼が出入りするたびに彼にあいさつしたものだったが。

世界大戦への道

ヒトラーの日常生活も、この騒々しい毎日で、まったくめちゃくちゃになってしまい、「宮廷」がベルリンに移って以来、次から次への会議でヒトラーの時間の大部分がさかれてしまった。一緒に食事をとることもほとんどなくなった。回想録は恣意的に人間の記憶を呼び起こすが、私の多くの出会いの中でも、ポーランド進攻の数日前、息を切らせて内閣官房府に飛びこんできたイタリア大使ベルナルド・アットリコの滑稽《こっけい》な姿が、強い印象に残っている。彼はイタリアはさしあたり同盟義務を厳守できないと通告してきた。同時に、ムッソリーニはドイツの戦力を決定的に弱体化させるほどの多量の軍需品、経済的資材の見返りを要求したのである。多数の潜水艦をもつイタリア艦隊は、イタリア空軍と同様に、ヒトラーにより高く評価されていたし、その瞬間にヒトラーは自分の計画がだめになると思った。というのは、彼はイタリアが参戦することによって敵側勢力を畏縮《いしゅく》させうるだろうと考えていた。不安になった彼は、すでに命令が下されていたポーランド攻撃を延期したのだった。

ここ数日の幻滅から脱してまもなくヒトラーは直感的に西側諸国の宣戦布告はイタリアの逡巡《しゅんじゅん》的な態度によって、不確実になったと決断した。ヒトラーはムッソリーニの提出した調停案を拒否したのである。もうこれ以上待つわけにはいかない。というのは、出動準備をしている部隊は神経質になっており、秋の晴天の日々はまもなく過ぎ去り、じきに始まる雨期のために、部隊がポーランドの泥土にはまってしまう危険を憂慮しなければならなかったからである。ポーランド問題に関してイギリスと覚え書きを交換した。ある夕方ヒトラーが総統官邸の温室の中で、ごく身近なグループに確信をもって語ったときには、彼は過労のため大変疲れた様子をしていた。「今度こそ一九一四年の失敗は繰り返さないだろう。敵側に罪を押しつけてしまうことに今後の全部がかかっている。当時の処理はきわめて不手際だったのだ。今日でも外務省の草案は使いものにならない。一番いいのは、覚え書きを私自身で作ってしまうことだ」。そのときに、彼は手に何やらメモを持っていた。多分、外務省の覚え書き草案だったのであろう。彼は食事もとらないで、手短に忙しそうに別れを告げ、上の部屋へと姿を消した。シュパンダウに拘留中に私はこの覚え書きを読んだことがある。そのときも、私はヒトラーの意図が成功したという印象をもたなかった。

西側がミュンヘン協定後さらに譲歩するだろうというヒトラーの解釈は、次のような情報局の報告によって裏づけられていた。すなわち、イギリス参謀本部の将校がポーランド軍の戦力について調査したところによると、ポーランドの抵抗はすぐさま崩壊するだろうという結論に達した。その点から、ヒトラーはイギリスの参謀本部が見込みのない戦争を政府に思いとどまらせるように全力を尽くすだろうということに望みをつないだのだ。九月一日西側の最後通牒がもたらされた時も、ヒトラーはちょっと当惑した様子で、イギリスとフランスとは世界に対して面子《メンツ》を保つために、おそらく見せかけだけの宣戦布告をするだろうといって、自分と私たちを慰めたのであった。よしんば宣戦布告があっても、戦闘行為にはならないだろうと彼は確信していた。それゆえに、彼は国防軍に絶対に防衛的な態度にとどまるようにと命令を下し、この判断は政治的にきわめて読みが深いと自負していた。

八月末の忙しい日々の後に、無気味な静けさが続いた。ほんの少しの間だけ、ヒトラーはいつもの生活のリズムを続けることができた。それからまた再び建設計画に興味をもちはじめた。ヒトラーはその食卓仲間にいった。「なるほど今、我々はイギリスやフランスと戦争状態にあるが、もしわがほうがこちらからすべての戦闘行為を避けるとすれば、ことはだめになってしまう。ところが我々が船舶一隻を撃沈し、敵側に大きな損害を与えるとすると主戦派が強くなる。君たちにはこの民主主義者がどんなものか知るまい。彼らは事件から抜けでられれば喜ぶのだ。やつらはポーランドをきっぱりと見捨てたではないか！」。ドイツの潜水艦がフランス軍艦「ダンケルク」号の前方で有利な位置にいたときですら、ヒトラーは攻撃の許可を与えなかった。イギリスのヴィルヘルムスハーフェン空襲と「アテニア」号の沈没が彼の思慮をむなしくしたのだった。

西側は本気で戦争を始めるには、あまりにも弱く、もろく、そして堕落しているという見解に、ヒトラーは救いがたいほど固執していた。おそらく彼の側近、そして特に自分自身に対して、決定的に間違っていたことを認めることが、彼としては耐えられなかったことだろう。私はチャーチルが戦争内閣に海軍大臣として入閣するという知らせがはいったときの彼の狼狽《ろうばい》ぶりを今でも覚えている。このいやな報道を手に、ゲーリングはヒトラーの居間から出てきて、一番近い安楽いすに腰かけて、疲れた様子でいった。「チャーチルが入閣するって！　戦争が実際に始まるというわけだ。今からイギリスとの戦争が始まるのだ」。この開戦がヒトラーの意に沿ったものでなかったことは、この一件からも予想される。八月末、彼は常にない衰弱を示し、ときには、総統の周辺に安心感を与える態度もなくなっていた。

この錯覚と夢のような望みとは、ヒトラーの非現実的な仕事と思考との方法に関連がある。事実、彼は自分の敵について何も知らず、与えられた情報の利用さえも拒絶した。それ以上に、不意に起こった極端な軽視感によって決定される恣意性に矛盾があっても信頼をよせていた。常に二つの可能性が存在するという彼の演説の調子にも似て、彼は一見最も有利な時点で戦争を始めたかったのだが、しかし、準備がまだ十分でなかった。イギリスをさして、「第一敵国」といっていたヒトラーは、同時にまた、イギリスとの和解も望んでいた。

私は、ヒトラーが九月の初めごろ、取り返しのつかない世界大戦を引き起こしたということがわかっていたとは思えない。彼は一歩前進したかっただけなのだ。一年前のチェコ危機のときとまったく同様に、それに伴う危険をあえてになう用意はあったが、ヒトラーは大戦争にではなく、ただ危険に対してのみ準備していたのである。ドイツの艦隊の装備は、将来のある時期に予定されていた。戦艦と最初の航空母艦とはまだ建造中であった。

彼はそれら艦隊が互角の勢力で敵に対抗できるとき、初めて完全な戦闘力となるということを知っていた。ヒトラーはたびたび、第一次大戦当時の潜水艦軽視について語っていたので、強力な潜水艦艦隊の準備なしに、いたずらに第二次大戦を始めはしなかっただろう。

しかし、ポーランド作戦がドイツ軍に大成功をもたらした九月の上旬には、いろいろな心配も消え去った。ヒトラーも再び自信を取り戻したように見え、しばらく後、戦争の最高潮のときに、私は彼がポーランド戦争がもっと血を流すべきであったとたびたび説明しているのを聞いた。「オーストリアとチェコスロヴァキアを無血占領した後、我々が再び戦闘なしでポーランドを占領したとしたら、軍隊にとっていいことだと思うかね？　私のいうことを信ずることだ。そんなことをしたら、最強の軍隊はだめになってしまう。血であがなわれなかった勝利は士気を阻喪させる。合意がなかったのは我々にとって幸運であったばかりでなく、当時はそれを損失だとみざるを得なかった。いずれにせよ戦端を開くべきである」

とにかく、彼はこういった発言によって一九三九年八月の外交上の誤算を隠そうとしたのであろう。戦争の終わりごろハインリツィ陸軍上級大将が、同じ考えのヒトラーの昔の将軍たちの前で行なった演説について私に話をしてくれた。私は当時、ハインリツィの注目すべき報告について次のようにメモをとってある。「彼、ヒトラーはカール大帝以来初めて無限の権力を手に入れた。彼はそれをいたずらに持っているだけではなく、これをドイツのための戦闘に投入することを知っている。もし戦争に負けたならば、ドイツは力の試練に耐えられなかったのであり、ドイツは滅亡しなければならないし、また滅亡するだろう」

国民からの離反

国民はヒトラーとその側近に比べて、初めから事態をより真剣につかんでいた。全般的な神経過敏のために、九月一日か二日にベルリンで間違って空襲警報が鳴った。多くのベルリン市民と一緒に私は公共防空壕の中にいた。彼らは将来に不安を感じており、室内の雰囲気はことさらに重苦しかった。

第一次大戦の開戦当時と異なり、どの部隊も花で飾られて出征するのではなかった。街路は人ひとりいないし、ヴィルヘルム広場にもヒトラーの名を呼ぶ群衆は見当たらなかった。ヒトラーがある夜自分のトランクを車につめこみ、東部戦線に向かったこともこの寂しい気分をあらわしていた。ポーランド攻撃の三日後、彼の副官からお別れのために内閣官房府によばれた。光をさえぎった暗い家の中で、くだらないことに激怒している男にお目にかかった。車が走りはじめて、彼は残留する「廷臣」に短く別れを告げた。路上のだれ一人もこの歴史的事件に気づかなかった。ヒトラーは自分自身が演出した戦争の中にはいっていったのである。ゲッベルスはもちろん思うままに大衆を動員することができたろう。しかし、彼とても、明らかにそんな気分にはなれなかった。

動員の行なわれている間でも、ヒトラーは自分の芸術家たちを忘れなかった。一九三九年夏の終わりごろ、ヒトラーの陸軍副官は、軍管区司令部から、芸術家たちの召集令状をとりあげて破棄してしまった。このような独特な方式で、この芸術家たちは徴兵リスト上にはもはや存在しなかったのである。ヒトラーとゲッベルスの作成したリストでも、建築家や彫刻家たちはもちろんごく小さな部分しか占めていなかった。徴兵免除者の大部分は歌手と俳優であった。将来に重要である若い科学者の徴兵免除は、一九四二年になってやっと私の助力で実現した。

オーバーザルツベルクから、私は旧上司で現在室次長のヴィル・ナーゲルに電話で、私の指揮下に技術補充部隊の結成を準備するように頼んだ。我々は、本部のチームワークのとれた関係を、橋梁の再建、道路の整備、または戦争遂行のためのほかの分野のために利用しようと考えた。もちろん、我々の考えははっきりしたものではなかった。その企画は、まず最初にテントを備え、次に私の自動車のＢＭＷを暗緑色に塗ることに始まった。総動員の日に、私はベントラー通りの陸軍総司令部の動員実施責任者フロム陸軍上級大将を訪れた。彼は文字通りプロイセン的、ドイツ的な組織の中で、自分の部屋に何もしないですわっていた。他方、計画通り、ことが進行している間、彼は快く私の協力の申し出をとりあげてくれた。私の自動車に陸軍ナンバーをつけ、私自身も陸軍の身分証明書を入手した。

これをもって私の戦時活動は今のところ終了したのである。

ヒトラーは即座に私が陸軍の命令の下に働くことを禁じ、彼の計画をさらに続けるように義務づけた。それで、私は私の下でベルリンとニュルンベルクの建築の際に働いていた労働者と技術陣を、陸空軍装備部用に提供した。我々は、ペーネミュンデのロケット開発のための諸施設と、航空機産業の緊急建設計画とを引き受けた。私はヒトラーに、私にとってあまりにも自明と思われるような人員の配置について報告した。そのときに私は彼の同意を得たと思っていた。しかし、驚いたことには、私はすぐその後にボルマンの異常にも激しい調子の書簡を受けとった。「どういう理由で新しい任務を捜そうなどという気になったのか？　そのための命令は下されていない。総統は私に、すべての建物は無制限に今後も進行させなければならないという指令をあなたに伝えることを委任した」

この指令も、ヒトラーがいかに非現実的に、また複線的にものを考えていたかを示している。ヒトラーは一方で、ドイツが運命に挑戦したのであり、生と死をかけた戦いに勝ち抜かなければならないと繰り返し話すが、また他方では、彼自身の巨大なおもちゃのことを断念しようと考えなかった。ヒトラーはそのとき、自分の侵略意図が犠牲を求めるようになって以来、この豪華建築の建設を何ら理解しない大衆の感情を軽視しはじめていた。私はヒトラーの指令に従わなかった。戦争初年度には、以前に比べてごくまれにしか私はヒトラーと会わなくなった。しかし、ヒトラーは、ベルリンに数日間、オーバーザルツベルクに数週間やってくると、いつも私の建設計画を提出させた。そして、それを仕上げるように迫った。しかし、私の思ったように、ヒトラーもまもなく従来の仕事の中断について黙っていて何にも文句をいわなくなった。

十月の初めの、モスクワ駐在のドイツ大使フォン・デア・シューレンブルク伯爵の報告によると、スターリンは個人的に我々の建設計画に興味をもっているというのである。我々の建築モデルの写真シリーズがクレムリンで公開されたが、スターリンが「こんな趣味を覚えないように」例の最大の建物は、ヒトラーの指示によって公開されなかった。シューレンブルクは説明のために私がモスクワへ来たほうがよいといっていた。しかし、ヒトラーは「スターリンが君を帰さないだろう」と皮肉まじりにいい、私の旅行を禁じた。その後しばらくして、シュヌレ公使から私の設計案がスターリンの気に入ったと伝えてきた。

九月二十九日、リッベントロップがポーランドの第四次分割を確認した独ソ不可侵、友好条約をたずさえて、第二次モスクワ会談から帰国した。リッベントロップはヒトラーとの食事の席上、スターリンの幕僚たちと一緒のときほど気持ちがよかったことは今までになかった、と話した。「総統！　昔の党同志と一緒にいたようでありました！」というと、ヒトラーは、この無愛想な外務大臣の熱心な興奮ぶりを無表情で受け流した。スターリンは、リッベントロップがいうように、国境条約に満足したらしく、交渉の終わった後にロシアに割り当てられた地域の国境線上の広大な狩猟地をリッベントロップに贈ったが、その狩猟地域をスターリン自身が書き入れたほどである。しかし、ゲーリングは、スターリンの贈り物が外務大臣個人に帰するのを承諾せず、それは帝国《ライヒ》に、すなわち帝国狩猟長官である自分に帰するべきだという解釈を述べた。その結果、二人のハンターの間で激しい争いが生じた。外務大臣は、結局、ゲーリングが彼よりエネルギッシュで実行力があることを事実が証明したので、その後はいつも不機嫌にならざるを得なかった。

戦争中にもかかわらず、旧大統領官邸を新外相官邸にするための改築が行なわれた。ヒトラーはもう完成に近いこの建物を視察したが不満だった。そこでリッベントロップは即座に完成したばかりの内装をとりこわし、新しく工事に着手させた。ヒトラーに気に入られようとして、リッベントロップは普通の大きさの広間には絶対に合わない大理石の荒削りの戸口の側壁や、飾りつけの大きい戸口に固執した。二度目の外務大臣に三度目の改築をやらせないように、あまり否定的な意見をいわないように頼んだ。事実ヒトラーはそのあとで、この建物について彼の考えていたことが失敗に終わったと、側近の連中に笑っていった。

十月にハンケは、ポーランド戦線の撤退線の近くで独ソ両軍が一緒になったとき、ソヴィエト軍は装備が悪く、いかに、みすぼらしいかがわかった、とヒトラーに報告した。ほかの将校連中もこの観察の正しいことを認め、ヒトラーはこれを非常に注意深く記憶に止めたに違いない。というのは、我々は彼の報告を、組織力の不足、軍事的弱さのあらわれとして解釈したと聞いたからであった。その後まもなく彼は、ソヴィエトのフィンランド攻撃が失敗し、自分の見解の正しかったことを確認した。

ヒトラーの今後の意図は極秘であるにもかかわらず、彼が一九三九年にドイツの西部地方に司令部の建設を私に依頼したときに、ある程度まで理解できた。ナウハイムの近くのタウヌス山系の中にあるゲーテ時代にできた領主館ツィーゲンベルクが、この目的で我々の手で改装されることになり、トーチカで装備された。設備が完成し、数百万マルクが費やされ、一〇〇キロ以上の電話線が架設され、最新の通信設備がすえられた。その後で、ヒトラーは、突然に司令部は彼にとって余りにも高価でありすぎるといった。彼は戦争中は質素な生活を送らねばならないから、戦時に適した住居をアイフェルに建てるといった。そのことは、数百万マルクのむだ金を使うことになるが、それを知らない多くの人にはおそらく感銘を与えたであろう。私たちはその点についてヒトラーに指摘したが、彼は自分が「質素」であるという体面が危機にひんしていると思い、耳を傾けなかった。

フランスでのすばやい勝利の後で、ヒトラーがドイツ史の中の最も偉大な人物の一人になったと私は確信した。しかしすべてがすばらしい成功であったのに、世論がまったく無関心であったことが私には深く印象に残っている。ヒトラーはその抑制のない自己意識を高めていった。食卓での彼の話に新しいテーマがでてきた。ヒトラーはいつも説明していた。「第一次大戦の敗戦を招いた非力によって、計画を挫折させてはならないだろう。当時は政治家と軍部指導者とはお互いに争った。政党は国民の意志を無視し、売国的政策すら続行していた。王家の無能な王子たちが、儀礼的に総司令官になったり、王朝の栄誉を高めるために戦勝の月桂冠を目ざしたりした。この退廃した王侯のなかに、有能な参謀将校たちが配置されていたからこそ、破局が防止されたのであった。最高司令官ヴィルヘルム二世は無能の典型だった。今日の数ある王侯国は無意味な存在となった。司令官は氏素性を問わず、優秀な将校の中から選びだされる。貴族の特権は廃止され、政治・国防・国民は一つのものに解けこんでいる。そしてその頂点には自分が立っている。力、意志、そしてエネルギーが今後のあらゆる苦難に打ち勝つだろう」

ヒトラーはこの西部戦線での成功を自分の力として受け取っていた。この作戦計画は彼がつくったのだ。「私は完全に機械化された部隊の最新式戦闘方法の可能性について、ド・ゴール大佐の著書を繰り返し読み、そこから多くの学ぶべきことを知った」と折りにふれていっていた。

パリ入城

対仏作戦終了直後、私に総統副官から、特別の用件があるので数日間の予定で大本営にくるようにと電話があった。ヒトラーの宿舎は、当時セダンからほど遠くない、村民が退去しているブルリー＝ド＝ペッシュという小さな村にあった。一筋の村道沿いの小さな家々に、将軍や副官が宿泊していた。ヒトラーの宿舎も、彼らの家とまったく同じであった。私が到着すると、彼は非常に機嫌よくあいさつした。「二、三日間のうちに、我々はパリに飛ぶんだ。私は君も一緒にきて欲しいのだが。ブレーカーとギースラーも一緒に来る」。私はまずひきさがったが、勝利者がフランスの首都に入城するのに三人の芸術家を一緒に連れていくのにはあきれてしまった。

その夜、私はヒトラーの軍関係の人たちと一緒に食事に招待された。パリ行きについて詳しいことが語られた。私が聞いたことには、この旅行は公式訪問ではなくて、彼がよくいっているように、昔からヒトラーをひきつけていたパリへの、いわば「芸術旅行」というべきであった。彼自身も、道と建物のプランの研究をしているので、そこに住んでいたかのようによく精通しているのだと信じているほどであった。

一九四〇年六月二十五日の夜中、午前一時三五分に休戦となっていた。我々はヒトラーとともに農家の質素な一室で木の机を囲んですわっていた。予定の時刻の直前に、ヒトラーは明かりを消して窓をあけるよう命じた。我々は静かに暗闇の中に歴史的な瞬間をその創始者とともに過ごすという意識に感激してすわっていた。一人の喇叭《ラッパ》手が外で戦闘行為の終了を告げる伝統のある合図を告げた。遠方で雷雨が起こっていたに違いない。小説みたいに、時おり稲光が暗い部屋の中にさし込んだ。だれかが感激に圧倒されて嘆息した。

そしてヒトラーが静かな小声で語る「この責任は……」。そして数分後、「さて明かりをつけてくれたまえ」。大して重要でない会話がそれから続いたが、私にとってはめったにないできごととして心に残っていた。私はヒトラーを一人の人間として体験したと信じている。

翌日、私はランスの大寺院を見に大本営から出発した。住民に見捨てられてはいたが、シャンパン貯蔵庫があるので憲兵がぐるりととり囲んでいる、幽霊の出るような印象を与える町が私を待ち構えていた。鎧戸《よろいど》が風でバタバタと音をたて、路地には数日前の古い新聞が舞い、開けっぱなしの戸口からは家の中がまる見えだった。市民の生活がこの瞬間にそのまま停止してしまったかのように、机の上にはコップや食器、中断された食事がおかれてあった。途中はドイツの軍団の自動車の列が道の真ん中を通過する間、道の端はぞろぞろ歩いていく無数の難民でいっぱいであった。自分の持ち物を乳母車や、手押し車、またはその他の中古車にのせて持ち運んでいる。苦悩でやつれた人々と自信にあふれた部隊とは一種独特のコントラストをつくりだしていた。三年半後、私は同じような光景をドイツで再び見たのであった。

休戦三日後の早朝五時半ごろ、ル・ブルジュ空港に到着した。ベンツの大型車が三台用意されていて、ヒトラーはいつものように運転席の隣に陣どり、ブレーカーと私は後ろの補助席にすわった。私たちを軍隊のわくにはめこむ暗灰色の制服は、私たち芸術家の寸法にも合わせてあった。自動車で郊外を通って、まっすぐガルニエ設計のオペラ座に向かった。ヒトラーはお気に入りの新バロック建築を何よりさきに見たがっていた。玄関でドイツ占領軍に指示されたシュパイデル陸軍大佐が我々を待っていた。

規模の大きさで有名な、また、ゴテゴテした装飾のために評判の階段部、華美な控え室、金粉を塗った荘重な観覧席を特に詳しく視察した。公式レセプションの時のようにシャンデリアが輝いていた。ヒトラーが先に立ち、白髪の劇場案内人が人一人いない内部を私たちの小さなグループにつきそってきた。ヒトラーはパリ・オペラ座の見取り図を事実、徹底的に学んでいた。前桟敷のところで一つのサロンがないのに気がついた。彼はまちがっていなかった。その劇場案内人はその部分が再建のとき、とり除かれたといった。「どうだ!」。満足げにヒトラーはいった。彼はオペラ劇場に完全に魅惑されて、その無類の美しさにも夢中になってしまっていた。彼の目は私には気味悪いほど、うっとりと輝いていた。もちろん、案内人は、すぐに自分がだれを案内しているか気がついていたようだ。専門的だが、しかし、きわめてよそよそしい態度で彼は案内した。私たちがこの建物を去ろうとしたときに、ヒトラーはブルックナー副官に何か耳うちした。副官は自分の財布から五〇マルク紙幣をとりだして離れたところに立っている案内人に持っていった。丁寧に、しかもきっぱりと彼は受け取ることを拒否した。ヒトラーは二度もブレーカーを行かせたが、彼は自分の拒絶の態度をまげなかった。「ただやることをやっただけだ!」。ヒトラーはブレーカーにいった。

それから我々はシャンゼリゼを経て、マドレーヌの横を通ってトロカデロに行き、そしてエッフェル塔に向かい、ここでもヒトラーは車をとめさせた。無名戦士の墓のある凱旋門を通りすぎ、そしてアンヴァリッドに行った。ヒトラーはナポレオンの石棺の前に長い間立ちつくしていた。最後に、ヒトラーはパンテオンを見、その均整のとれた姿が彼を非常に感動させた。ヒトラーは、パリの建築上最も美しい作品といわれるヴォージュ広場、ルーヴル美術館、司法省、サント・シャペルなどにはあまり興味を示さなかった。彼はリボリ通りのまとまった家並みを見た時、初めて再び生き生きとしてきた。我々の視察の最後は、モンマルトルのロマンチックな甘ったるい中世前期の模倣である「サクレ・クール」寺院であった。彼の趣味にとっては意外な選択だった。彼は警備隊の屈強な男たちに囲まれながら、ここに長い間立っていて、その間多くの教会にくる人々が彼に気づいていたけれど、決して注意を向けようとはしなかった。

パリを最後に一目見て、空港に急いで戻った。朝九時にはもう視察は終わっていた。「パリを見るのが私の夢だった。それが今日かなえられてどんなにうれしいかは口ではいい表わせないよ」。一瞬私はヒトラーに何か同情を覚えた。三時間のパリ――これが最初で最後だった――が栄光の頂点にあるヒトラーを幸福にしたのである。視察の間に、ヒトラーは副官たちとシュパイデル陸軍大佐にパリでの戦勝パレードについて話しだしたが、しばらく考えた後、ヒトラーは自分からそれに反対した。表面的には、ヒトラーは英軍の空襲によって妨害される危険性を口実にしていた。しかし、後になって「戦勝パレードなんかする気はない。戦いはまだ終わってないのだ」といった。その夜、彼は私を農家の小部屋によんでくれた。彼はたった一人で机にすわっていた。いきなり彼はいいはじめた。「ベルリン建設計画の完全な続行を命令する指令を作成して欲しい。パリはきれいでなかったかね？　ベルリンはもっと美しくならなければならない！　パリを壊してしまわなければならないと私は以前にたびたび考えた。しかし、ベルリンが完成すれば、パリはその影にすぎないからパリを壊す必要はないんだ！」と、まったくあたりまえのことについてであるかのように、落ち着き払って話し続けた。

私はそこで退去した。ヒトラーの衝動的な意見になれていたものの、それでも私は彼の破壊欲の遠慮のない打ち明け話には驚いてしまった。ワルシャワ破壊のときにも、彼はまったく同じ反応を示した。当時、彼はポーランド国民から政治・文化の中心地を奪ってしまうために、都市の復興を妨げるとの意図を明らかにしていた。そうはいっても、ワルシャワは結局戦争によって壊されたのだった。今ヒトラーが自分がヨーロッパで最も美しいといっている都市を、限りない文化記念物と共に、大胆にかつまったく理由なしに破壊してしまうという考えを持っていたことが明らかになった。ここ数日のうちに、ヒトラーの本性を特徴づけるいくつかの矛盾があらわれてきたのであるが、当時、私にはまだ感知できなかった。自己の責任をわきまえている人間から、思慮のない人類の敵みたいなニヒリストまでの最も極端なコントラストをヒトラーは一緒にしてしまっている。

この体験の影響によって、ヒトラーは輝かしい勝利と、私の建設計画がまもなく実現すると言明した。そして絶好の機会がくるということは、破壊意図の放棄によって押しやられてしまった。さて、パリを追い越すことが私の任務となった。その日のうちにヒトラーは、私にこの大仕事にすぐ着手するよう命じた。最も短い時間で、ベルリンに「大勝利にふさわしい表情」を作るように命じて、そして説明を加えた。「この帝国《ライヒ》の最も重要な建設任務の実現は、ドイツの勝利の確立への最も意味深い寄与であると見ている」。彼は自ら、休戦そして彼の偉大な勝利の日であった一九四〇年六月二十五日にさかのぼってこの総統令を公布した。

ヒトラーがヨードルやカイテルと家の前の砂利道をあちこち歩いているときに、副官に私はお別れを告げたいと伝えた。私が彼からよばれて、そのグループに近づいていくと、ヒトラーの話の続きが聞こえた。「我々の能力がどこにあるかを今説明したろう。カイテル、まあ信じてくれたまえ。それに比べればソヴィエトの戦争なんぞは砂箱遊びにすぎんよ！」

上機嫌で彼は私に別れを告げ、私の妻にもよろしくといい、まもなくまた新しい計画と模型について私と話したいと希望を述べた。

第13章　戦争と芸術

ヘスのイギリス行

対ソ作戦の作成で忙しかったころ、ヒトラーは既に、壮麗な街路と大凱旋門とが完成した後、一九五〇年の凱旋行進をどういうふうに、またどんな詳細な計画で行なうかについて考えをめぐらせていた。彼が新しい戦争、新しい勝利、祭典を夢みている間に、その生涯で最もひどい敗北をこうむったのである。彼が私に将来の構想を語った三日後に、私は設計図をもってオーバーザルツベルクに来るように求められた。

山荘のロビーでは、ヘスの副官であるライトゲンとピンチュがまっ青に興奮して私を待っていた。そして、自分たちはヘスの個人的な書簡をヒトラーに手渡さなければならないので、私の面会を遅らしてくれまいかと私に頼みこんだ。この時ちょうど、ヒトラーが上の部屋から出てきた。副官の一人が居間に呼ばれていった。私がもう一度私の設計図をパラパラとめくりはじめた時、私は突然、不明瞭な、ほとんど動物的な叫び声を聞いた。それからヒトラーがどなった。「すぐボルマンを呼べ！　ボルマンはどこにいる！」。ボルマンは直ちにゲーリング、リッベントロップ、ゲッベルスそれにヒムラーに緊急に連絡をとらねばならなかった。私的な来客は全員二階へさがってくれるように頼まれた。

数時間たって初めて我々は何が起こったかを知った。総統代理のヘスが戦争の真っ最中に敵国イギリスに飛んでいったのである。表面的にはヒトラーはまもなくふだんの落ち着きをとりもどした。彼はただ、チャーチルがこの事件をドイツの同盟国に対する講和の打診だと思わせるのに利用しはしまいか、と心配していた。「ヘスが私の名において飛んだのでもなく、すべてが同盟国の背後の陰謀でもないのだということを、だれが信用してくれようか」。この事件は、あるいは日本の政策を変えるかもしれない、とヒトラーは不安気にいった。空軍の技術長官で有名な戦闘機乗りのエルンスト・ウーデットを通じて、ヒトラーはヘスが使った双発飛行機がスコットランドの目的地に着いたかどうか、気象状態はどうだったかを知ろうとしていた。ウーデットはまもなく電話で、ヘスが航行上の理由で失敗する公算が多いし、おそらく、風に吹きつけられてイギリスを通り抜けてしまうようになると伝えてきた。ヒトラーは一瞬希望にみちていった。「いっそのこと、北海の中に溺れてしまったらよいのだが。そうすれば、やつは跡かたなく消えちまって、さしさわりのない説明をする時間が稼げるというものさ！」。数時間後、それも疑わしくなった。とにかくイギリス人をだしぬくために、ヒトラーはヘスは気が狂ったとラジオを通じて報道させることに決心した。ヘスの二人の副官は、専制的な王宮への不吉な便りの使者のように逮捕された。あわただしい動きが山荘に起こった。ゲーリング、ゲッベルス、リッベントロップのほかに、ライ、大管区指導者や党幹部たちがやってきた。ライは党の組織委員長としてヘスの任務を引き受け、組織上疑いなく正しい解決策を提案した。ここでボルマンのヒトラーに対するきわめて強い影響力が初めて示された。彼はいとも簡単にこの提案を妨げ、自分こそがこの事件をめぐる疑う余地のない勝利者となるのに成功した。チャーチルは、その当時、ヘスの飛行は帝国《ライヒ》というリンゴの中の虫がはっきりとでてきたのだといっていたが、この言葉が文字通りまさしくヘスの後継者に的中していたことを予想していなかった。

この時以来、ヒトラーの側近の間では、ヘスの名はほとんど口に上らなくなった。ボルマンだけが熱心に前任者の彼の私生活を調べ上げ、ヘス夫人を陰険な卑劣さでもって追及していた。徒労ではあったが、エーファ・ブラウンはヒトラーの前で彼女を弁護する立場をとり、後にヒトラーの背後での援助もした。数週間後、私は主治医のシャウル教授から、ヘスの父親の臨終が近いと聞いたので、もちろん、送り主が私だとわからないようにして彼に花束を贈った。

当時の私の解釈によれば、ボルマンの名誉心こそがヘスをこんな自暴自棄の行動に追いやったのだった。同様に野心家のヘスは、ヒトラーから段々と遠ざけられていると感じていた。たとえば、ヒトラーは、一九四〇年ごろ、数時間にわたるヘスとの会談の後で、私にこんなことをいった。「ゲーリングと話をすると、私は鉄分を含んだ鉱泉に入浴したみたいで、その後はすがすがしい。私に物事を報告するのに、ある種の魅力を感ずる。それと反対に、ヘスとの会話はいつも苦痛になってしまう。不愉快なことだ。彼が来ても要求を曲げやしない」

おそらくヘスはイギリスへ飛ぶことによって、日の当たらない長い年月を克服し、注目と成功とを得ようとあせったにちがいない。彼は陰謀と勢力争いの泥沼の中で、自己を主張するに必要な性格を持っていなかった。彼はあまりにも神経質で、正直で、移り気だった。そして彼のところにやってくる順序に従って、どんなグループにも賛成していた。彼のタイプは党最高幹部の大多数と共通しており、彼らには現実という基盤をふまえることがむずかしかった。ヒトラーはヘスの企ての全責任をハウスホーファー教授の有害な影響力に求めた。

二五年後、ヘスは私にシュパンダウ刑務所で、真剣に、あの考えが超自然的力をもって夢の中で暗示されたのだと確言した。ヒトラーに反対したり、あるいは迷惑をかける意図はなかった。

「我々はイギリスの世界帝国を保証する。しかし、その代わりに、我々にヨーロッパでの自由行動を……」。これがヘスがイギリスへ持っていったメッセージだったのだ。この言葉は、戦前にも、また一時的には戦争中でも、ヒトラーの使ったありふれた表現の一つでもあった。

私が事実を正しく判断すると、ヒトラーはヘスの裏切りについて、最後まであきらめていなかった。一九四四年七月二十日の暗殺未遂事件のしばらく後に、誤った空想的な情勢判断の枠内でヒトラーは、講和の条件に「裏切り者」の引き渡しもはいっているし、ヘスは絞首刑になる、といった。私が後にヘスにこのことを話すと、彼は、「ヒトラーはきっと私と和解した。絶対に！　一九四五年、すべてが終わった時、ヒトラーはヘスは正しかったのだと思ったとは思いませんか？」といった。

戦時下のコレクション

ヒトラーは戦争の最中にも、ベルリンの建築を総力をあげて完遂することを要求したばかりでなく、改造都市の指定を受けた町の数を大管区指導者の甘言を入れて、雪だるま式に増加させた。最初はベルリン、ニュルンベルク、ミュンヘン、リンツだけであったが、個人的な命令で、ハノーバーやアウグスブルク、ブレーメン、ヴァイマールなどを含めた二七の都市を、いわゆる改造指定都市と宣言した。私や他のだれも、このような決定の合目的性については相談を受けなかった。それどころか、私はただその命令の写しだけを送ってもらっていたに過ぎず、それもヒトラーがそのときどきの会談の後で形式を無視して作ったものだった。当時の計算によると、ボルマンが一九四〇年十一月二十六日に書いているように、都市改造費は党の計画によれば、建設費総額は二二〇億から二五〇億マルクくらいだった。

私は、それがため忙しくなると考えて、まずヒトラー命令による国内の全建設計画を私の権限の下に置こうと試みた。しかしこれがボルマンの反対でだめになった。私はいろいろな問題について考えた。病気が回復した一九四一年一月十七日、私はヒトラーに、私に委任されたニュルンベルクとベルリンの建設だけに集中するほうがいいのではないかと進言した。ヒトラーはすぐに同意した。「それでもかまわない。君がごく一般的な雑務で失われてしまうのは惜しい。必要とあれば、私の名によって、総統である私は、君の本来の芸術的任務に専念できるように、君が望んでいない仕事に参加しなくともよいと説明してもいい」

この全権を私は最大限に利用した。そして数日間に私は党内のすべての役職を辞任した。当時の行為を正しく判断してみると、あれは多分私に対してはじめから否定的だったボルマンに向けたものであったろう。もちろん私は、ヒトラーがときどき私をかけがえのない人物といっていたので、失脚の危険はまずないと安心していた。ときには、私にも隙があった。そんなときには、ボルマンは満足そうに大本営を通じて激しく私を叱責《しっせき》した。たとえば、私がベルリンの新地区の教会建設について新教とカトリックの教会の幹部たちと協定を取り決めたときに、ボルマンはつっけんどんに、教会なんかに建設用地は譲れないと決めつけた。

ヒトラーは一九四〇年六月二十五日、「勝利確保」の総統令を出して、ベルリンとニュルンベルクの建設の即時再開を命じた。数日後、国務大臣のラマース博士は、「総統令であっても、この戦争中にベルリン改造を新規に始める考えはない」と述べた。しかしヒトラーはこの意見に同意しないで、世論の反対をおしきっても、建設工事の続行を命じた。彼の強い要求で、ベルリンとニュルンベルクの建設は、戦時中であるにもかかわらず、予定期限の一九五〇年までに完成すべきだと決定された。彼に迫られて、私は「総統緊急計画」を決めた。ゲーリングが一九四一年四月半ば、これに必要な鉄材として、年間八四〇〇〇トンを割り当ててくれた。世論を欺くためにこの計画は「戦時計画――ベルリン水路・鉄道建設」という名称にした。四月十八日、私はヒトラーと、この措置によってはっきりした、大ホール、国防軍最高司令部、内閣官房府、総統官邸等の完成期限について話し合った。つまり、戦争中にもかかわらず、「アドルフ・ヒトラー広場」をぐるりと囲んでいる彼の権力の中心部について、彼は依然として関心をもっていた。同時に、この建物の建設のために、ドイツで最優秀な七つの建設会社が一つになり、共同建設集団をつくることになった。

対ソ戦争を目前に控えていたにもかかわらず、ヒトラーは特有の頑固さで、リンツのギャラリー用の絵画の選択を続けていた。彼は、おかかえの美術商を占領地区に送りこみ、絵画市場を隈《くま》なく捜させた。こんなふうにしてまもなくゲーリングの美術商とヒトラーのそれとのあいだで絵画戦争が始まった。ゲーリングが悪辣《あくらつ》な方法をとり始めたので、ヒトラーはついにゲーリングを叱りつけ、美術商の一応の序列がつくられた。

茶色の皮表紙にとじられた、数百点の絵画の写真がはられた大きなカタログが、一九四一年オーバーザルツベルクに届いた。ヒトラーはこの絵画をお気に入りのリンツのギャラリーをはじめとして、ケーニヒスベルク、ブレスラウその他の東部地方のギャラリーに配分した。ニュルンベルク裁判で、私は訴訟の証拠物としてこの茶色の本に再びお目にかかった。絵の大部分はローゼンベルクのパリ事務所の手によってフランス国内のユダヤ人から奪ったものだった。

ヒトラーは有名なフランス国有の美術コレクションにはめったに手をつけなかった。しかし、彼は時折り、平和条約が締結されると、最上の美術品をルーヴル美術館から賠償の一部としてドイツに引き渡されなくてはならない、と主張した。もちろんヒトラーは、自分の個人的な目的のために権威を利用するようなことはなかった。占領された地域で彼に買いとられたり、差し押えられた絵画を、彼は一点も個人所有にはしなかった。

これに反してゲーリングは、美術コレクションを戦争の最中に手段を選ばず拡大した。ベルリン郊外の別荘カリンハルのホールや部屋には三段にも四段にも、貴重な絵がかけてあった。壁に場所がなくなると、彼は一連の絵をはめこむために玄関ホールの天井も利用した。装飾のいっぱいある自分の寝台の天蓋にまで、ヨーロッパを表現する等身大の裸婦の絵を飾らせた。彼はまた自分を美術商だとも自認していた。彼の屋敷の二階の大ホールの壁は絵でいっぱいであった。この絵はすべて有名なオランダの美術商の所有だったが、オランダ占領後、非常に安い価格でゲーリングに引き渡されなくてはならなかった。彼が子供のようにあどけなく笑いながら話したところでは、彼はこの絵を全部戦争の真っ最中に大管区指導者たちに数倍もの高値で売りつけた。彼の考えによると、「有名なゲーリング・コレクションから」という評判のためにも、多少高く値段をつり上げた。

一九四三年ごろのある日、ゲーリングがヴィシー政府に、ルーヴル美術館の著名な絵と自分のコレクションのうちのつまらないいくつかの絵を交換するよう要求した、と私はフランス側から報告を受けた。私は、ルーヴルの国有コレクションを破損してはならないというヒトラーの考え方にもとづいて、このような圧力に屈する必要もないし、また、必要とあれば私のところにくればよいとフランスの連絡官に保証してやった。ゲーリングは断念した。ある日、ゲーリングは、ムッソリーニが南チロルについての合意の後、一九四〇年冬、彼に贈ったという有名なステルチンクの「祭壇」を見せてくれた。ヒトラー自身も、「第二番目の男」の貴重な美術品収集の手口にときどき怒ってはいたが、あえてゲーリングには反対しようともしなかった。

戦争も終わりのころ、ゲーリングは異例にも、私の友人ブレーカーと私をカリンハルでの昼食に招待した。食事は贅沢《ぜいたく》なものではなかった。ただ、私を不愉快にさせたのは、私たちには食事の終わりにごく普通のコニャックを出したのに、彼は給仕から、埃《ほこり》のかぶった古いビンからものものしく注いでもらっていた。「これは私だけにとってあるのだ!」と彼は遠慮なく客にむかっていい、しかもフランスのどこの城でこの珍品を見つけたかを詳しく話した。彼はその後で、上機嫌に、地下室に隠してあった宝物を見せてくれた。その中には、一九四三年末の撤退のとき一緒に持ってきたというナポリ博物館の重要古代美術品も含まれていた。同じように収集家の誇りにみちた彼は、私たちにフランスのシャボンや香水類をチラッと見せるために箪笥《たんす》を開けさせた。それは数年使ってもたりるほどの数量だった。この見せ物の最後を飾って、彼は数十万マルクもするダイヤモンドや宝石類の収集品ももってきた。

ヒトラーの絵画購入は、彼がリンツの絵画コレクション充実のために、ドレスデン美術館長ハンス・ポッセ博士に全権を与えたので、一応終了した。それまでヒトラーは自分で競売カタログから選んでいたのであった。ポッセ博士は時によっては、ひとつの任務に対して二、三人の競争相手を決めておくというヒトラーの例の原則の犠牲になったこともあった。なぜなら、ときにはヒトラーは、べつに制限をつけずに写真師ホフマンと他の美術商に、別々に買い入れを頼んだりもしたのだ。そこでヒトラーの代理人たちは、他の買い手たちが脱落した後も、互いに買い値をつりあげていたのだった。ベルリンの美術商ハンス・ランゲがある日私に、おかしな事実を話してくれた。ポッセの任命の直後、ヒトラーは宝物が隠してある防空壕の中で、グリュッツナー収集を含めたこれまでの買い物をみせた。ポッセとヒトラーのためのいすが運ばれ、絵が次から次へと親衛隊隊員によって運ばれてきた。ヒトラーは自分のお気に入りの絵を大げさに賞めたが、ポッセはヒトラーの地位にもまた、おしつけがましい親切な態度にも感動しなかった。専門的に、公平に、彼はこのたくさんの高価な収集物を拒否した。「使いものにならん！」とか「私の考えている美術館にはふさわしくない」といった。ヒトラーは、専門家と対座している時は、たいてい、その批判をそのまま受け入れた。ポッセはヒトラーがお気に入りのミュンヘン派の絵の多くをはねつけてしまった。

対ソ戦の開始

一九四〇年十一月半ば、モロトフがベルリンにきた。ソヴィエト外相とその同行者が細菌を恐れてすべての食器類、ナイフ、フォークとかを熱湯消毒したという、主治医カール・ブラント博士の報告を受けて、ヒトラーとその食事仲間は大笑いした。山荘の居間には大きな地球儀がおいてあったが、私はそこで、数か月後に不成功に終わった協議の結果を知った。副官の一人が意味ありげにウラル付近の北から南への簡単な地図を鉛筆の線で示した。ヒトラーが自国の利害圏と日本の勢力圏の将来の境界線を書き入れたものだった。一九四一年六月二十一日ソヴィエト攻撃開始の前日、ヒトラーは食事の後で私をベルリンの居間に招き、リストの「前奏曲」の中の数小節を演奏させた。「この曲を君は今にたびたび聞くようになるだろう。これが対ソ戦の勝利のファンファーレの曲である。フンクがみつけたのだ。どう思うかね？　花崗岩《かこうがん》と大理石の原石はロシアでは欲しいだけいくらでもとれるのだ！」

ヒトラーは、ここで彼の誇大妄想狂振りを露骨に示した。ここ数年来の建築の中でも暗示されたことが、新しい戦争によって、ヒトラーがいつもいっているように血によって証明されたのである。アリストテレスは、『政治論』の中で、「最大の不正は貧窮によって起こされるのではなく、過度に物を求める人によって起こされるということは真実だ」と書いている。

一九四三年、リッベントロップの五〇歳の誕生日に、二、三人の親しい協力者たちが条約と協定の写しを入れるための豪華な宝石で飾られた書類箱を贈った。「書類箱を一杯にしようと思ったら、本当に困ってしまうだろう。自分たちが守った条約は本当にごく少ししかない」とリッベントロップとヒトラーとの連絡官のヘーヴェル大使がいったとき、ヒトラーはあまり大笑いしたので涙をこぼすほどだった。

戦争初期のときのように、明らかに、世界大戦を決定する段階でこのような大規模建設計画を、あらゆる手段を講じて遂行するという考えは、私に暗い気持ちを与えた。一九四一年七月三十日、破竹の勢いで怒濤《どとう》のドイツ軍がソヴィエトに侵入しているころ、私は「ドイツ建設経済全権委員」のトット博士に、戦争にとって必ずしも必要でない、戦争に決定的な重要性をもたないような建設を全部中止すべきだと提案した。トットは当時戦況が有利だったので、戦線がうまくこの問題の解決を数週間のばしうると考えた。ところが、何の反響もなかったのでそのままになってしまった。ヒトラーは制限することを好まないで、自分のお気に入りの計画であるアウトバーン、党関係の建築、ベルリン建設計画のときのように、彼の個人的な建設に必要な資材、労働力等を余り軍需生産にさくことはなかった。

一九四一年九月中ごろロシアへの進攻が予想に反してのびなかったとき、ヒトラーの指令によって、ベルリン、ニュルンベルクの建設事業用花崗岩供出についてのスウェーデン、ノルウェー、フィンランドとの契約がかなり強化された。ノルウェー、フィンランド、イタリア、ベルギー、スウェーデン、オランダ等の代表的な石材業者に、三〇〇〇万マルクの注文が出された。膨大な花崗岩をベルリンやニュルンベルクに輸送するために一九四一年六月四日、専用輸送船団と、ウィスマールとベルリンに積載能力一〇〇〇トンの一〇〇〇艘《そう》の艀《はしけ》を建造するための造船所が作られた。

平時用建築の中止という私の提案は、ロシアで一九四一年冬の破局が起こりはじめたときでも、まったく受けいれられなかった。十一月二十九日、ヒトラーは私に率直にいった。

「私は戦争中でも建設は中止しない。戦争なんぞで、自分の計画の実現が邪魔されてはならない！」

ヒトラーはその建設計画の実現のみに固執したわけではない。ロシアでの最初の成功後、戦車の数を増加した。そして花崗岩でできた土台の上の道路の彫刻的装飾を補修して、尚武的な印象を与えようとした。一九四一年八月二十日、私はヒトラーの命令で、ベルリン兵器廠管理庁のローライ海軍中将に、南駅と凱旋門（建設計画中）の間に、約三〇〇門の捕獲重砲を並べる予定だと伝えた。ローライはあきれていた。大通りのほかのところと車軸にもヒトラーは同じように大砲を置きたいとの考えであったので、結局、約二〇〇門の重砲が必要であると、私はヒトラーに説明した。重要官公庁の建物の前には、特に大戦車を置く予定だった。

東方の町々

ヒトラーが、ゲルマン帝国《ライヒ》の構成についていかなる構想をもっていたかは、まだはっきりとしていなかったように思えたが、一つの点だけ確かなものがあった。ノルウェーのトロンハイムのすぐそばに、戦術的に有利な位置にドイツ最大の海軍基地が置かれ、造船所、ドック設備をもつ二五万人のドイツ人の町がつくられて、ドイツ帝国に組み入れられることになった。ヒトラーはその計画を私に委託した。一九四一年五月一日、私は海軍総司令部のフクス中将から大きな国立造船所に必要な敷地についての報告を受け取った。六月二十一日、レーダー海軍大将と私は内閣官房府で、ヒトラーにこの計画に関して説明し引き続いて町の大体の位置を決めた。ヒトラーは一年後の五月十三日、軍需生産会議の間中、この基地のことに熱中した。彼は、特殊な地図でドックのための最適の地点を調べ、花崗岩を爆破して、そこに潜水艦地下基地をつくるよう命じた。ヒトラーは、また、最高の地理的条件にあるフランスのサン゠ナゼールやロリアン、イギリス海峡にある英領諸島を、将来の海軍基地網にとり入れようと構想した。自由気ままに、彼は、他人の基地であろうと、その利害関係や権利は考えず、彼の世界権力構想は限界を知らなかった。占領下のソヴィエト地域にドイツ人の町をつくる意図も、同じ発想であった。冬季敗戦の最中、一九四一年十一月二十四日、東部占領地域担当大臣アルフレート・ローゼンベルクの代理者、大管区指導者マイヤーが、私に都市建設局を引き受け、ドイツ占領軍と非軍事施設のための独立した計画、建設をするように提案したが、一九四二年一月末、私はこれを拒絶した。なぜなら私は、中央都市計画官庁が、都市の画一化をもたらすことを恐れたからである。そこで私は、ドイツの大都市の新建設を委託してはどうかと提案した。戦争初期、陸空軍司令部の建設を引き受けて以来、この組織はかなり拡大してきた。

緊急空軍計画

数か月後に私が用いた基準によると、一九四一年緊急軍事計画に動員された二六〇〇〇人の建築労働者は余りにも少なかった。この時点において、私は、戦争の成り行きに多少なりとも寄与しうるのだということに誇りを感じていた。私がヒトラーの平和計画のためにのみ働いているのではないということが私の良心を安らかにしていたのである。最も重要だったのは、空軍のＪｕ８８計画で、これは新しい双発長距離爆撃機の生産拡大を可能とするものであった。ブリュン、グラーツ、ウィーンにフォルクスワーゲン自動車工場より大きな三つの大工場が、初めてコンクリート・プレハブ建材を用い八か月間で完成した。一九四一年の秋以降、燃料不足は私たちの仕事を妨害した。我々の緊急優先権をもつ計画でさえも、一九四一年の秋以降、配分量が必要量の三分の一に、一九四二年一月はさらに六分の一に制限された。これなども、対ソ戦争がヒトラーの能力にはあまりにも重荷であったことを物語る典型的な例である。

それと並んでベルリン空襲の被害の跡始末や対空トーチカの建設が私に任されていた。私はそんな事情で、知らないうちに、軍需大臣的な活動に従事していたわけだった。こういったことにより、計画および緊急度の思いつきの変更は生産工程に障害をもたらしていたのを、下のほうではみな知っていたが、指導層の内部においても、力関係とか弊害があることを教えられた。

私は、ゲーリングの所の会議にも出席した。その時は経済的要求に反対して疑念を表明した。ゲーリングは、人望あるトーマス将軍を声高にどなりつけた。「貴様になんの関係があるんだ。私がやるんだ、私が！　それとも貴様が四か年計画の全権をもっているとでもいいたいのか。貴様は黙っていればいいんだ。この問題については、総統は私一人に委任されたのだからな！」

このような争いのときでもトーマス中将は、上司のカイテル大将の支持をまったく期待できなかった。カイテル自身、ゲーリングの攻撃をまぬかれたことを喜んでいた。国防軍最高司令部軍需局が熟慮の上作成した経済計画は、このような理由で実現しなかったし、ゲーリングも、私の当時知っている限りでは、その後何もしなかった。彼が何かをするときでも、その問題を徹底的に調べ上げる努力をしなかったし、彼の決断が、たいてい思いつきによっていたので、いつも混乱を巻き起こしていただけだった。

それから数か月後の一九四一年十一月、私は軍需用建設の全権委員ミルヒとトットの会談に参加した。ヒトラーは、一九四一年の秋、ロシアは完全に敗北したと確信して、次の行動であるイギリス打倒の準備のために、緊急に空軍装備の実現を命じた。ミルヒは命ぜられた義務に従って、ヒトラーの命令した緊急度に固執した。しかし、戦況から判断してトット博士は絶望的に考えていた。彼も、陸軍軍備の拡充という任務をもっていたが、彼は事実、この任務を緊急的に判断する権限をヒトラーから与えられていなかった。会談終了後、トットは自分の無力さを次のように述べた。「元帥閣下！　私を閣下の役所に入れて閣下の部下にすれば一番よいのです！」

一九四一年秋、私はデッサウのユンカース工場に、コッペンベルク社長と、我々の建設計画と生産意図を結びつけるために訪れた。彼は私を奥まった部屋につれていき、次年度のアメリカの爆撃機生産と我々のそれとを比較した図表を示した。私は党幹部にこの絶望的な数字について尋ねてみた。「まったくその通りです。が、だれも信じようとしないんです」と後になって彼はいい、涙を流した。それから間もなく、コッペンベルクはユンカース工場の責任者の地位から外された。困難な紛争に巻きこまれた空軍最高司令官ゲーリングは、一九四一年六月二十三日、ソヴィエト攻撃の開始の翌日、十分な暇があったので正装して私とトレプトウの彼の元帥府の模型を視察した。

最後の芸術旅行

二五年の間の私の最後の芸術旅行は、十一月八日、リスボンの「新ドイツ建築展」へ行くことであった。初めは、この旅行にはヒトラー専用機を使っていいことになっていた。しかし、ヒトラーの側近で酒好きなシャウプ副官や写真師のホフマンらがこの飛行に加わりたいといってきたので、私は、自分の車で行くことにし、側近連中を追っ払うことにした。私はブルゴスやセゴビア、トレド、サラマンカ等の古い町々を見物した。規模においてはヒトラーの総統宮殿と比較しうるエスコリアル宮殿も見たが、フェリペ二世がこれは宗教以外の目的で宮殿の中心部を僧院で取り囲ませたものであったが、ヒトラーの建築理念とは何という違いだろう。ここの内部構造はきわめて簡素さと純粋さが巧みに制御されたすばらしいものであったが、ベルリンのものは華麗さと過度の顕示欲のあらわれにすぎなかった。この建築家フアン・デ・エレーラ（一五三〇—九七）のメランコリックな作風は、ヒトラーの勝ち誇ったような顕示芸術よりも、今我々の置かれている不利な戦況にはよりふさわしいもののように思われた。たった一人で見学した数時間のうちに、私は初めて、自分の建築理念が迷路に陥っていることに、ぼんやりと気がついてきた。

私はこの旅行の途上、フラミンク、ドラン、デピューのようなフランスの友人たちを訪問した。彼らはベルリン計画のモデルを既に見ていたので、改めて我々の計画と建造物については発言しなかった。いずれにせよ、この展覧会の印象については何一つ記録が残されていない。私はこの人たちとパリ滞在中に知り合い、私の事務所を通して、ときどき注文を出していた。奇妙にも彼らには、ドイツの建築家たちよりもずっと自由があった。戦時中でもパリの秋季サロン展には、ドイツでは堕落芸術とみなされている絵が出品されていた。ヒトラーもこの展覧会のことを聞いていたが、反応は意外であり、また論理的でもあった。「我々は、精神的に健全なフランス国民に関心はもっていない。堕落させておきたまえ。そのほうが我々にはずっと都合がいい！」と。

ロシア戦線の危機

私がリスボン旅行をしているうちに、東部最前線の交通は、破局的状態になりつつあった。ドイツ軍はロシアの冬に馴れていなかったのである。その上、ソヴィエト軍は、退却のときに機関倉庫、給水塔、その他の鉄道技術施設を全部めちゃめちゃに破壊してしまったのである。夏季、秋季の戦闘の大成功に喜び、「ロシアの熊はカタがついた」と思われていたころには、だれもこの状態を考えていなかった。ヒトラーも、ロシアの冬に備えて、あらかじめ交通網を技術的に整備しておかねばならないことを、理解しようとしなかった。

国有鉄道の高官や陸、空軍の将校から、私はこの困難な状態を聞いていた。そこで、私はヒトラーに、私の指揮下の六万五〇〇〇人の中から三万人を鉄道施設の復旧にまわしてはどうかと提案した。ヒトラーは一四日間もためらった後、やっと一九四一年十二月二十七日になってこの提案に同意した。十一月の初めにこの問題を緊急に解決させる代わりに、彼は戦況が不利にもかかわらず、凱旋用建築も指定の期日までに完成させることを決めるなど、現実の状況についてまったく無知であった。同じ日に、私はベルヒテスガーデンの湖のそばのトットの質素な家を訪れた。全ウクライナが私の活動範囲と決められ、アウトバーン工事に従事していた技師と労働者が、中部、北部ロシアの地域へ派遣された。トットはちょうど東部戦線の視察旅行を終えて帰ってきたところだった。彼は発車不能になった負傷兵専用列車を見てきた。その中では、負傷兵が凍えていた。そしてまた、雪と寒さによって閉ざされてしまった村々や小さな町の駐屯部隊の悲惨さと、ドイツ兵士たちの不満と疑惑をも見てきた。彼は、我々が肉体的にこのような難行に耐えられないばかりか、精神的にもロシアの国土で滅びてしまうだろうと、重苦しく悲観的に結論した。「この戦争では、あらゆること、たとえば悪天候にも耐えうるような原始的な人間が勝利を収めよう。我々はあまりにも神経質すぎる。だから負けてしまうだろう。結局、ロシア人と日本人が勝つだろう」と彼はつけ加えた。

あいかわらずのヒトラーの建築熱と趣味への病的な固執性が、ものまね好きな側近たちの間に波及し、同じような一連の計画をつくらせて、勝利者の生活様式へと誘惑していった。私には、当時既に、この決定的な時点でヒトラー体制が、民主的な政治体制に劣っていることが現われていると思った。なぜならば、世論の批判は、こうした弊害をまったく指摘せず、まただれもそれを取り除こうと要求しなかった。一九四五年三月二十九日付けのヒトラーあての最後の手紙の中で私は「一九四〇年の勝利の日の最中に、いかに指導者の大部分が内面的姿勢を失っているかという事実を見たときは悲しかった。この時こそ、我々が礼儀・謙譲によって、摂理に向かって真実を確証すべき時だった」と、私の当時の体験について述べた。

　この手紙は、開戦五年後に書かれたのであったが、いかに私が当時、誤りを悟り、不正に悩み、批判を試みたか、そして疑惑と懐疑とに苦しんだかを証明している。こんなことで、ヒトラーと彼の指導者層が勝利を失うということを私は心配していたのだ。一九四一年の中ごろ、ゲーリングは我々のパリ広場モデル地区を視察にきたとき、愛嬌のある目つきで、私に異例な見解を述べた。「私は、君がドイツのもつ、総統の次に偉大な男だと思うと総統に申し上げたことがある」。しかし、ヒトラーに次ぐ二番目の地位にある彼は、その言葉の意味を訂正しなくてはと思った。「君は私の目に映る限りの最も偉大な建築家だ。私が総統の政治的軍事的才能を高く評判しているように、私は君を君の建築上の仕事で、高く評価しているといいたい」。ヒトラーの建築家として九年間過ごした後に、私は攻撃されることのない地位をうるのに成功した。次の三年間は、実際、一時的にはヒトラーの次に重要な人物にされた任務が与えられるほどだった。

第II部

第14章　新しい任務へのスタート

ラステンブルク大本営

古くからのヒトラー崇拝者で、南ウクライナのロストフ・ナ・ドヌー近くで、ロシア人に撃破された親衛隊装甲軍団司令官であるゼップ・ディートリヒは、一九四二年一月三十日、総統専用機隊の飛行機でドニエプロペトロフスクに飛んだ。私は彼に便乗させてくれるように頼んだ。私のチームは、既に南ロシア鉄道施設の復旧準備のためにこの町に移っていた。自分のために飛行機を用意させるといった考えなど思い浮かばなかった。それは、私が戦時下での私の価値を過小評価していたことのあらわれでもあろう。

旅客機に改造されたハインケル爆撃機の中に、我々は、押し合ってすわっていた。下には絶望的に雪でおおわれた南ロシアの平原があった。大きな農場の納屋や家畜小屋は焼かれていた。方向を見失わないように、飛行機は線路に沿って飛んだ。列車も見えず、駅は焼け落ち、工場は破壊されていた。道路はまれにしか見当たらず、たまに見える道路にも車は見られなかった。飛行機の中にまで感ぜられる死んだような静けさが、飛ぶにしたがってますます重くのしかかってきた。ときどき激しい吹雪が単調さをやぶった。というよりも、むしろ単調さを強調していた。この飛行を通じて祖国からの補給線を断たれた部隊がどんな危険に陥っているかを私は知らされた。夕暮れ近く、私たちはロシアの工業都市ドニエプロペトロフスクに着陸した。

〈建設本部シュペーア〉が、寝台車に臨時宿舎を作ってくれた。数人の技師からなるこのグループは、専門的任務を責任者の名と結びつける当時の例にならってこう呼ばれていた。ときどき機関車から凍結防止のためのスチームが送られた。事務室兼居間に用いられた食堂車はひどく破損していた。鉄道線路の復旧は、想像以上に困難であった。ロシア人は、完全に駅を破壊してしまっていた。修理倉庫はないし、霜のつかない給水タンクもなく、駅には無傷な転轍《てんてつ》設備もなかった。ドイツでは、女子事務員の電話だけで済むようなこと、たとえば釘一本あるいは材木の調達ですら、ここでは大変な手数がかかった。

雪は降り続いた。鉄道と道路交通は完全に遮断され、飛行場の滑走路は雪でおおわれてしまった。我々は孤立してしまい、帰国を延期しなければならなくなった。労働者たちが訪れてくるので気が紛れ、戦友の夕べが開かれ、歌が歌われ、ゼップ・ディートリヒが演説をしたりして、お祭り気分であった。私はそこにいたけれども、修辞学的な無器用さのために何か一言しゃべる勇気もなかった。兵士たちの歌は非常に悲しいもので、故郷へのあこがれと、広いロシアの平原の虚《むな》しさを歌っていた。この歌が、第一線の兵士の精神的緊張をはっきりとあらわしており、部隊の愛唱歌になっている事実には学ぶ点が多かった。

そうこうしているうちに、戦況は深刻になってきた。ロシアの戦車小部隊が前進して、ドニエプロペトロフスクに近づいてきた。緊急防衛会議が開かれた。若干の銃と、置きっぱなしになっている火薬のない大砲のほかには、何もなかった。ロシア兵は、約二〇キロのところにまで近づき、野原を無計画にグルグルと走り回っていた。ここで彼らは、この戦争における典型的な誤りを犯していた。彼らは自分たちの状況をフルに利用しなかった。やっとのことで数か月前に復旧されたばかりの、木で造られたドニエプル長橋に行ってその橋を爆破してしまえば、ロストフ・ナ・ドヌーの東南付近にいる部隊を補給線から数か月にわたって孤立させることは簡単であったろう。

私という人間は、まったく英雄になる才能がなかった。私は七日間の滞在中、技師たちの貯蔵物資を減らしただけで、何もこれといって実行したものがなかった。私は雪の中を西方に突破してゆく汽車に乗ろうと決心をした。私の幕僚たちは、なごやかにほっとした感じで別れを告げた。一晩中、二、三〇キロの速力で走っては止まり、シャベルで雪をかいてはまた進んだ。夜明けに無人の駅にたどりついた時、私はかなり西のほうに来ていると思った。

丸焼けの納屋、二、三台の食堂車、寝台車からのぼっている蒸気、警備中の兵士たちに何か見覚えがあるように思えた。私は、ドニエプロペトロフスクに戻って来たのだった。汽車は大雪のため逆戻りしたのだ。沈痛な思いで私の建設スタッフ達のいる食堂車にはいると、彼らは、これには驚いたばかりでなく、少し嫌な顔すらしていた。彼らはチーフである私が行ってしまってから、この明け方までアルコールの在庫品を荒らしていたのだった。同じ、一九四二年二月七日、ゼップ・ディートリヒが往路と同じ飛行機で出発することになっていた。そこで、再び同乗させてくれるよう頼んだ。飛行場への道でもかなりの困難があった。

零度をはるかに下回った澄んだ空に嵐が荒れ狂い、吹きだまりを作っていた。詰め綿を入れた上着を着たロシア人が通りに何メートルも積もった雪を取り除こうとしていたがムダであった。我々が約一時間歩いてそこを通りかかった時、彼らの中の数人が私を取り囲み、詰問するように話しかけてきたが、私は彼らの話を一言も理解できなかった。突然彼らの中のある男が私の顔に雪をなすりつけた。私は凍傷を受けたと思った。というのは私は高山を歩くことについてはよく知っていたからである。ロシア人の一人が汚れた背広から真っ白な、清潔にたたんだハンカチを私をふくために取り出した時、私の驚きは増した。二、三のゴタゴタがあって我々は一一時ごろ、雪の吹き寄せを汚ならしく取り除いた飛行場を出発した。飛行機の目的地は総統専用機隊の基地である東プロイセンのラステンブルクであった。私の目的地はベルリンではあったが、かなりの距離を飛行機に乗れたことがうれしかった。こんな偶然のことから初めて東プロイセンにあるヒトラーの大本営を訪れることとなった。ラステンブルクに着くと、私は副官の一人に電話をかけた。多分彼はヒトラーに私が来ていることを告げるだろうし、おそらくヒトラーは私と面会することを望んだだろう。十二月の初め以来、私はヒトラーに会っていなかった。私にとってヒトラーからちょっとでもあいさつされることは特別な栄誉であった。総統専用自動車隊さしまわしの自動車で私は大本営に案内された。そこで私は、ひとまずヒトラーが、毎日将官、政治協力者、副官たちと一緒に食事をする食堂で十分に食事をした。ヒトラーは軍需大臣のトット博士が彼に報告をもって来ていたため彼の専用食堂兼居間で食事をしていた。その間に私は、輸送課長のゲルケ大将や鉄道部隊の司令官たちとウクライナで我々が直面している困難について話し合った。

ヒトラーもまじえた多人数での夕食が終わってからも、ヒトラーとトット博士の話し合いは続けられた。夜もおそくなってトットは長い困難な仕事を終えてくたくたになって戻って来た。彼は意気消沈した様子であった。彼は私のとなりに来てすわったが、しばらくの間、不機嫌の理由については何もいわないで黙ってワインを飲んでいた。ふとした会話から偶然に、トットが翌朝ベルリンへ帰る予定であり、その飛行機には空席が一つあることがわかった。彼が気持ち良く私を同乗させてくれることになったので、私もこれで長い汽車旅行をしないですむこととなりひと安心した。トット博士が少し眠りたそうな様子だったので、翌早朝の出発時間を決めて彼と別れた。

まもなくヒトラーの副官が来て私をヒトラーのところに招き入れた。既に夜中の一時ごろであったが、ベルリンにいたころはしばしば我々の計画について熱中していたことのある時間でもあった。

彼の部屋の設備はきわめて質素であって、クッションやいすさえなかった。ヒトラーも疲れ切って不機嫌な様子であったが、ベルリンとニュルンベルクの設計について話しているうちにみるみる元気を回復してきた。彼の蒼白な皮膚の色も生きかえったようにみえた。そのうち彼は私が南ロシアを訪れたときの印象を説明させ、おもしろい質問を間にはさんで私の話を続けさせた。鉄道設備の復旧にともなう困難さ、吹雪、理解しがたいロシア軍戦車の行動、哀調をおびた歌がうたわれる兵隊の会合等、あらゆることが次から次へと話題にのぼった。兵士たちの歌の話をしていた時に彼は注意深く歌の内容について質問した。私はカバンから当時もらった歌集を取り出し彼に渡した。私はこれらの歌が敗北的な精神状態を明白に表現していると思ったが、しかしヒトラーは同時に敵の意識的な悪意ある働きかけであると確信した。彼は私の説明によって、何かつかめそうだと信じこんだのである。戦後になってようやく私は、彼はこの歌集の印刷責任者を軍法会議にかけるように命令したことを聞いた。

このエピソードはヒトラーの絶えざる不信感を物語っている。真実を知らされていないという不安感のうちに、彼はこのような個々の観察から重要な結論を引き出すことができると確信していた。そのために彼はたとえ部下が大した洞察力を持っていないとしても、いつも部下の者に質問するという傾向があった。この傾向は、ときには的を射ていることもあったが、このような不信感が、彼を些細《ささい》なことにまで立ち入らせることになっていた。この不信感こそまさにヒトラーの生活の要素であった。この点に戦線におけるできごとと戦線の気分から、彼がまったく孤立していた原因の一つがあった。というのも、彼の側近たちが、権限のない報告者の訪問を極力しりぞけていたからである。

トット博士の死とその後任者

午前三時近くなってベルリンへ帰るつもりでヒトラーに別れを告げた時には、五時間後に出発予定のトット博士の飛行機に乗るのをとりやめることにした。私は非常に疲れていたので少しばかり眠りたかったのだ。小さな寝室で私は考えた。ヒトラーの側近のだれかがヒトラーと二時間も一緒に話をしていてもだれもヒトラーにそんな話をしなかったのかしら、また、私はどんな印象を彼に残したのだろうか。私は満足だった。私は改めて彼と共同で計画中の建築物を建てる確信を得たのであった。しかしその実現も我々の軍事的状況のために疑わしくなって来たのではあるが。この夜に我々は、過去の計画を現実的なものと考え、さらにいまひとたび幻覚的楽観主義にまで上昇させたのであった。

翌朝私は電話の音で眠りから引き戻された。「トット博士の飛行機がいま墜落し、博士は死んだ」。この瞬間から、私にとってすべてのことが変わっていった。

トット博士と私との関係はこの二、三年のうちに際立って密接なものとなっていた。私は思慮に富んだ先輩を失ってしまったのである。若干の共通点がトット博士と私を結びつけていたのであった。我々は、ともに裕福な市民の出身であり、バーデン州生まれの同郷人であり、その上、工学を勉強していたのであった。また我々は自然を、特に山小屋生活やスキー旅行を愛しており、ボルマンを大嫌いであった。かつて、ボルマンが道路工事でオーバーザルツベルクの風景を破壊してしまったことから、トット博士はボルマンと深刻な争いをしたこともあった。私は彼から妻同伴でよく招待された。トット家はベルヒテスガーデン地方のヒンター湖から離れた小さな質素な家に住んでいた。こんなところに、有名な道路技師でアウトバーンを作った人が住んでいることを、だれが想像し得たであろう。

トット博士は当時の政府のなかでは最も謙虚で控えめな性格の持ち主であり、決して奸《かん》策《さく》などをめぐらさない信頼のおける人物であった。技術家によくみられるような感受性と冷静さとをそなえていたので、彼は国民社会主義の国家の指導層とはあまりそりが合わなかったのである。彼は党の連中とは個人的接触を持たないで、孤独にひきこもって暮らしていた。ヒトラーの食事仲間にさえ、たとえそこでどんなに歓迎されようともほとんど姿を現わさなかった。この控えめな態度が彼にまた特別の声望を与えていた。どこに行っても彼は関心の的であった。ヒトラーは、トット博士とその業績に対して崇拝に近いまでの特別の尊敬を払っていた。いっぽうトットは、古くからの忠誠な党員であったが、自分自身の独自の立場を守っていた。一九四一年一月、私がボルマンやギースラーといざこざを起こした時、トットは私に国民社会主義の指導層の活動方法に対してまったくあきらめている、といったような次のような手紙をくれたのであった。

「おそらくは、私の経験と、本来一緒に働くべきであったすべての人々に対する苦い失望感とは、あなたの体験もまた時代に条件づけられたものとみるべきことを、あなたに教えるでしょう。そして、私がだんだんと切り抜けて行った考え方が、多分、精神的にあなたにいくらかでも助けになるでしょう。ことにこのような大事件のさいには、いかなる活動にも反対者があり、行動するものはすべて競争相手を持ち、残念ながら、だれでも敵をもつが、それは人間が敵となることを望んでいるからではなくて、他の人間が他の考え方を受け入れねばならないという任務と状況にあるからでしょう。こんなことすべてを払いのけるために、おそらくあなたは青年時代にもっともいい道を選んだのでしょう。それなのに私は今も自分で苦しんでいる」

総統大本営の食堂で朝食を取っているとき、だれがトット博士の後継者となるかと活発に議論されていたが、トットに代わる人物はいないという点で全員が一致していた。トット博士は三つの大臣を兼ねていたのである。ドイツ道路総監であり、水路・エネルギー総監でもあり、さらにヒトラーの代理者として軍需大臣でもあった。ゲーリングの四か年計画では、建設部門を担当し、さらにトット機関をつくり、独仏国境要塞と大西洋岸に潜水艦基地施設や、北部ノルウェーから南フランスまでの占領地域とロシアに道路を建設した。このようにトットは、この二、三年最も重要な技術的な任務を一手に握っていた。当初は形式の上ではこれらの任務は各種の官庁にわかれていた。しかしトットが党組織内での技術局と同時にすべての技術団体の連合会の指導部を握っていたのであり、彼は将来の〈技術省〉の構想を描いていたのであった。

トットが握っていた任務のうち主要な部分が私に引き継がれるであろうことが、この時すでに明らかであった。というのも、ヒトラーが一九三九年の春、独仏国境要塞ジークフリート線の視察に行った時に、もしトットに何か起こったときには私に建設の任務を与える考えであるといったのである。一九四〇年の夏、ヒトラーはトットの仕事があまりにも過重であることを私に話すために、私を官邸執務室に呼んだのである。ヒトラーは全建設事業と大西洋岸における建築物を私に委任する決心をしたのだった。私は当時、建設と軍備とは密接に結びついているから、一人の管轄においたほうがいいということをヒトラーに返答した。ヒトラーはその後この話にふれなかったので私もそのことを他の人には話さなかった。この申し出がトットを傷つけるばかりでなく、その声望をも損ねることになったであろう。

午後一時ごろ、第一番にヒトラーに呼ばれたとき、私はこのような委任を受けるだろうと覚悟していた。彼の副官シャウプの顔がことの重大さを語っていた。ヒトラーは前夜とはちがって、国家指導者として公式に私を迎えた。立ったまま真剣かつ形式的に、私のトット博士に対するお悔やみを受けたが、それにはほとんど答えもしないで単刀直入にいった。「シュペーア君、私は君を大臣トット博士のもつすべての官職の後任者として任命します」。私は狼狽《ろうばい》した。彼はすでに私のほうに手を出して別れのあいさつをしようとしていた。しかし彼の言葉があいまいであったので、私はトット博士の建設任務についてのみ博士の代行をするよう努力すると答えた。そうではなく、「博士の官職の全部、軍需大臣としての役職についてくれたまえ」「しかし、私には何もわかりません」「私は君がその仕事を遂行することを信頼する」と、ヒトラーは私の話をさえぎった。「君のほか適任者はいない。直ちに本省と連絡をとり、仕事を始めなさい」「総統！　このことを私に命令していただきたい。命令なくしては私はこの任務を遂行する自信がありません」。そこでヒトラーは、簡潔な言葉で私に命令を下し、私はこの命令を無言で受けとった。

今まで我々の間にあったような、個人的な言葉を交わすこともなく、ヒトラーはほかの仕事のほうに移っていった。私は別れを告げたが、今から変化すべき仕事のやり方の最初のテストを体験することとなった。ヒトラーはこれまで私にある意味で建築家として同僚的な好意を示していたが、この瞬間から彼の部下である大臣として、職務上の関係の一定距離を保つという新しい段階が感じとられた。

私がドアのほうに行こうとした時に、シャウプがはいってきた。「総統！　国家元帥が参り、総統と至急お話ししたいそうです。彼を招いたのではないのですが」。ヒトラーは、不快そうな表情をみせた。「彼をこさせなさい」。それから私のほうを向き「もう少しここにいてくれたまえ」。活気にあふれてゲーリングがはいって来て、激しい調子で弔意を表する言葉を述べてからいった。「私がトット博士の四か年計画の任務を引き受けるのが最善でありましょう。そうすれば過去において彼の立場上、私のほうとの間に生じた軋轢《あつれき》やいざこざを避けられるでしょう」。ゲーリングは、総統大本営から約一〇〇キロ離れたロミンテンの狩猟場から特別列車でやって来たのである。不幸が九時半に起こったのだから彼は非常に急いだことであろう。ヒトラーはゲーリングの申し出に一言も答えないで、「私はすでにトットの後任を任命した。ここにいる国務大臣シュペーア君が今からトット博士の全役職を引き継ぐ」。この発言があまりにもはっきりしていたので、異議を唱える余地がなかった。ゲーリングは驚き、狼狽しているようだった。二、三秒後、彼は気を落ち着けたが、ヒトラーの発表には不機嫌そうに無言で同意した。「総統！　私がトット博士の葬儀に列席しないことを承諾していただけますね。あなたは私が彼とどんな対立関係にあったかご存知のはずです。私は葬儀に出席いたしません」。私は大臣としての生活での最初の職務上の会談に啞然としていたので、ヒトラーがそれに対して何と答えたのかはっきりとは記憶していない。しかし、ゲーリングがトットとの不和を世間に知られないように、葬儀に列席することを結局承知したことは覚えている。国家の第二番目の地位にあるものが故大臣の国葬に出席しないということは、形式的・外面的なことを重んじるこの機構のもとではあまりにも異常であり、目立ちすぎることであった。

明らかにヒトラーは、ゲーリングがトットの死を機に一挙にのし上がろうとしてくることを予期していたかのようである。そこでいち早く私を後任に任命したのだと、私は考えた。トット博士は軍需大臣としてヒトラーから委託された任務を工業への直接的命令によってのみ果たすことができた。しかしゲーリングは四か年計画の全権者として全戦争経済に対し責任があると感じていた。彼とその役所はトットの自主的な行動に対して自らを防衛したのである。一九四二年一月の中ごろ、死の二週間前にトットは、ある戦争経済会議に出席して、ゲーリングからガミガミと食いつかれたことがあった。ゲーリングはその日の午後フンクに、トットはもう今後会議に出席しないだろうといったことがあった。トットが空軍少将の軍服を着ており、大臣の官職にあるにもかかわらず、軍人の階級ではゲーリングより下級であったことがこのような場合にトットに不利に作用した。

この短い会談の後で一つのことが私にははっきりとわかった。即ちゲーリングは私の同盟者ではなく、万一私がゲーリングと衝突するような場合には、ヒトラーが私のほうを支持する用意があるように思えた。

ヒトラーはトットの死亡事件の後にも、仕事の間にこのような偶然の事件を計算に入れねばならないという冷静さと落ち着きを示していた。直接証拠はあげなかったが、彼は最初にこの不幸な事件にはなにかすっきりしないものがあるとの疑念を表わした。彼は秘密諜報部の仕業である可能性もありうると思っていた。こうした考えは、彼の前でこのテーマについて話されたときには直ちに怒りに変わり、ときにはまさに神経質な反応へと変わっていった。このような場合には、ヒトラーは無愛想にいった。「私はそれについてもう聞きたくない。今後この問題をとりあげることを禁じる」。ときには、彼はこう付け加えていった。「この損失が今日なおあまりにも私の心をかき乱しているので、私はこの問題について、だれとも話したくないことを君は知っていよう」

ヒトラーの命令で航空省は、飛行機の墜落はサボタージュ行為による責任ではないかどうか調べた。調査の結果は地上二〇メートルから射ちこまれた熱火焔によって爆発したというものであった。それにもかかわらず、ことの重要性にふさわしく航空大将自らが議長をつとめた野戦軍法会議は、いささかおかしな判定を下した。すなわち「特にサボタージュの嫌疑は存在しない。それゆえに、今後の処置は必要としないし、またその意図もない」。万一のことを考えて、トット博士は死ぬ前に鎧《よろい》戸棚の中に長年の個人的秘書のために多額の金を残していた。

新しい任務への不安

国家の存亡を左右しうるような重要な省の大臣を任命するのに、ヒトラーは恣意的なやり方をとったが、ここにはなんという危険さと軽率さがあったことか。私は党・経済界・軍隊に対しては典型的なアウトサイダーであったし、またそれまでは武器というものとはまったく無縁であった。というのは、私は兵隊でもなかったし、たとえば猟兵としてさえ一度も銃器を握ったことがなかった。しかしながら、好きこのんで非専門家の協力者を求めるというヒトラーのディレッタント的な傾向にはピッタリだった。これまでにも、彼はブドウ酒商人を外務大臣に、党御用哲学者を東部占領地域担当大臣に、爆撃機乗りを経済相に任じてきた。今度はよりにもよって建築家を軍需大臣に抜擢《ばってき》したのである。明らかにヒトラーは、指導的地位を素人《しろうと》で占めることを好み、シャハトのような専門家を生涯信用しなかった。

その前夜、大本営にクギ付けになり、トットと同乗するのを断わった結果、トロースト教授の死に続いて、またもや私の人生が他人の死によって決定されたということを、ヒトラーは特別な神の摂理とみなした。私が後に最初の成功を遂げたときに、彼はしばしば軍需生産を高めるためにはトットが不幸な目に遭わねばならなかったのだと力説した。その煩《わずら》わしいトット博士と比べると、ヒトラーは私をむしろ従順な道具と考えていた。

限りで今回の交代がヒトラーの側近たちを特徴づけている消極的選択の法則にも合致していた。というのも彼は、通常自分から申し出る人などを選んでその反論に答えていたので、側近にはいつも喜んで彼の意見に同意し、ただちに実行に移すというような連中を集めてきたからである。

今日、歴史家は、私の軍需大臣としての活動に若干の注目をしているが、それに反して私のベルリンおよびニュルンベルクの建築設計を副次的なものとして取りあげる傾向がある。しかし、私にとっては建築家としての活動こそ私の一生の仕事であったし、私は、この予期せざる任命を戦時における不本意な中断、すなわち一種の兵役として理解していた。私はヒトラーの建築家としての名声や評判を勝ちとる可能性を見ていたが、ヒトラーが展開する栄光によって重要な大臣になろうなどとは考えてもいなかったのである。それゆえ私は、戦争が終わったら再び建築家に戻れるようにヒトラーの同意を求めた。私がその必要性を考えたということは、個人的な決断においてすらヒトラーの意志にいかに依存しているかを示していた。ヒトラーは躊躇することなく同意した。彼も私を彼の第一の建築家として、彼とその国家にとってもっと価値ある仕事を完成させようと考えていたのである。その将来の計画について語るとき彼は時折りあこがれるようにいった。「我々のすべての建設計画を再検討するために、二、三か月、我々二人きりでどこかに引きこもりたい」と。しかし、間もなくヒトラーはこのような発言をほとんどしなくなった。

　私が大臣に任命された最初の反応は、ベルリンから二月九日にトットの専任補佐官コンラート・ハーゼマン高等参事官が総統大本営にやって来たことだった。トットにはより実力のある協力者がいたにもかかわらず、私の力量を試験しようとしてハーゼマンのような人物が派遣されてきたことを私は知った。ハーゼマンは、自分を通じて私のこれからの協力者たちの特徴を知ることができようといった。これに対し私は、自分でものをまとめていきたいと考えていることを、ごく手短に答えた。その夜私は、夜行列車でベルリンへ向かった。私は飛行機が好きでなくなっていたのだ。翌朝、工場や操車場の立ち並ぶ首都の郊外を通過するころ、まったく新しく膨大な技術的任務を、果たして十分に成し遂げられるのだろうかという不安が私を襲ってきた。私は新しい役職、いろいろの実際上の困難、大臣に求められる個人的要請等に対して能力があるのだろうかとかなり疑問を持ってきた。列車がシュレジエン駅に到着したとき、私の心臓はドキドキとして、自分自身気弱く感じたのであった。というのは、他人との交際ではむしろ消極的であり、集会でも大胆に振る舞う能力をもたず、会議の席上でも自分の考えを正確かつわかりやすく発表することすら上手にできない私が、この戦争において重要な地位につかねばならなくなったのだ。軍人ではなく芸術家とみなされていた私が、パートナーとなることを陸軍の将軍連中はどう考えるであろうか。事実、個人的な振る舞い方と権威の問題が専門的な任務と同様に大きな心配の種となった。

私の新たな仕事を管理する上で重要な問題が生じた。私はトットの旧部下たちが私を侵入者としてみていることを意識した。彼らは私を、トットの良き知人と知っていながらも、建設割り当ての分配にあずかろうとしてしばしば彼らの所にやってきた陳情人の一人としての私をも知っていた。長い間、彼らはトット博士と最も密接に結びついていたのである。初登庁後すぐに、私は主な協力者の部屋を訪問して、彼らが私のところに出頭する手間を省いた。また私は、トット博士在任中の執務室を、その調度品が私の趣味と合わなくとも、そのままでおくように指示した。一九四二年二月十一日の朝、私はアンハルト駅に厳粛にトット博士の遺体を入れた棺を迎えねばならなかった。この到着式と、次の日に私の建てた内閣官房府のモザイク広間で行なわれた葬儀で、涙にくれていたヒトラーの姿は私を驚かせた。簡素な埋葬式の合間に、トットの最も緊密な協力者の一人ドルシュが私に忠誠を保証した。二年後、私が重病になったときに、彼はゲーリングが私に対して仕組んだ陰謀劇に巻きこまれたのであるが。

最初の会議

私の仕事は直ちに始まった。航空省次官エアハルト・ミルヒ元帥が、二月十三日の金曜日に予定されている航空省の大広間での会議に私の出席を求めてきた。その会議で経済と同様に、三軍と経済界と一緒に軍備の問題が討論されるはずになっていた。私が少し準備しておきたいから、この会議を延期してくれないかと依頼したのに対し、ミルヒは、我々の間の良き関係にふさわしく即座に返答した。「全ドイツから主だった経済人が既に出発しております。もう延期することはできないでしょう」。私は承諾した。前日私はゲーリングに招かれ、大臣として初めて彼を訪問した。彼は心から建築家としての私に対してもっている良い印象について語り、今後も変わらないことを望んだ。ゲーリングはその気にさえなれば、自制的なややもすると格調の高い尊敬をふりまくことすらできたのである。

それから彼は、彼と私の前任者との間で取り決められていた文書と同じ文書が私に対しても用意されており、私がそれにサインするように要求してきた。その文書には、私の軍に対する任務のうち、四か年計画の問題に対しては、私は一切介入できないことが明記されていた。ついで彼は、そのほかの問題についてはミルヒのところでの会議でさらに明らかになるであろうと暗示して会談を閉じた。私は返事をすることなく同じような親しさをこめた調子で話を終えた。四か年計画は経済全体に関連するものであり、私は、ゲーリング側で予定されている取り決めによって行動の自由を失うおそれがあった。

私はミルヒのところの会議では、何か異常なものが私を待っているような気配を感じた。私はまだはっきりとそう確信したわけではなかったが、まだベルリンにいたヒトラーに私の懸念を打ち明けた。私の任命のおりにヒトラーが与えた印象からすると、私はヒトラーの支持をあてにすることができた。「そう、もし君に対して何かが企てられたり、あるいは、面倒なことが生じた時は、君は会議を退場して、出席者を閣議室に招集しなさい。そこで、私が彼らに必要なことをいおう」と彼はいった。閣議室は「聖なる場所」であり、そこに招かれることは深い印象を与えずにはおかなかった。ヒトラーが、私が将来一緒に協力しなければならないこのグループに対して発言してくれることは、私のこれからの活動にこの上もない力を与えるものであった。

航空省の大会議室はいっぱいになり、三〇人の工業界の最重要な人々が出席していた。その中には合同製鉄所取締役社長アルベルト・フェーグラー、ドイツ工業連盟会長ヴィルヘルム・ツァンゲン、国内予備軍司令官フリードリヒ・フロム上級大将、その部下の陸軍兵器局局長レープ中将、海軍造艦局長ヴィッツェル海軍大将、国防軍最高司令部の国防経済軍備局長トーマス中将、経済大臣ヴァルター・フンク、その他主だったゲーリングの協力者、四か年計画の各責任者等々であった。

ミルヒが主人の代理として座長を引き受けた。彼はフンクを右側に私を左側に招いた。彼は軍需経済における三軍の対立によって生じた問題について簡潔に説明した。ついで合同製鉄所のフェーグラーは、命令や反対命令、緊急順位についての抗争、あるいは絶えざる優先順位の変更等が生産面でいかに妨害となっているかを、きわめて冷静に説明した。結局は重要視されていない滞貨について今こそはっきりとした態度をとるべき時であった。だれかがこのことの処置をつけなければならない。それがだれであったとしても、工業界はそのことにいちいち介入してはいられないのだ。

続いて、陸軍上級大将フロムと海軍大将ヴィッツェルが発言し、若干の留保つきでフェーグラーの発言に同意した。また、ほかの出席者たちも同じような発言をして、内部的な指導を行ないうる人物が欲しいという希望を述べた。既に私も空軍軍備のための活動の間に、このような要請の緊急性を認めていた。そこで、フンク経済相が立ち、ミルヒのほうを向き直り、「我々の意見は全員が一致している。会議の経過がそれを示している。だれがこの人物になるかは、問題でしょう。ゲーリング元帥の信頼を受けているミルヒさんこそ、それに最もふさわしい人物である。私があなたにこの任務を引き受けるようお願いしたならば、皆さんの同意をうることは間違いありません」。彼は、こうした会議の席上としては珍しいほどの激しい調子でいった。

この発言は、明らかに事前に打ち合わされたものだろう。フンクの発言中に私はミルヒにささやいた。「会議を閣議室で続行しましょう。総統が直々に私の任務について話されるでしょう」

ミルヒは賢明にも、すばやく事態を理解して、フンクの提案に対し「ご信頼をいただいたことは大変光栄と存じますが、私はそれをお受けできません」と答えた。私はここで初めて発言した。私は総統の招待を伝え、同時におそらくは私の任務が問題になるであろうから二月十九日の木曜日、私の役所で討議を続けようと提案した。ミルヒは会議の閉会を宣した。

後日、フンクが私に告白したところによると、この会議の前日に、ゲーリングの次官で四か年計画の責任者ビリー・ケルナーが、ミルヒを全権者として推薦するよう強要したということだった。フンクは、ケルナーがゲーリングの了解なくして、彼にそんなことを頼めるわけがないとはっきりわかっていた。

この招待だけをとってみても、その実力関係において私は私の前任者トットよりもずっと強力な立場に立っていることを、出席者たちは、おそらく了解したであろう。

ヒトラーの後ろ楯

今やヒトラーは、私との約束を実行しなければならなかった。彼は執務室で簡単に私から報告を受けた。そしてしばらく一人にさせるよう私にいった。というのは多分メモを取るためであったのだろう。それから彼は私と一緒に閣議室にはいり、直ちに発言した。

約一時間にわたってヒトラーは戦争経済の役割について語り、軍需生産の根本的な上昇がいかに重大であるかを強調した。さらに工業の価値ある動員力について述べたあと、ゲーリングとの意見の衝突を驚くばかりの率直さで言明した。「四か年計画の枠のなかで軍備を完備できるはずがない。そこで、この任務を四か年計画から切り離し、それをシュペーアに引き継がせることが必要なのだ。ある人物に一つの役職を与え、またそれを取り上げることはありうることである。物量的な生産能力はあるが、ただ多くのものが放置されているにすぎない」

戦後、刑務所でフンクが私に語ったところによると、ゲーリングは権力剝奪《はくだつ》同様のこのヒトラーの発言を、強制労働者使用の告訴から免れるための証拠としてニュルンベルク裁判の文書に作成させたとのことであった。

ヒトラーは軍備の全体的な統一機関の問題に触れることは避けていた。彼はたとえ陸軍および海軍の兵器について話したとしても、空軍兵器については意識して避けていた。私もまたこの争点については避けた。というのは、慣例上、制度的にははっきりしない点があり、ただ政治的解決が必要だったからである。最後にヒトラーは、次のようなアピールでしめくくった。彼はまず第一に、建設における私の組織能力について説明し――出席者に確信させることはできなかったかもしれないが――私の新しい仕事は一つの偉大な個人の犠牲であると表現し――この難局に直面してはおそらく自明なことと思ったのであろう。――そして私の任務に支持を与え、公平に取り扱われるよう期待すると強調した。また、私に対しては慎重に振る舞えともいった。ヒトラーのこんな表現はまったく異例なことだった。何が私の本来の任務であるかについては、彼ははっきりといわなかったし、そのほうが私にとっても都合がよかった。

このような方法で、ヒトラーが大臣を紹介したことはいまだかつてなかった。さして権威主義的でない制度社会においても、こんなふうに新登場者を遇するのが最も有効な助力を意味したことであろう。この結果には私も当惑した。私はその後長く、このうつろで無抵抗の世界の中で働くこととなり、事実、望むことは何でもやることができたのである。私とともにヒトラーを総統官邸まで送ったフンクは、途中ですべてを私の自由に任せ、私を助けるためにあらゆることを尽くすことを心から誓った。その後彼は小さな例外こそあったが、この約束を守ってくれた。

ボルマンと私は、ヒトラーとともに大広間で二、三分の間おしゃべりをした。ヒトラーは上の部屋に戻る前に、工業界には、価値多い人材が多数いるから、できうる限り登用するよう、私にアドバイスしてくれた。ヒトラーはこれまでにもしばしば官僚機構は創意性をただ妨げるだけであると、非常な反感をもって語っていたし、大きな仕事は直接経済人にやらせるのが最善であると主張していた。この考えは私にとり目新しいものではなかった。私は自分の仕事の主たるものを工業技術者に遂行させるという意向をボルマンに示し、彼に保証させようとした。技術者の多くは周知のように党と関係がないから、党所属の有無を検討する必要をなくしたかったのである。

ヒトラーはこれに同意して、私の願いに対処するようボルマンに命じた。

一九四四年七月二十日の暗殺未遂事件まで、私の軍需省はボルマンの党官房の不愉快な干渉から免れていた。その晩、私はミルヒと語り合った。彼はこれまで空軍の軍備のため陸海軍と争っていたが、今後は、私に協力することを約束してくれた。初めの数か月間、彼のアドバイスは絶対に必要であった。そこから今日まで私とミルヒとの心からの友情が発展してきたのだった。

第15章　臨機応変の組織

ゲーリングの面子

次の会議まであと五日間ほどあったので、私は自分の考えをまとめておかねばならなかった。たとえ不明確な点があったにせよ、基本的なことは私にははっきりしていた。第一日目から、私はあたかも夢遊病者のように、軍備の成功が双肩にかかっている組織のかじを握ったのである。もちろん私は、もっと低い次元での軍備についての活動の間に、上層部には隠された多くの根本的な誤りを見いだしたのである。

私は組織計画を作成した。それは、戦車や飛行機あるいは潜水艦の個々の製造、つまり三軍の軍備を包括する縦割りの組織計画であった。この縦の支柱を中心に、大砲・飛行機あるいは各種兵器に必要な部品を供給するグループがリング状に取りまいた。すなわち、この各リングに鍛鉄製品、ボールベアリングあるいは電気工学装置等の製造を統合しようと意図したのである。建築家として、三次元的な思考方法に慣れてきた私は、この新しい組織図を作り上げたのである。

二月十八日に芸術院の旧会議室に、再び戦争経済および軍需当局者が集まった。私が、私の組織図について一時間ほど説明すると、彼らは何の異議もなくこれを承認した。また、二月十三日の会議上で提出した私の要請と、私自身に与えられた全権に対しても何らの反対もなかった。そこで私は、署名を求めた声明を回覧させたが、このようなことは政府当局の間でも異例なことであった。

ヒトラーの演説の印象がまだ十分に影響力をもっていた。ミルヒが真っ先に私の提案に全面的に同意すると語り、私の求めた全権に自発的に署名した。他の出席者の間には形式的なためらいがあったようだが、ミルヒがその権威にかけてなだめてくれた。ただ、海軍の代表であるヴィッツェル海軍大将が最後まで反対したが、結局留保つきで同意した。翌二月十九日、私はミルヒ元帥、トーマス陸軍大将、フロム陸軍上級大将らの代わりに、オルプリヒト中将とともに、ヒトラーに、私の真意を説明し、会議が有利に終わったことを報告するために、総統大本営におもむいた。

私が戻ってくると間もなく、ゲーリングがベルリンの北七〇キロにあるショルフハイデの彼の狩猟用別荘カリンハルに来るように求めてきた。一九三五年にヒトラーの新しい「山荘《ベルクホーフ》」を見てからゲーリングは、古い質素な狩猟小屋の近くに、大きさの点ではヒトラーの住まいにもまさり、同じ大きさの居間と、より大きな引き窓のついた領主の館を建てていたのであった。その当時ヒトラーは、ゲーリングのこの浪費を聞いて機嫌を悪くしていた。

こんな会談のために、通常大切な一日がまるまるつぶされた。長時間ドライブして、定刻の一一時ごろに彼の別荘に到着した。しかし、ゲーリングはヒトラーとは逆に、時間については全くルーズであった。おかげで私は、応接間の絵画やゴブラン織りを見ることができた。やっとのことで彼は、ひらひらした緑色のビロードのガウンを着て、ローマン風に大げさな調子で二階の私室から下りてきた。あいさつはよそよそしいものだった。彼は短い歩幅で先に立って私を書斎に案内した。彼は大きな書き物机のところにすわり、私は遠慮がちにその向い側にすわった。ゲーリングはひどく憤慨しており、私が彼を閣議室の会議に呼ばなかったことについて不満を訴えた。そして私の作成した文書の法律的結果についての、四か年計画局長エーリヒ・ノイマンの報告書を机越しによこした。彼は興奮してすっかりとり乱しており、その太った体からは想像もできないような機敏さで、大きな部屋の中をあちこちと歩き回った。「自分の代理者はみんなだらしない臆病者ぞろいだ。私にはなんの相談もなしに署名し、あなたに従属してしまった」というのである。

私は言葉がなかった。しかし、これはこの際かえって都合がよかった。彼は婉曲的ではあったが、きわめて激しい口調で非難を浴びせてきた。しかし、彼が、必ずしも正当ではなかった私のやり方をあえて非難しなかったことは、彼の地位が弱体化したことを意味していた。最後に彼は、自分の権力が骨抜きにされたことを甘受できないといった。彼は、直ちにヒトラーのところにおもむき、四か年計画の責任者としての職を辞任するつもりである、といった。

この時点においては、おそらく彼の辞任も大した損失ではなかったろう。彼は確かに最初のうちは四か年計画を精力的に推進したのであったが、一九四二年ごろには、全般的に疲れており、まったく仕事嫌いになったといわれていた。彼は落ち着かない印象を与え、無分別に多くの案に飛びつき、飛躍的でかつおよそ非現実的な行動をとっていた。

しかしながら、ヒトラーは政治的な影響を考慮して、おそらくゲーリングの辞任願いに同意しないで妥協したであろう。こうしたことは避けるべきであった。というのも、ヒトラーのこの種の妥協はあらゆる面で心配されるような逃げ道であり、妥協によっては問題は解決されないし、むしろより複雑化させ不明瞭なものとしてきたのだ。

私は、ゲーリングの失われた「面子《メンツ》」を救うためにも何らかの手をうたなければならないと考えた。とにかく私は、ヒトラーが希望し、その全権委託者たちによって承認された改革が、四か年計画の責任者としてのゲーリングの地位を決して傷つけはしないことを、その場で彼に保証した。私の仕事は、彼の管轄する四か年計画の中で行なうつもりだとの私の提案は、ゲーリングを満足させた。三日後、私は彼の家へ行き、私の地位を四か年計画の軍備問題全権委員として明示している仮案を示した。彼は、私があまりにも多くの計画をもっており、もし私が目標を達成したら、ただ自分の関心においてのみ行動するであろうと私にいいながらもこれを了承した。二日後の一九四二年三月一日、彼は省令に署名した。「経済生活全体において、軍需生産に、戦争に必要ないもの以上の優先性を与えるために」私は全権委員となったのである。私は二月十八日、ゲーリングが抗議した文書以上のものを得たのである。

その後まもなく三月十六日に、ゲーリングとの個人的な軋轢《あつれき》から解放されて喜んでいるヒトラーの同意を得て、私は自分の就任を新聞に発表させた。私は、ゲーリングが、私の草案に満足の意を表し、親しげに私の肩に手をかけている写真を掲載させた。当時ベルリンでうわさされはじめていた危機が、これで終わったのだということを示したかったのである。ゲーリングの新聞局は、写真と省令とはゲーリング自身によってのみ公表されるべきであると私に注意した。

またまた不愉快な事態が生じた。ゲーリングは、彼が四か年計画において新しい大臣に敗北したとの外国新聞の報道をイタリア大使から聞いて、突然神経質に不平を訴えてきたのである。このような報道は、工業界におけるゲーリングの威信を傷つけるものであろう。彼が経済界から巨額の資金を調達させていることは公然の秘密であったし、私は、彼の威信が失墜することによって、資金調達が不自由になることを恐れた。そこで私は、主だった工業家たちをベルリンの会議に招き、その席上で、私がゲーリングに従属しているのだということを明言しようと提案した。この提案がひどく気に入ったのか、ゲーリングの機嫌はすぐによくなった。

ゲーリングの指令により、約五〇人の工業家たちがベルリンに集まった。会議の冒頭、私は簡単なあいさつをし、その中で、ゲーリングとの約束を果たした。ゲーリングは、軍需生産の重要性について長々と演説し、出席者たちに全力をあげて協力するように訴え、また、わかり切ったようなことを義務づけたのである。しかし、私の任務については、肯定的であれ否定的であれ、一言も触れなかった。

新しい組織作り

ゲーリングの精神弛緩《しかん》状態は、私に活動の自由を保証してくれた。おそらく彼は、ヒトラーのもとでの私の成功に多少嫉妬していたのであろうが、引き続く二年間は、何らかの妨害行為によっても事態を変えることはできなかったのである。私には、ゲーリングの全権は、その権威が後退した状態では十分だとは思えなかった。そこで私は、三月二十一日に、「ドイツの全経済の利害を軍需経済の必要性の下に置くために」ヒトラーをして命令に署名させた。この総統令は、権威主義国家の慣行によれば、経済の全権受託に匹敵するものであった。我々の組織の法律的裏付けは、単なる思いつきであり、他と同様あいまいなものであった。他の活動範囲や権限について正確な説明がなかったので、私はそれらを非目的的なものだと考え、うまく回避しようとした。その結果、我々は自分の権限を、協力者の合目的的でてきぱきした行為に応じて決定することができた。ヒトラーの恣《し》意的な保護を受けて、ほとんど無制限な権力的地位から生まれてくる諸権限の立法化は、当然のこととして他の役所との摩擦を引き起こした。

こうしたあいまいさこそ、ヒトラー政権の不治の病根であった。しかし私は、それが私にとって有利であり、かつヒトラーが私の提案したすべての法令に署名する限りにおいて、ヒトラー政権のこのあり方に同意していた。彼が私の要請に盲従しなくなったとき――個々の領域でもまもなくそうなったのだが――私は虚脱状態になるか陰謀にさらされることになったのであった。

就任後一か月たった一九四二年三月二日の夜、私はベルリンの再建計画で働いた建築家たちを送別のためにレストラン・ホルヒャーに招待し、そこで演説した。「暴力をもって反抗するものはいつの日か仕返しされる。これまでの仕事とはまったく縁遠いものであるとはいえ、新しい任務は決して異質なものではないということが私を感動させる。私は、すべてを理解したければ、ものごとを徹底的にやらねばならないということを大学時代から知っていた。今、私が特に兵器産業に取り組むのは、これを通じて他の多くの仕事にはいりやすいからである。注意深い人間として私は、自分の計画をさしあたり二年間と区切った。しかし私は、もっと早く旧職に復帰できることを望んでいる。だが、私の戦争中の任務は後日きっと役立つであろう。我々技術者は、未来の問題を解決するために召されたのだ。技術における指導性は、将来、建築家が引き受けることとなろう」と私は少し大げさに話を結んだ。

ヒトラーから全権を委ねられ、ゲーリングをバックにもち、私は、自ら立案した工業の自己責任制の確立を、思う通りに実施することができた。工業の自己責任制は、取り立てて目新しいものではなかったが、軍需生産の急速な上昇がこの機構の導入によるものであったことは、今日でも明らかである。ミルヒ元帥も私の前任者トット博士も、軍備の各部門の管理を代表的企業の優秀な技術者に委任することを、既に以前から行なっていた。この考え方を最初に唱えたのは、第一次大戦当時の戦争経済指導者であった偉大なるユダヤ人ヴァルター・ラーテナウである。技術経験の交流、工場単位の分業、定型化と規格化等によってかなりの生産向上を達成しうる、というラーテナウの考え方は、既に一九一七年に、同一設備・同一労働経費で二倍の生産を実証していたのである。トット博士はこの考え方を受け継いだのであった。トットの役所の屋根裏部屋には、ラーテナウの協力者として、当時、原料部門で活躍し、その後、その構成についての記録を残した老人が働いており、トットは彼からその経験を学んだのであった。

私は兵器部門別中央委員会と供給確保のための「中央計画局」を創設した。一三の中央委員会が軍需機構の支柱となり、この支柱に同様の「中央計画局」が付随した。このほかに私は、陸軍将校および工業界の最も優秀な実務家からなる開発委員会を設置した。この委員会は新工事を監督し、計画期間内に生産技術の改良を行ない、不必要なものを節減し、合理化を推進する役割を持っていた。

中央委員会と「中央計画局」の指導者は、一つの工場内では、可能な限り単一製品を最大量生産するように配慮しなければならなかった。ヒトラーとゲーリングが、このような急激な計画変更に疑念をはさんだ結果、各工場は、同時に四ないし五種類の受注、それもできるだけ各軍からの受注を確保して、突然の受注停止のときでも、その生産能力を他の注文におきかえられるようにされた。

国防軍は、時折り期限つきの注文を寄こしてきた。たとえば、一九四二年以前には、電撃作戦によって突如生じた需要に応じて、兵器生産は中止されたり増強されたりして、各工場は兵器の連続生産ができないような状態であった。我々は受注の保証を与えて、できるだけ注文品の種類を制限して工場の負担を軽くした。

この転換によって初めて、第一次大戦当時の手工業的な兵器製造が工業的製造過程へと発展したのである。間もなく驚くべき成果がもたらされた。ここで注目すべきことは、自動車工業のように、戦前に既に合理化された工業部門ではなかった点である。自動車工業ではまだ生産増強はほとんど不可能であった。

日常性のなかに長年埋没している問題点を捜し出し、それを改善することが私の任務であった。私はその解決を専門家に委任した。自分の任務に夢中になって、管轄権を減らすのではなく、その倍増に努力したのである。ヒトラー崇拝、義務感、野心、自意識などがごったになっていた。ともあれ私は、当年三六歳の政府で最年少の若い閣僚であった。工業機構は間もなく一万人以上の協力者と補助者にふくれあがったが、私の役所にはたった二一八人の役人しかいなかった。この比率は、工業の自己責任制にもとづく、私の役所の従属的な活動に関する私の見解と合致するものであった。

従来の役所の服務規定によれば、大部分の事項は次官を通じて大臣に伝達されることになっていた。大臣は、その重要性を自分の判断にもとづいて決定するという篩《ふるい》の役をつとめているにすぎなかった。私はこうした方法を廃し、三〇人以上の工業機構指導者のみでなく、役所の一〇人の局長をも私の直属とした。原則的に、彼らは自分たちの権限で問題を解決すべきであり、私はただ重大な問題や意見の相違が生じた時にのみ介入することとした。

こうした機構と同様、我々の作業方法も異例なものであった。従来のやり方に慣れきっていた役人たちは「ダイナミックな役所」とか「組織計画のない役所」とか、あるいは「官僚不在の役所」とかいってうわさしていた。腕まくりして働くとか、アメリカ式方法を採用しているとかいって悪口もいわれた。「権限をあまり厳格に分割することは自分の管轄外についてまったく関心をもたない人間を作りだすものだ」という私の考え方は、官僚機構の枠《わく》内で形造られてきた思考方法に対する反論であったが、同時に衝動的独創力による思いつきで国家を指導するヒトラーの考え方ともよく似ていた。

人事政策に関する私の挑戦的原則も怒りを巻き起こした。私は仕事の初期の段階で、一九四二年二月十九日付けの総統文書で規定されたように、重要部門の指導層が五五歳以上である場合に限りり、四〇歳以下の代理人を定めておかねばならないとした。私はしばしば私の組織計画についてヒトラーに報告したが、ヒトラーはまったく興味を示さなかった。彼は、ある特定の領域においては何が重要であり何が重要でないかを区別する能力に欠けているようで、この問題についてもあまりかかわりあいたくないのだという印象を受けた。彼はまた権限を明確に限定するのを好まなかった。彼はときおり、故意に、複数の役所や個人に対して同一または類似的な任務を委託した。「そうすれば、より強いものがやり遂げるだろう」とヒトラーは考えたのである。

軍需生産の上昇

就任後半年のうちに、私は自分に委託された分野の生産を目覚ましく増加させた。ドイツの軍需生産総指数は、一九四二年八月の段階では、同年二月に比し二七パーセント増、戦車は二五パーセント増であり、弾薬製造にいたっては九七パーセント増と、ほとんど二倍になったのである。兵器の総生産はこの時点で五六・六パーセントふえていった。明らかに、これまで使用されていなかった予備労働力が動員された結果である。

二年半後の一九四四年七月には、既に空襲が開始されていたにもかかわらず、総兵器生産の平均指数は一九四一年の九八からそれまでの最高の三二二まで高まった。にもかかわらず、労働力の増加は三〇パーセントにすぎなかったし、労働経費を半分に減らすことにも成功した。我々はラーテナウが一九一七年、合理化の成果として予言した「同一設備・同一労働経費での生産倍増」を達成したのであった。

たびたび強調してきたように、このような成功は決して一人の天才の力によって成されたものではない。私の役所の多くの組織、才能ある技術家たちが、専門的観点からみても間違いなく適任であったからであろう。しかし、だれも私のようにヒトラーの権威にものをいわせることができなかったから、他のだれかでは成功し得なかったのである。ヒトラーの下での声望と力とが絶対であったのである。

全組織を新編成し、民主主義的な経済指導の方式を採用した事実が、かくも著しき生産上昇をもたらしたのである。原則として、反対の事実が現われるまで、責任ある工業指導者たちを信頼したのであった。このようにして、創意は報いられ、責任感が芽ばえ、決断の喜びが呼び起こされた。ドイツでは既に久しくこうしたものが忘れられていたのだった。抑圧と強制とが、生産を維持してきたのであり、自発的なものが失われていた。工業は我々を故意に欺き、我々の物を盗んでいるが、我々の戦争経済に損害を与えようとしているものではないと説明された。

しかし、一九四四年七月二十日のヒトラー暗殺未遂事件以後、鋭い攻撃にさらされた私は、代表責任制度について手紙でヒトラーに弁明しなければならなかった。

逆説的にみると、一九四二年以降、対立する国家間では逆の方向へと事態は進行した。たとえばアメリカでは、その工業構造を権威主義的に引きしめることになったのに対し、ドイツでは逆に統制経済制度をゆるめようとしていた。上部に対するあらゆる批判を排除した結果、過失と事故、計画の失敗または重複した開発計画等は、最高部ではチェックできないようになってしまった。ここで再び討論をし、欠陥と誤りを発見し、その除去を論議する機関ができたのである。我々が議会制度を再び導入しようとしているのだと冗談でいったりした。

我々の新機構は権威主義的秩序の弱点を再調整するための一つの前提を作ったのである。重要な問題は、軍隊的原則、すなわち上から下への命令の方法だけで解決されるべきではなかった。いうまでもなく、上記の機関の首脳部には、はっきりとして確実な決断を行なう前にその理由および反対理由を十分に発言させうるような人物が必要であった。この制度は、私が就任当初、回覧文で、基本的な問題点を伝えるようにと工場長たちに要請したが、あまり歓迎されなかった。私はたくさんの手紙がくることを期待したのだが、一通もこなかった。はじめは手紙が私の手もとまで届かないのだろうと邪推したが、事実、何も届かなかったのである。後で聞いたところでは、工場長たちは大管区指導者による規制を恐れていたのだった。上から下への批判はありあまるほどであったが、そのために必要な下から上への補完がほとんど届かなかったのである。私が大臣になってからも、私の決定したことに対する批判的な反響がなかったので、私はしばしば宙に浮いているような気持ちに襲われた。

我々の仕事の成功は、これまで特別な業績によって秀でており、全兵器部門の責任を任せられている何千という技術者のおかげだった。それは埋もれていた感激性を喚起して、私の必ずしもオーソドックスとはいえない指導方式が彼らの活動を高めたのであった。結局私は、技術者とその任務との批判なき結びつきを利用したことになる。技術の表面的な道徳的中立性は、彼らに自分の行動に対する思慮を全く起こさせなかった。戦争によって強制されている世界が技術的になればなるほど、技術者にとり、その無名行為の結果、直接関係のないこの現象はますます危険なものとなっていった。その場合、私には無批判な下働きよりも、むしろ批判的な共働者のほうが望ましかった。だが、党は非政治的な専門家に対して深い不信感をもっていた。「工場長を二、三人射殺すれば、他の者はきっとよりよい業績をあげるであろう」と党指導者の中でも最過激派の一人であるザウケルは語っている。

二年間はだれも私を攻撃することができなかった。一九四四年七月二十日以後、ボルマン、ゲッベルス、ライ、ザウケルらが私に報復してきた。私はヒトラーにあてた手紙で、私の仕事が政治的尺度で測られるとするならば、私は、自分の仕事を成功させる自信が持てないと訴えた。

私の役所の非党員協力者たちはヒトラーの国家では異例な法的保護を受けていた。というのも、法務大臣が反対したにもかかわらず、私は活動開始後直ちに、軍需生産に損害を与えるような訴追は、私以外には提訴できないようにするということを押し切っていたからである。この留保条件が一九四四年七月二十日までは私の協力者たちを保護してきた。あるとき、秘密国家警察《ゲシュタポ》のエルンスト・カルテンブルンナー長官が、Ａ・Ｅ・Ｇのビュッヒャー、合同製鉄所のフェーグラー、グーテホフヌング製鉄所のロイシュの三人の社長連の敗北主義的な言動を追及するかどうかは、私の態度いかんにかかっていると言明した。我々の仕事が、状況について率直に話し合うことを必要としているという私の指示が、彼らを逮捕から守ったのである。反面、もし私の協力者が、たとえば誤った報告をしたり、貴重な原料を隠匿したり、それによって前線に兵器が渡らなかったりしたならば、私が定めた信頼組織を乱すものであるという理由で重罰に処した。

着任の月から私は、この巨大な組織は暫定的なものだと考えていた。私自身も、終戦後は、建築畑に戻りたかったし、そのためにヒトラーの保証が必要であると考えたごとく、この組織機構はあくまでも戦争中だけのものであるということを、不安そうな工業界代表者たちに約束することが必要であった。平和時には、最も優秀な人物を犠牲にしたり、その知識を競争企業に提供するようなことを企業に求めることができないのだ。

同時に、私は、戦争中だけはこの機構を単なる暫定的なものとはしたくなかったし、これを臨機応変に運営しようと努力した。私自身の創造物のなかに官僚的な作業方法が定着することを私は嫌いった。私は協力者たちに、書類は作らないように、会議のときには形式ぬきで電話で約束をとりつければいいし、官庁用語による文書整備という「手続き」が生まれることのないようにと要請した。ドイツの都市への空襲が、我々の臨機応変の処理を必要としていた。こうしたやり方がまさに役に立ったと感じたのは、一九四三年十一月二十二日の空襲で役所が破壊されたときであり、私自身の皮肉な反応が示されている。「我々は幸いにも今までの役所の書類を大部分焼失し、一時的にせよ不必要な重荷から解放されたのである。このようなできことが常時、我々の仕事に必要な新鮮さを与えてくれることを期待できないであろうか」

あらゆる技術的・工業的進歩にもかかわらず、一九四〇年および一九四一年の軍事的成功の絶頂時でさえも、第一次世界大戦時の兵器生産量を達成できなかった。対ソ戦争の初年度でも、一九一八年秋の大砲および弾薬生産のわずか四分の一が達せられたにすぎず、三年後一九四四年の春、我々が最高の生産量をあげた時ですら、弾薬生産は、当時のチェコスロヴァキアとドイツ・オーストリアを併合した第一次世界大戦当時のそれを下回っていた。この立ち遅れの原因として私は、過度の官僚主義を指摘し、これに対しぶつかってみたがムダであった。たとえば兵器局の人員は、第一次世界大戦当時に比べて一〇倍となっていた。行政簡素化について、私は一九四二年から一九四四年にかけて演説と書簡とによって何度か要請した。権威主義的制度によって強化された典型的なドイツの官僚主義に、私が立ち向かえば向かうほど、戦争経済を遂行するにあたっての私の発言は、ますます政治的発言の性格を帯びるようになった。この発言にもとづいて私は今までのすべての経過を説明しようと試みた。すなわち、暗殺未遂事件の起こった二、三時間前、七月二十日の午前中、私はヒトラーにあてて次のように書いた。「アメリカ人とロシア人は、組織的に簡素な方法と、したがってより大きな効率をあげることを知っているが、我々の側は時代遅れの組織形態によって、比較しうるような業績もあげていない。この戦争は二つの組織制度の戦いでもあろう。相手側の臨機応変なやり方に対する我々の保護過剰な組織制度との戦いでもある。我々がほかの組織制度に移行しなければ、後世の人々は、総統にしばられた時代遅れの重苦しい組織制度によって戦争に負けざるを得なかったのだと断言するであろう」

第16章　手おくれ

永久戦争の開始

ヒトラーがその国民に、チャーチルやローズヴェルトが自分たちにはあたりまえのこととして課したあの負担を省略しようとしたことは、この戦争における驚くべき体験の一つである。民主主義イギリスの全労働力動員化と、権威主義ドイツでのだらしない取り扱い方との相違こそ、国民の機嫌をそこなわないよう気がねした政府の不安感を表わしている。指導者層は自ら犠牲を払おうともせず、また国民に犠牲を求めようともしなかった。そしてできるだけ摩擦なくして話し合いで犠牲を求めようとした。ヒトラーとその政治的部下の大多数は、一九一八年十一月の革命を兵士として体験し、それを忘れなかった世代であった。私的な話になるとヒトラーは、一九一八年の体験からみても、いくら注意してもしすぎることはない、とよくいっていた。国民の不満を防ぐために、消費財補給、軍人年金、あるいは戦死した兵士の妻への補償金などは、民主主義国家以上に支払われていた。チャーチルが国民に「血と涙ときびしい労働と汗」を強く要求していたのに反し、ドイツではいかなる戦争の段階でも「最後の勝利は我々のものだ！」というヒトラーのスローガンが単調に繰り返されるだけであった。いわば政治的弱点を自ら告白していたのであり、国内危機を起こしかねない人気の失墜を懸念していたのであった。

一九四二年の春、ロシア戦線の敗退に驚き、私は国民総動員化を予想せざるを得なかったが、同時に「戦争をできるだけ早い機会に終わらせなければならない」ということを強く意識するようになった。「さもないと、ドイツは敗北するであろう。我々はロシアに冬がやってくる前の十月末までに戦争に勝たねばならない。さもないと、我々は永久に戦争に負けてしまう。我々はこの戦争を、来年作られる予定の兵器ではなく、現在持っている兵器で戦い抜かなければならない」。この状況分析を、どういうルートでか「タイムス」紙が知るところとなり、一九四二年九月七日付けの同紙に発表された。その記事は、ミルヒ、フロムと私との一致した見解としてまとめられていた。

「わが国は、今年、歴史上決定的な転換期に立っているという気持ちをだれもがもっている」。これは私が包囲下のスターリングラードの第六軍団、アフリカ軍団の殲滅《せんめつ》、あるいは連合軍の北アフリカの上陸作戦の成功、ドイツ各都市に対する集中爆撃の開始で、この転換期がすぐ目前にあったことを予想もしないで、一九四二年四月に公開の席上で述べたのである。同時に、戦争経済の面でも分かれ目にあった。というのも、一九四一年の秋までは、経済指導部はゆうゆうと短期戦を目標としていたが、今や永久戦争が始まったのである。

大管区指導者にむけての演説

私のみるところでは、あらゆる予備力の動員化は党組織の上層部から始められねばならなかった。このことは、ヒトラーが一九三九年九月一日の国会で、彼が直ちに責任のとれないような欠乏があってはならないのであると荘重に語ったとき、私の考えの正当さを一段と強めたのである。

事実ヒトラーは、彼が推進している建設計画、オーバーザルツベルクの建設計画さえも中止するようにとの私の提案にも同意した。就任二週間後、大管区指導者、党全国指導者のような最も手きびしい連中の集まりで「来たるべき平和作業に対する考慮が、ある決定に影響を及ぼしてはならない。今後、今のような責任のない軍需生産の混乱について総統に報告せよとの指示を私は受けている」と述べたのも、この指令にもとづいてであった。私は、「だれかみんなのうちで今年の冬まで実行すべき特別の希望はないか」といったものの、これは明らかに脅迫であった。しかし、軍事情勢の進展が、大管区における不必要な建築を中止し、労働力と物資の節約が重点化される段階に達しなくとも、みずから手本を示すことが我々の義務であった。

私は、草稿を単調に読みあげただけだが、出席者全員が私の呼びかけに応じることを確信した。話が終わると、私は特定の建設計画を例外とするように要求する多くの党全国指導者や党大管区指導者に取り巻かれてしまった。

党全国指導者ボルマンがまず口火をきった。彼は、まもなく気まぐれなヒトラーから反対の指令を出させるよう工作した。トラック、物資、燃料等の供給を必要としたオーバーザルツベルクで働いている労働者たちは、私が三週間後改めてヒトラーに工事中止命令を出させたにもかかわらず、終戦時までそこにとどまっていたのである。

次いで大管区指導者ザウケルがヴァイマールに「党裁判所の建設」を確保するよう迫ってきた。彼もまた、戦争が終わるまでその建築を継続したのである。ローベルト・ライは、自分のモデル農場の豚小屋建設を支持すべきだといって大奮闘した。彼の試みは、わが国の食糧事情にとって重大な影響を及ぼすものであったので、私はこの無理な申し出を断わった。そのときちょっといたずらをして、あて名に「ナチ党の全国組織指導者、ドイツ労働戦線指導者殿。豚小屋に関する件」と書いてやった。

ヒトラー自身までもが私の呼びかけの後でも、オーバーザルツベルクとザルツブルク近郊の既に老朽化したクレスハイム城を何百万マルクもかけて豪華な迎賓館に改造させた。ヒトラーはこっそりとベルヒテスガーデンの近くに自分の愛人のための大きな別荘を建てた。私はこのことを、戦争の終わる直前に知ったのである。ヒトラーは、一九四二年以後なお、ポーゼンの城とあるホテルを統制下の資材を大量に用いて改造し、さらに町の近くに私邸を建てるようある大管区指導者を励ましたのである。貴重な基礎資材と専門労働者を必要とすることなど一切おかまいなしに、ライ、カイテルその他の人のために、一九四二年、四三年に新しく特別列車が作られた。党幹部の個人的計画の大部分は、もちろん私には秘密にされた。私は党全国指導者、大管区指導者の絶対的権力をコントロールできなかったので、たまにしか拒否権を使えなかったが、それさえも無駄であった。一九四四年夏にもヒトラーとボルマンとは、私に、ミュンヘンの額縁製造業者を戦時徴用から特に免除するようにと通告してきたことさえあった。その二、三か月前にも、ヒトラーの戦後の住居用の絨緞《じゅうたん》と壁かけを製造している「ゴブラン織り工場」および同様の芸術工房」は指令にもとづいて、軍需生産のための徴用から免除された。

たった数年間の支配的地位のために指導者たちは、戦争の深刻な段階においてすら、豪《ごう》奢《しゃ》な生活様式を捨て去ることができないほど堕落しきっていた。「接待のため」と称して、彼らはみんな、大邸宅、狩猟用別荘、農園、沢山の召し使いと華麗な食卓、選びぬかれた酒倉を必要とした。また彼らは自分の生活に不思議なほどに執着していた。ヒトラー自身が、どこに行ってもまず最初に防空壕を作らせ、その天井の強度は爆弾の威力が大きくなるにしたがって、とうとう五メートルもの厚さになった。結局、正規の防空壕がラステンブルク、ベルリン、オーバーザルツベルク、ミュンヘン、ザルツブルク近郊の迎賓館、ナウハイム近くと、ソンムの河畔《かはん》の総統大本営に作られた。一九四四年、ヒトラーは二つの地下大本営をシュレジエンやテューリンゲンに、ほかで絶対必要な何百人もの鉱山専門家や何千人もの労働者を用いて作らせた。

ヒトラーの公然たる懸念、人物の過大評価が、その側近たちに必要以上に過大な人身保護を許したのであった。ゲーリングはカリンハルだけでなく、ほとんど訪れたこともなかったニュルンベルク郊外の人里離れたフェルデンシュタイン城にも大地下設備を作らせた。寂しい森を通ってカリンハルからベルリンへ行く道七〇キロには、規則的な間隔をおいてコンクリート製の地下防空壕が作られていた。ライが公共防空壕で激しい空襲を受けたとき、ほとんど壊されていない彼のグルーネヴァルト近くの個人用防空壕と比較して、打ち抜かれた天井の強さだけが彼の関心をそそった。そのほかに、大管区指導者たちは、そのかけがえのないことを信じているヒトラーの命令でそれぞれの都市の郊外に防空壕を作らせた。

深刻な労働力不足

就任後最初の数週間、私にとって緊急な問題のうち労働問題の解決がさし迫っていた。三月中旬のある夜おそく、私は初めてベルリンで最も重要な軍需工場の一つであるラインメタル・ボルジッヒを視察した。そこで貴重な機械を備えているにもかかわらず、交代労働者の不足によって動いていない工場をみつけた。他の軍需工場でも同様であった。というのも、昼には、電力供給の困難があったからであり、逆に夜間深夜には負担曲線が非常に低下していた。また工作機械が不足している新工場がおよそ一一〇億マルクをかけて作られたりもしていた。私には、新しい建設の大部分を中断して、それによって自由になる労働力を交代労働者として使用したほうが意味が大きいように思えた。

ヒトラーはこの論理に対しては好意を示し、建築費を三〇億マルクまでに削減することを規定する指令に署名した。しかし彼は、その指令の実施にあたって、およそ一〇億マルクの化学工業の長期建設計画を中断せざるを得なくなったとき、これに反対してきた。彼は常にすべてのものを同時に持ちたいと願っていたのであり、次のような理由で彼の拒否を根拠づけた。「おそらくロシアとの戦争は間もなく終わる。だが、私は広範な計画を持っている。そのためには、今まで以上の合成燃料を必要とする。何年かかっても、新工場は建てられなければならない」。一年後の一九四三年三月二日、私は未来の大計画に役立ち、一九四五年一月一日になってやっと運転開始する工場を作るのは無意味であることを断定せざるをえなかった。一九四二年春のヒトラーの誤った決定は、戦争が破局に近づいた一九四四年九月にもなお軍需生産に大きな負担となった。

彼の決定が、大部分の建設工業を中止させるための私の計画をかなり邪魔したとしても、一応何十万人の建設労働者が軍需産業に向けられたのであった。しかし予期しなかった新しい障害が現われた。四か年計画の労働配置作業グループの指導者であるマンスフェルト博士は私に、大管区指導者に逆らって自由になった建設労働者を一つの大管区から他の大管区に移す力がない、と明言したのだった。事実、大管区指導者たちは相互の争いや陰謀にもかかわらず、彼らの「権利」が侵されたときには統一戦線を形成した。私が当時権力のある地位につきながら、彼らとの問題を解決することができなかったのは、私には明らかなことだった。彼らのうちの一人が、ヒトラーの特別全権委任をもってこの困難を解決する必要があった。私は長い間ゲッベルスの下で次官であった古い友人カール・ハンケを選んだ。彼は一九四一年の一月以来ニーダーシュレジエンの大管区指導者として、この集団に属していた。ヒトラーは、私に助力する全権委員を任命することに同意した。だが、今回はボルマンがこれを阻止するのに成功した。ハンケは私の仲間の一人であったから、彼を任命することは私の権力強化を意味するばかりでなく、同時にボルマンの党組織の侵害をも意味していたのだろう。

私が二日後に、ヒトラーに改めて私の希望を述べたときに、彼はなお理解を示してはくれたが、私の提案を拒否した。「ハンケは大管区指導者としては若すぎるし、必要な尊敬をうるのは困難だ。私はボルマンと相談した結果、ザウケルを任命する」

ボルマンはザウケルがヒトラーによって任命され、直接彼の部下になるという目的を果たした。これまで四か年計画のなかで行なわれた任務に関することだから、ゲーリングが異議を申し立てたのは当然である。政府組織無視というヒトラー特有のやり方で、彼はザウケルを「全権委員」に任じ、同時にゲーリングの四か年計画組織の中に彼を配置した。ゲーリングは面子を失ったので、再び反対したのである。ヒトラーが、二言三言ザウケルを選ぶようにとゲーリングにいえばそれですむことであったが、ヒトラーはそれすらしなかった。既に失われたゲーリングの面子は、ボルマンの怨恨《えんこん》によってさらに失墜した。

ザウケルと私とが総統大本営に呼ばれた。任命書交付のさいに、ヒトラーは労働力問題はあり得ないことだといい、このことは一九四一年の十一月九日の確定事項だと繰り返した。「我々のために直接働いている領域には、二億五〇〇〇万人以上の人間がいる。我々は彼らを休みなく働かせるようにしなければならないのだ」。ヒトラーは、ザウケルに、不足している労働力を容赦なく占領地域から徴用するようにと命じた。かくて私の活動のうち、苦難にみちた時が始まったのである。私はその後二年半、絶え間なく外国人労働者を強制的に軍需生産面に送るようにとザウケルをせきたてたのだ。

最初の数週間は円滑《えんかつ》な協力ぶりであった。ザウケルはヒトラーと私とに素直に、すべての労働者の障害を除去し、国防軍に引き抜かれた専門労働者を確実に補充すると約束した。私のほうとしては、彼の権威が高まるよう助力し、必要な場合彼を支持した。ザウケルはいろいろなことを約束した。平和時には、老齢または死亡によって生ずる労働力不足を、約六〇万人の新成人人口で補充することができた。しかし今日では、成人人口だけでなく、工業労働者の一部分までもが国防軍に召集されている。それゆえに、一九四二年には戦時経済にとって一〇〇万人以上の労働者が不足していた。いわば、ザウケルの約束は守られなかったのである。二億五〇〇〇万人の人口のうちから容易にドイツに不足している労働者を引き抜きうるというヒトラーの期待は、占領地域におけるドイツ執行部の無力さと、労働のためにドイツへ連行されるよりは、むしろ森に逃げてパルチザンになるという人間のほうが多く思惑ははずれたのであった。

ドイツの工業組織は、最初の外国人労働者が工場に到着したときに、私に異議を申し立てた。おもな理由は次のようなものである。「これまで不可欠とされてきた専門労働者は、今後外国人によって代替されるが、われわれの最も重要な製造部門で働いている。この部門には同時に、切迫した労働力不足が生じている。その上、敵のスパイ機関や破壊工作機関は、その手先をザウケルの『軍団』に忍び込ませることで、容易にその目的を達成することができる。また、いろいろな言葉を話す人々と意思疎通できる通訳が、どこでも不足している」。工業界出身の私の協力者は、第一次世界大戦当時のドイツ人女子の就業数は今よりもずっと高かったという統計を私に示し、同一兵器工場から終業後外に出てくる労働者群の一九一八年度と一九四二年度の二つの写真を私に見せた。当時は、女子が圧倒的に多かったのに、今はほとんど男子だけであった。英米の雑誌のさし絵をみても、軍需生産面で女子がドイツに比べてずっと多く働いていることがわかった。

一九四二年四月上旬、私はザウケルに、軍需生産に女性を使ったらどうだろうかと提案したが、彼は労働者の配置の問題は自分の権限に属するものであると、きっぱりといい切った。彼は大管区指導者としてヒトラーだけに従属しており、責任がある。しかし結局彼は、四か年計画の全権委員であるゲーリングに決定を任せようと約束した。カリンハルで再び行なわれた会談では、ゲーリングはまんざらでもないといった様子をしていた。彼はザウケルに大げさに愛想をふりまき、私に対してきわめて冷淡であった。私は、自説の根拠を述べることすらできなかった。ザウケルとゲーリングが、絶えず私の話を中断した。ザウケルの反論の趣旨は、女子の工場労働による風紀上の問題ということだった。さらには、女性の精神的・心情的な生活面ばかりでなく、生産能力にも障害がでるというものであった。ゲーリングはこのような説明に全面的に同意した。私に知らせないでことを確実に運ぶために、ザウケルは会談後直接ヒトラーの同意をとった。

これが、これまで不動であった私の地位に対する最初の打撃となった。ザウケルは、その勝利を同僚である大管区指導者たちに公表した。その中で彼は、特に「ドイツの主婦とりわけ多子母親に対して負担を軽減させ、その健康を維持するために、総統は東方地区から約四〇万ないし五〇万人ほどの選り抜きの健康で丈夫な女子をドイツ国内に連れてくるように、私に委託した」と述べたのである。イギリスでは一九四八年、家事使用人の数を約三分の二に減らしたのに、ドイツでは家事使用人の数は終戦時まで一四〇万人以上もおり、ほとんど戦前と変わらなかった。さらに連行された五〇万人のウクライナ人女子の大部分が党幹部の奉公人として使用されたということが、まもなく国民に知れわたった。

国有鉄道の破産宣言

戦争遂行国の軍需生産は粗鋼の配分に依存している。第一次世界大戦当時、ドイツの戦争経済は粗鋼の四六・五パーセントを純軍需目的に使用した。しかし私の就任後、軍需生産への割り当て量が粗鋼の全消費量のわずか三七・五パーセントだけであったことがわかった。軍需生産への割り当てを増大するために、私は粗鋼割り当てをやり直そうとミルヒに提案した。そこで四月二日、私どもは再びカリンハルに向かった。最初に、ゲーリングがありとあらゆる問題についてくだくだと語り、最後に四か年計画の中に、中央企画庁を設置するという我々の見解に同意した。我々が二人一緒にやってきたことに驚いて、彼はやや気弱そうに「あなた方の次官として私のところのケルナーを採用することは可能であろうか。もしだめなら彼は不運を悲しく思うだろう」といった。

中央企画庁は、直ちにわが国の戦争経済にとって最も重要なものとなった。本来、長い間、個々の計画や優先度を取り扱う上部機関が作られていなかったことこそ理解しがたかった。一九三九年までは、ゲーリングがこの役割を自分一人で果たしてきたのである。しかしその後、権威をもって、次第に複雑化し、同時により重要になってきた問題を制御し、ゲーリングの挫折《ざせつ》を救うことのできるような人物は皆無であった。ゲーリングの中央企画庁令によれば、あらかじめ彼が必要と認める場合には、独断で決定を下しうるようになっていた。しかし、私の予想した通り、ゲーリングはそれを行使しなかったし、また、我々も彼を煩わすようなことをしなかった。

中央企画庁の会議は、私の役所の大会議室で行なわれた。多数の出席者があり、会議は延々として続いた。大臣も次官もやってきた。彼らは専門官をバックにして、割り当て額をめざしてときにはドラマチックなまでに争った。この任務の困難さは、非軍事経済分野に対してはできるだけ少なく、しかし軍需生産が、そのほかの生産部門の不能と不十分な国民に対する補給によって悪影響をこうむらないように考慮しなければならなかった。私自身も、消費財生産を激減するように努力した結果、一九四二年初頭、消費財工業生産は平和時水準のわずか三パーセントしか下回っていなかった。そこで、一九四二年には、軍需生産のためにそれを平和時水準の約一二パーセント減とすることに成功した。しかし三か月後、ヒトラーは、軍需生産優先化についての決定を悲しんで、一九四二年六月二十八、二十九日に「製品の製造は一般国民の補給のために再開されなければならない」と決めた。「このような決定は、今日これまで不満ながらも、軍需生産の優位を守ってきたすべての人々に対して現在の路線に対する新しい反抗を促すようになる」といって私は異議を申し立てた。私は明らかに党幹部を攻撃したことになる。私の異議はヒトラーからは何らの反応も得られなかった。

再び総力を戦争経済に投入しようとした私の意図も、ヒトラーのためらいで失敗に帰した。軍需生産増大のためには、より多くの労働者や粗鋼が必要であるばかりでなく、鉄道・交通も、たとえ冬のロシアでの損害からまだ立ち直っていないとはいえ、増大した要求に応じられうるものでなければならなかった。しかし国内においてすら鉄道は満足に動いておらず混乱していたのである。重要な軍需品の輸送がそのために非常に遅れた。一九四二年三月五日、七三歳の高齢にもかかわらず敏腕な交通相ユリウス・ドルプミュラー博士が、ヒトラーに交通問題について報告するために、私と共に大本営におもむいた。私は輸送状況の悪化について説明したが、ドルプミュラーは控えめに私の説明を支持しただけだったので、ヒトラーは現状を楽観的に解釈した。ヒトラーは「この影響はシュペーアが考えているほど重大なことではない」といって、この重要問題に関する件を打ち切った。

二週間後、彼は私の要請で若い役人を六五歳の交通省次官の後任として任命することに同意した。だがドルプミュラーの意見はまったく異なっていた。私がこの決定を伝えたとき彼はこういった。「私の次官が年を取りすぎているって？　シュペーア君！　私が一九二二年に鉄道管理局長になったときは、彼はやっと鉄道事務官の見習いを始めたばかりだったんだよ」。彼はこの任命を撤回させることに成功した。

しかし、八週間後の一九四二年五月二十一日、ドルプミュラーは「国有鉄道はドイツ全土にわたってほんのわずかの車両と機関車しか持っていないので、もはや緊急輸送の責任を負いかねる」と告白せざるを得なくなった。「ドルプミュラーの輸送状況についての報告は、記録が伝えているように、国有鉄道の破産宣言に等しい」。交通相が、交通独裁官の地位を私に提供しようとしたが、私はこういって拒否した。

二日後、私はヒトラーに若い鉄道事務官のガンツェンミュラー博士を紹介した。彼は前年の冬、ミンスクからスモレンスクまでの破壊された鉄道を復旧した人物である。ヒトラーは感激して「この男が気に入った。私は彼を直ちに交通省次官に任命する」といった。あらかじめドルプミュラーの了解をうる必要があるのではないかと私がいったとき、彼は叫んだ。「そんな必要はない。ドルプミュラーもガンツェンミュラーも二人ともそれについて何も知らないこととする。シュペーア君、私は君がその事務官と一緒に大本営に出頭することを命じる。それとは別に、交通相も出頭させなさい」。ヒトラーの命令で、二人は大本営の別々の兵舎に入れられた。それはガンツェンミュラー博士にもなんにも知らせないで、交通相と一緒でなくヒトラーの執務室にはいるためであった。ヒトラーの言葉は、同日に作成された報告書にある。「輸送問題は重大化しており、急ぎ完遂されなければならない。私は生涯を通じて、特に昨年冬に解決されておるべき重要な問題に直面している。そういうときいつでも、私の部下である専門家や指導的立場の人間は『無理です。うまく行くはずがありません』といった。私はそんなことでは満足できない。絶対に解決されなければならない問題である。ただし指導者がいさえすれば、いつも解決してきたし、また解決もされたのである。決して楽な手段では貫徹できないし、楽な手段は私には無意味なのだ。後世、私がとらざるを得なかった方法について人が何といおうとまったく構わない。私にとって解決されなければならない唯一の問題があるだけだ。我々は戦争に勝たなければならない。さもないとドイツは滅びる」

さらに、ヒトラーは昨冬の破局と退却に負いやられた将軍連中に対して、いかに彼が意志を通したかについて話し続けた。それから私が以前彼に提示した交通秩序の再整備に関する若干の要請について話題を転じた。待機中の交通相を呼ばず、また何も聞かないで、彼はガンツェンミュラーを交通省次官に任命した。彼は「混乱した交通状態を復旧する力があることを戦線で立証した」からである。この時になってやっと、大臣のドルプミュラーと局長のライプブラントが会議に参加を許された。ヒトラーは、勝利は交通問題にかかっているから、今後これに関与する決心をしたと、彼の典型的ないいまわしで述べた。「私は第一次世界大戦当時は無名の一兵士であったし何にもやらなかった。しかし、私よりもっと責任のある他の指導者が挫折したときに、私は初めて実行した。私には意志がある。そして意志のみによってやりとげたのだ。私は決して降伏しなかったということを私の生涯が証明してくれる。戦時中のあらゆる問題は解決されなければならない。私にとって不可能という言葉はない」。そしてほとんど叫ばんばかりにこう続けた。「私は再度、繰り返す。私には不可能という言葉はないんだ！」。そこで初めて彼は交通相に、鉄道事務官を新次官に任命したと伝えた。大臣、新次官そして私にとっても重苦しい瞬間であった。

ヒトラーはドルプミュラーの専門的能力についてはいつも多大な尊敬をもって語っていた。それゆえドルプミュラーは、自分の代理人の問題については事前に相談があるものと期待していた。しかし、ヒトラーは（彼が専門家と対立したときしばしば用いる手だが）既成事実を伝えることで厄介な対立を避けようとした。事実、ドルプミュラーは黙って屈辱を受け入れた。同時にヒトラーは、ミルヒ元帥と私とが一時的に交通独裁官になり、課せられた要請が大規模にしかも最短時間で実現するように配慮するようにということを決定した。「輸送問題のせいで戦争に敗れてはならない。だからこの問題は緊急に解決されるべきだ」と決めつけてヒトラーは会議を終えた。

ともかく、輸送問題は解決された。若い次官は、いとも簡単な方法で混乱を解消し、交通をスピードアップさせ、軍需品輸送の需要増加をさばいたのであった。鉄道中央委員会は、冬のロシア戦線で損傷した機関車修理の促進化をとりあげ、これまでの手工業的な機関車製造に代わり、大量生産方式を取り入れて生産を倍増させた。軍需生産の増加にかかわらず、円滑に交通がその後も確保されていった。しかし、一九四四年秋以降になると、空襲が激しくなり、交通問題は再び浮き彫りにされて最終的な戦争経済の最大の隘路となった。占領地域の縮小化が必然的に交通路を短縮したのである。

ゲーリングが私をカリンハルに招いて、我々の機関車製造増加計画を聞いた。彼はわが国には十分な鋼鉄がないからコンクリート製の機関車を作るようにと、真面目な顔で私に提案した。コンクリート製機関車は鉄製機関車に比べると長持ちしない。だからそれ相応に機関車の数をふやしてどんどん製造しなければならないと彼はいった。もちろん、それをどういうふうに実行に移すかは、彼にはわからなかった。何か月間も彼はこんなばかげた考えに熱中していた。そのために、いつも私は二時間も車に乗ってまた二時間も待たされて、おまけにお腹まですかせて帰ってきた。カリンハルでは会議出席者には食事がでなかった。それだけが当時、ゲーリング家での戦争経済に協力する唯一の節約であったのだ。

輸送問題解決の端緒となった勇敢な発言のあったガンツェンミュラーの任命式の一週間後に、私はもう一度ヒトラーを訪問した。難局にあって指導者層が模範を示すべきであるとの立場から、私は政府や党の首脳がまずプルマンカー（豪華客車）の利用をやめるよう提案した。そのとき私は、ヒトラー自身のことはまったく考えていなかった。ヒトラーは、東部戦線では宿舎が不備なのだから、プルマンカーは必要であると主張して決断を下さなかった。プルマンカーの大部分は東部戦線ではなく国内を走っているのだと反論して、私はその利用者リストを提出したが、無駄であった。

私はフリードリヒ・フロム上級大将とよくレストラン・ホルヒャーの別室に昼食を食べに行った。一九四二年四月の終わりごろ、彼は、わが国は新しい威力をもつ新兵器を開発しない限り、戦争に勝つ見込みはないだろうといった。彼は、都市全体を破壊し、おそらくイギリスの戦闘力を壊滅させうるような新兵器を研究している科学者グループと接触があったのだろう。フロムは、そこを一緒に訪ねてみようと提案した。私にとっても少なくともこの人々と話せるだけでも大切なことだと思えた。

最大のドイツ鉄鋼コンツェルンの社長でカイザー・ヴィルヘルム学術振興協会会長であるアルベルト・フェーグラー博士も、近ごろ怠っている原子核研究について私の関心を促してきた。私は彼から初めて、戦時下で特に弱体な教育科学省が基礎研究に対してなにもしていないことを聞かされたのである。

一九四二年五月六日、私はこうした状況についてヒトラーと話し合い、ドイツ研究会議に対してゲーリングを代表者として派遣するように提案した。一か月後の一九四二年六月九日、ゲーリングはこの地位に就任した。そのころ私は、軍需生産に関する三人の責任者、ミルヒ、フロム、ヴィッツェルとカイザー・ヴィルヘルム学術振興協会のベルリン本部のあるハルナック・ハウスに集まった。そこで我々は、戦争に重大な影響をもちうる兵器に関する知識を提供しようとする神話的な人物の講演を聞いた。科学者たち――彼らの名前を私はもう思い出せないのだが――と並んで、ノーベル賞受賞者オットー・ハーンやヴェルナー・ハイゼンベルクが出席していた。いろいろな研究分野についての若干の実験と講演に続いて、ハイゼンベルクが原子破壊とウランとサイクロトロン開発に関する報告をした。ハイゼンベルクは、所管の教育科学省が核研究を怠っており、資金と資材の不足していることを嘆き、兵役によって科学者が軍隊にとられるために、ドイツの科学は、二、三年前まで支配的であった領域でもすっかり後退してしまっている、と指摘した。アメリカの専門雑誌をみると、アメリカでは核研究に関する技術的手段と資金が豊富であることがわかる。それゆえアメリカは、既に今では核分裂についての革命的可能性に関して優位に立っていることが予想される。

講演後、私はハイゼンベルクに、核物理学がいかにして原子爆弾の製造に利用されるのかと質問した。彼の反応は決して大きなものではなかった。それでも彼は、科学的な解決法が見いだされ、爆弾製造にはもはや何らの理論的障害もないし、生産技術的には、今後必要なあらゆる援助が得られるとすれば、遅くとも二年後には製造が可能であろうと説明した。さらにハイゼンベルクは、ヨーロッパではパリでただ一基の性能の低いサイクロトロンが稼働しているにすぎず、そのサイクロトロンも秘密厳守のために完全には利用されていない、と長々と語った。私は軍需大臣としての私の権限でアメリカと同じように大きな、また今までよりもっと大きなサイクロトロンを作ることを提案した。しかしハイゼンベルクは、ドイツでは経験不足もあり、まず比較的小さな型のものしか作れないだろうと述べた。

フロム陸軍上級大将は科学者二、三〇〇人を兵役免除とすることに同意し、さらに私自身が核研究を推進するに必要な措置、資金額、資材に関して研究者に諮問するよう要請した。二、三週間後、二、三〇万マルクが申請され、少量の鋼鉄、ニッケル、そのほかの統制金属が要求されてきた。防空壕の建設、若干の兵舎の設置、実験指示と建設中のドイツで最初のサイクロトロンの緊急度を決定する決断が必要となったのである。このような重要な問題であるにもかかわらず、むしろ要求額があまりにも少ないので驚いて、私は二〇〇万マルクに増額して、またそれに相応する資材を約束した。それ以上は今の状況では使いきれなかったのだ。しかし私は、原子爆弾は今後予想される戦争の経過にとってもはや無意味だという印象も受けていた。

私は無意味な要求で夢想的な計画に駆り立てようとするヒトラーの性向を知っているから、一九四二年六月二十三日、核分裂会議と我々の援助措置について簡単に報告するにとどめた。ヒトラーはオーネゾルゲ郵政相と親しい専属写真師のハインリヒ・ホフマンを通じて、そしておそらくはゲッベルスを通じて、より詳細な楽観的な報告を受けていたのであろう。オーネゾルゲは核分裂に興味を持っており、ナチス親衛隊と同様に、若い物理学者マンフレート・フォン・アルデンヌの指導のもとに独立の研究機関をもっていた。ヒトラーが責任者たちの話を聞くという直接的な方法をとらないで、不確実な所管責任者のいない回り道をしてきわめてありふれた方法でこの問題を調査したという事実は、彼が物好きな科学の基礎研究に対しては無理解な人間であることを示していた。私にもヒトラーは、ときには原子爆弾の可能性について話したが、核物理学の革命的特徴を理解する能力がないことを示していた。二二〇〇種類にものぼるヒトラーとの会談のテーマのうち、たった一回だけ核分裂が話題にのぼっただけだった。それもごく簡単に触れられた程度だった。彼はこの問題に取り組んだのであったが、私と物理学者たちの話についての報告は、この問題をこれ以上煮つめたくないという彼の気持ちをただ強めただけだった。事実、ハイゼンベルク教授は、核分裂が絶対的確実性をもって処理されうるのか、それとも連鎖反応として続くのかという私の質問に対し、最終的な答えをまだしていなかった。ヒトラーは、その支配下の地球が輝く星に変わりうるという可能性からさして有頂天にはならなかった。しかし彼は、折りにふれて、科学者があらゆる地球上の秘密を解明しようとする超俗的な追求によってある日地球を燃やしてしまうだろうが、それまでになお多くの月日がかかるだろうし、そんなことは決して体験できないだろう、と冗談をいったりした。

ヒトラーがイギリスに対する原子爆弾投下について、一瞬も躊躇しなかったのは、一九三九年秋のワルシャワ爆撃のニュース映画の最後のシーンを見たためであろう。我々はヒトラーやゲッベルスと一緒にベルリンの彼の部屋にいた。炎のような雲が空を暗くし、爆弾が目標に向かって投下され、飛行機の急上昇やもりあがる爆雲をフィルム演出効果でなまなましく見ることができた。ヒトラーはこの映画にとりつかれてしまった。映画の終わりは、飛行機がイギリスの島々を襲い、火の手が上がり、島がずたずたに裂かれて飛び散るというモンタージュであった。ヒトラーの感激はもはや限界を知らなかった。「必ずこうなるんだ。こんなふうに我々はこの島を殲滅する！」と彼は感動して叫んだ。

一九四二年秋に、期限について私が質問したのに対し、まだ三、四年は完成不能との答えがあったので、核物理学者の提案にしたがい原子爆弾の開発を断念した。そのころには戦争はとっくに終わっているはずであった。その代わりに私は、機械稼働のための動力を作り出す原子炉の開発を許可した。海軍軍令部がその原子力を潜水艦に利用することに関心を示していた。クルップの工場を訪問したときに、私はわが国最初のサイクロトロンの一部を見せてもらい、そのときに組みたてを委託された技術者に、我々は直ちにもっと大きな機械を作ることができないものかどうかと質問したところ、彼は、以前ハイゼンベルク教授が述べたように、ドイツには技術経験が欠けていることを追証した。ハイデルベルク大学付属病院の近所で、一九四四年夏、ドイツのサイクロトロンによる原子核の核分裂実験が行なわれた。ヴァルター・ボーテ教授は、このサイクロトロンは医学的・生物学的進歩に役立つだろうと語った。私は大満足だった。一九四三年夏、ポルトガルからのタングステン輸入が封鎖されたので、硬核弾薬の生産は一大ピンチに立ったのである。そこで私はこの弾薬にウラン核の使用を命じた。

一九四五年までにはおそらく原子爆弾の製造に成功し得たであろうが、そのための前提として、長距離ロケットの開発における場合と同様に、あらかじめあらゆる技術的・人的・財政的手段が準備されていなければならなかったのである。この点からも、ペーネミュンデ計画は最大であっただけでなく最も失敗した計画でもあった。

この分野での「総力戦」が行なわれなかったのは、もちろんイデオロギー的な狂気とも関連があった。ヒトラーは、一九〇五年度ノーベル賞受賞者であり、科学者の中でも数少ないヒトラー崇拝者の一人である物理学者フィリップ・レーナルトを尊敬していた。このレーナルトが、ユダヤ人は、核物理学と相対性理論で破壊的な影響力をもっていると、ヒトラーに教えたのである。折りにふれてヒトラーは、著名な党員のことを引き合いに出して、核物理学を「ユダヤ的物理学」であるといった。そのことはローゼンベルクの攻撃を招いたばかりでなく、明らかに核研究を支持することを教育大臣にもためらわせることとなった。

しかし、たとえヒトラーが党の信条を核研究に応用しなかったとしても、また一九四二年六月に核物理学に対し数百万マルクばかりでなく数十億マルクの資金が原子爆弾製造のために支出されたにせよ、この金額に相応する資材・配給・専門労働者を動員することは当時の緊迫した戦争経済の状況では不可能だったであろう。アメリカがこの巨大な計画を実現したのも、単に生産能力における優位だけではなかった。激増する空襲によってドイツの軍需生産は窮迫状態に陥り、遠大な計画の開発は不可能になった。我々が総力を結集させても、ドイツの原子爆弾は一九四七年にやっと完成する程度であったろう。少なくとも一九四五年八月のアメリカの原爆投下時にはまだ完成していなかったことは確かであった。最後のクロム鉱貯蔵量を費消してしまえば、遅くとも一九四六年の元旦には戦争は終わっていただろう。私は就任の当初から、失敗に次ぐ失敗を経験したのである。ヒトラーが戦争中にしばしば「より大きな失敗をするほうが戦争に負けるんだ」と述べているのが、今日興味深く思える。ヒトラー自身のあらゆる領域での決断の誤りは、生産能力の喪失によってどっちみち敗北する戦争の結末を早めることに貢献しただけだった。たとえば、イギリスに対する彼の錯乱した航空戦計画、戦争開始時の潜水艦の不足、特に全体的戦争計画をたてることに対する彼の怠慢等である。実際、ヒトラーの決定的な過ちを指摘しているドイツの各種の記録文書の記述はほぼ正しい。しかし、それもこの戦争に勝つことができたかもしれない、という意味ではないのだ。

第17章　総司令官ヒトラー

ディレッタント

ヒトラーの特殊な性格の一つはディレッタントであった。彼は決して一つの職業を修得したこともなかったし、結局何をやってもアウトサイダーにとどまっていた。多くの独学の人のように、彼も本当の専門知識とはどんなものであるかを判断することができなかった。そのために、すべての大きな課題にともなう困難を考えずに、絶えず新しい任務に移って行ってしまった。既成の考え方にとらわれずに、彼のすばやい理解力は、ときどき専門家でもおよそ考えもつかないような異例な処置を下す勇気をもっていた。緒戦の戦略上の成功は、まさに作戦の原則についてのヒトラーの無知と非専門家的な決断のなさしめたものである。敵側は作戦の原則に従っており、ヒトラーの独学的な自己顕示欲など考慮にも入れていなかったので、奇襲作戦効果が軍事的優位とも結びついて、緒戦の成功の前提条件となったのである。しかし、反撃されると彼は、未熟練者の多くがそうであるようにたちまち行き詰まってしまった。

彼の作戦原則に関する無知さは、一種の無能力さとなってあらわれ、彼の欠陥はもはや長所とはならなかった。失敗が大きくなるにつれて、彼のディレッタント的浅薄さがますます強くなってきた。予期されない不意の決断を下す傾向が長い間彼の強みでもあったが、今ではそれが没落へと追いやったのである。

二週間から三週間ごとに私は、二、三日ベルリンから東プロイセン、後にはウクライナの総統大本営におもむき、彼が総司令官として関心をもっている多くの技術的専門問題について決定してもらった。ヒトラーは、各種の兵器の口径、銃身の長さ、射程等についてよく知っており、最も重要な軍需品の在庫量と月間生産高をも覚えていた。彼は我々の計画を詳細にわたって供給量と対比して結論を下したのである。

戦前の自動車産業や建築の場合と同様に、今では軍需生産部門の分類された数字を楽しんでいるヒトラーの単純な喜びは、ここでも彼のディレッタントぶりをはっきりとあらわしていた。彼は、自分は専門家と同等であるとか、あるいはそれよりもまさっていることを示そうと絶えず努力しているようにみえた。本当の専門家というものは、本を参照すればすむようなこと、また部下にやらせればすむような細目まで自分の頭に負担をかけたりしないものである。しかしヒトラーにとっては、自分自身のためにも彼の知識を示すことが必要であったのだ。そして彼はそうすることに喜びすら感じていた。彼は、太い黄色の横線がはいっている赤い表紙の大きな本からその知識を得ていた。およそ三〇から五〇種類に及ぶ各種の兵器が記載され、常に新しく補足されているこのカタログは、いつも彼の寝室の隅にある小机の上におかれてあった。時々、軍事会議の席上、出席者の一人がある数字をあげると、ヒトラーはその数字をその場で訂正して、そのうえ部下にその本を持ってこさせ、自分のいう数字の正しさを確認して、将官連中の情報の不正確さを暴露した。

ヒトラーの数字記憶力は、側近の人々の恐怖のまとであった。ヒトラーは確かに身辺の将校たちの多数をこのようにして畏縮させることができたが、逆に、本当の専門家に対するときには、自分自身に確信をもてなかった。彼は専門家の反応にぶつかると、自分の意見に固執することはなかった。私の前任者トットも、よくフランツ・クサーヴァー・ドルシュ、カール・ザウルといった最も信頼のおける協力者を同行してきていた。時には専門家の一人も一緒に連れて来た。彼は自分で報告し、細目にわたる難しいところだけを専門家に介入させるようにしていた。私は初めからヒトラーがよく知っているような数字を記憶しようなどとはしなかった。私もヒトラーの専門家に対する尊敬心を利用して、会議のときに問題点を一番よく知っているエキスパートを連れていった。

このような方法で私は、ヒトラーの数字と技術的データの披瀝によって窮地に追い込まれる「総統会議」の悪夢を回避したのである。通常私は二〇人くらいの専門家を連れて大本営にあらわれた。このシュペーア一族のご入場は、第一号遮断線を通るときいつも笑われたものだった。会議のテーマに応じて、私の専門家のうち二名ないし四名が、大本営のヒトラーの居室近くにある「作戦室」で行なわれる会議に招かれた。この部屋は約八〇平方メートルほどの大きさで、明るい色の板ばりの壁をもった質素な部屋であった。窓側には、四メートルもある重い樫《かし》製の地図用の机が置かれていて、部屋の隅のほうには肘《ひじ》かけいす六脚が小さな机の回りに置かれてあった。ここで我々は会議をした。

私自身は、この会議ではできるだけ発言しないようにした。そして出席している専門家たちに意見を表明させるために、前もってテーマについて簡単な指示を与えて会議に臨んだ。居並ぶ将官・副官たちや、監視所、遮断線、身分証明書といったような外部的環境、また、組織全体をつつんでいるヒトラーの栄光といったものに、専門家たちは畏縮することはなかった。長年の職業的実践の成功によって、彼らはその地位と自分の責任に自信をもっていた。時には、今だれの前にすわっているのかすら忘れてしまって、激しい討論を展開することもあった。ヒトラーはこんなときでも、時にはユーモアと尊敬をもって接していた。この会議での彼は控えめであって、出席者一同をきわめて丁重に取り扱っていた。また、彼は出席者に対して、長く疲れるほど退屈な演説によって反対派を圧殺するという彼特有の戦術を用いることも断念していた。私は、基本的なものとそうでないものとを区別することができ、柔軟性があり、きわめて敏速に多くの可能性の中から結論を引き出し、その選択を理論づけることのできる彼の能力に驚かされた。

彼は大した努力もしないのに技術的な経過とか、計画・見取り図によく通じていた。彼の質問は、彼が短い説明の間にも、会議の複雑な問題点を本質的に理解していることを示していた。したがってその当時は、物事を基本的に把握するには、余りにも簡単にその核心にきてしまうという彼の欠点に気がつかなかった。

会議の前には、私には結論がどうなるのか全く予測できなかった。時には彼は、見込みがほとんどないような提案にも一言も異議を唱えずに同意した。時にはまた、自分で要求していたたいして重要でもない処置の実行を強情に拒んだりもした。詳しい知識をもつ専門家の力でヒトラーのディレッタントぶりを沈黙させようという私の方法は、むしろ成功を収めた。ヒトラーが、以前の軍事作戦会議で変更はしないと決めた意見を、このような専門会議でしばしば簡単に変更し、我々の修正提案を受け入れたことにほかの部下連中は驚き、また多少嫉妬していた。

彼の世界像、芸術観、生活様式と同様に、ヒトラーの技術的視野は第一次世界大戦当時のままであった。彼の技術的関心は、もっぱら陸軍・海軍の伝統的武器に向けられていた。この分野では、彼は研究を続け知識を絶えず増していた。彼はしばしば確信をもって有用な改良案を提示した。いっぽう、たとえば原子爆弾の構造、レーダー方式の開発、ジェット戦闘機、ロケット等に対してはまるで関心がなかった。新しく開発された「コンドル」機にたまに乗ると、機内に引き込まれた車輪を元に戻す機械構造が果たして機能を発揮するかどうか、と心配の様子を示し、不信げに固定車輪のついた古いJu52機のほうが彼には好ましいといっていた。

こうした会議のあった晩には、ヒトラーはよく軍関係の側近に、仕入れたばかりの技術知識について語った。彼はいとも簡単にそれを自分の知識として話すのが好きだった。

「虎」と「豹」

ロシアのT34型戦車が出現したとき、ヒトラーは大喜びだった。というのは、彼はずっと以前から戦車には長い砲身が必要であることを主張していたからである。私が大臣に就任する以前に、私はヒトラーから、首相官邸の庭で四型戦車の展示が行なわれたとき、砲身を長くすることによって発射速度が増加するという彼の要求に対してまったく理解を示さない陸軍兵器局の頑固な態度を苦々しく思っている、ということを聞いたことがある。兵器局は当然反対の理由を持っていた。長い砲身用に設計されていない戦車では前部が過重となって、このような極端な設計変更により全体の構造の均衡が破れる危険がある、というのである。

ヒトラーは彼の考えが反対されたときには、いつでもこの事件のことを持ち出してきた。「当時私は正しかったが、だれも私を信じようとはしなかった。今度もまた私が正しいんだ！」。陸軍が、ついに、高速度運転のできるT34型戦車を完成したとき、ヒトラーは、より強力な貫通力をもつ砲と、同時に重装甲によるより堅固な防備のほうがずっと大きな利点があると強調した。ここでも彼は、必要な数字、すなわち貫通結果と発射速度を十分に理解していた。彼は自分の理論を戦艦の例で説明しようとした。「海戦のときに、より大きな着弾距離をもつものは、より遠い距離から砲撃することができる。よしそれがわずか一キロメートルの差であったとしても。それにもっと強力な装甲……。当然勝つはずである！　君はどうしたいんだね。高速艦はたった一つの可能性しかない。それは優位にある速度を退却に利用することだけだ。君たちは、私に高速度だけで、重装甲やより勝れた大砲に打ち勝つ可能性があるとでもいうのかね。戦車でも同じことだ。速くても軽戦車は重装甲戦車には負けてしまうのだ」

この会議には、私のところの工業専門家たちは出席していなかった。我々は、それがヒトラーからであれ、陸軍参謀本部あるいは陸軍兵器局からであっても、陸軍の要請に応じて戦車を作らねばならなかった。戦術の問題は我々に何の関係もないことだった。討論はもっぱら将校たちによって進められていった。それでも一九四二年当時には、ヒトラーは鶴の一声で討論を中断するようなことをしなかった。当時、彼は反対論を冷静に聞き、それに対する意見を述べた。とにかく、彼の発言は特別な重みをもっていた。

最初、重量五〇トンの予定だったティーガー型戦車がヒトラーの要請で七五トンになったので、我々はパンター型という名称の敏捷《びんしょう》性に富んだ三〇トン級新戦車の開発を決定した。パンター型戦車は、ティーガー型戦車より軽く作られるが、しかしエンジンはティーガー型と同じものなので、高速度で走れるように作られることになっていた。しかし一年もたたないうちに、ヒトラーによって再び装甲の強化と砲部分の拡充がなされ、結局パンター型戦車は、重量四六トンで、最初のティーガー型戦車とほぼ同じ重量になってしまった。

すばやい「豹《パンター》」が、のろい「虎《ティーガー》」に変わったのを調整するために、我々は後に一連の軽量・高速の山型戦車を作った。ヒトラーを喜ばせ安心させるために、ポルシェが一〇〇トン以上の重量をもち、そのためにほんのわずかしか製造し得ないような重戦車を設計した。スパイを迷わすために、この新しい怪物は「マウス」という名称がつけられた。いずれにせよ、ポルシェは重量好みのヒトラーの癖を引き継いでいたが、ときには、敵側の開発状況についてもヒトラーに報告をしていた。一度、ヒトラーはブーレ大将を呼びつけ、次のように要求した。「私は敵がドイツのものよりもずっとすぐれた装甲の戦車を持っていると聞いている。君はそれについての資料を持っているかね。もしその通りだとしたら、直ちに新しい対戦車砲を開発しなければならない。貫通力は……大砲は強化され、また砲身も長くなければならない。要するに直ちにこれを実行することだ。今すぐにだ」

ヒトラーの根本的な誤りは、彼自らが国防軍の総司令官であり、陸軍の総司令官でもあり、かつ「趣味」として戦車開発をもしょいこんでしまった点にあった。通常、このような問題は、参謀本部ないしは陸軍兵器局の将校と軍需工業委員会の手で解決されていたのであって、陸軍総司令官は緊急な場合に限り介入すればすむことであった。専門別担当将校に、細部についてまで指示を与えるなどという慣行はなかった。こんなことは異例なことであり、しかも弊害をともなうものであった。ヒトラーが彼らから権限を取り上げてしまったので、将校たちはまるで無関心となってしまった。ヒトラーの決定は、いろいろな重複した新開発ばかりでなく、見通しのつかない補給の問題にも及んでいた。特に、第一線部隊への部品補給についての彼の理解の不足は、好ましくない障害を生んでいた。時折り私は、装甲兵総監グデーリアン上級大将から、わずかの経費をかけて急いで修理しさえすれば使用可能な戦車が、部品製造費まで必要とする新造品以上にある、ということを聞いていた。軍需省のザウル局長に支持されて、ヒトラーは新造品優先に固執していた。もし、破壊されてはいるが修理可能な戦車を使用すれば、新規製造を二〇パーセントも節約することができたのである。

ときには装備・補充局長として、彼の所管分野でいろいろな問題が生じたので、私は、フロム上級大将に部隊の意見を上申する機会を与えようと二、三度ヒトラーのところに連れていった。フロムはきっぱりとした話し方で、自信にあふれ、しかも外交官的な如才のなさも持っていた。両ひざの間に軍刀をおき、手を軍刀の頭において、彼は精力にみちみちた様子ですわった。総統大本営の多くの誤りも、彼のすばらしい手腕によって防止されていたのだ、と今日でも私は信じている。事実彼は、二、三の会議後、影響力をもってきた。しかし同時に、自分の地位が脅かされていると感じたカイテルが、フロムに関するきわめて中傷的な政治的証言をヒトラーに上申した。ゲッベルスのほうからも異議が唱えられた。その後ヒトラーは、補給問題についてフロムと衝突し、彼は私に、もうフロムを連れて来ないようにと命令した。

ヒトラーのところで行なわれた多くの会議の中心議題は、陸軍軍備計画を確定することであった。ヒトラーは、自分が要求すればするほど獲得する分も多くなると考えていた。事実、私が驚いたことには、工業専門家たちがその実現を疑問視していた予定計画を上回って計画が達成されたことである。ヒトラーの権力で、計算に入れていなかったような在庫品も自由に利用することができた。一九四四年以降、彼はユートピア的な計画を指令した。しかし、それを工場で完遂しようとした我々の試みは、むしろ能率の低下をもたらしたのである。私には、ヒトラーは軍事的責任感から、軍備・軍需生産に関する長時間の会議に逃げ場を求めているように思えた。彼自身折りに触れて私に、自分はこうした会議に出席していると、ちょうど以前の建設会議のときのように緊張感がほぐれてくるといった。戦況が次第に悪化してきて、元帥や大臣たちが至急話したいといってきても、彼はただこの種の会議のために数時間も費やしていた。

新兵器展示

専門家会議のときには、近くの畑で新兵器の展示が行なわれた。会議の席上では我々とヒトラーとは親しくいすを並べることができたのに、展示場では序列順に並ばなければならなかった。国防軍最高司令部長官カイテル元帥は最右翼に並んだ。ヒトラーがやってくると、カイテルは列席している将官と技術者とを紹介した。ヒトラーは明らかに儀式ばった登場に価値を置いていた。彼は演出効果を強めるために、畑までのわずか二、三〇〇メートルの距離も自動車を使い、私も後部座席にすわらされた。

カイテルの報告がすむとこの集まりは分散した。ヒトラーは、兵器の細部まで詳しく調べ、用意された踏み台から車両に乗ったり、専門家たちと討論したりした。新型兵器をみては「なんと上品な砲身だ」とか「なんと美しい戦車なんだ」とかいって、ヒトラーと私はほめあった。こんな言葉は、二人でよく建築モデルをみているとき使う専門語の名残りでもあった。

このような視察のときカイテルは、七・五センチ対戦車砲を軽榴弾砲《けいりゅうだん》だと思い込んでいた。ヒトラーはこの間違いにはふれなかったが、帰りの自動車の中で「カイテルのいう対戦車砲のことを聞いたか。彼は砲兵出身の大将軍なんだから」と嘲笑した。またある時、空軍がヒトラーの視察に備えて、近くの飛行場に生産計画にもとづく多種類の飛行機を展示した。ゲーリングが直々にヒトラーに飛行機について説明することになっていた。幕僚があらかじめメモ用紙に、展示機種の順序に従って名称・飛行性能・技術的データ等を書いておいたのであった。ところが、機種の一つがまだ展示されていなかったのに、ゲーリングがそのことを知らずに忠実にリストに従って説明したので、結局、全機種について間違った説明をしてしまったのである。ヒトラーはそのミスにすぐに気がついていたが、知らんぷりをしていた。

南ロシアへ

一九四二年六月末、私は新しい攻撃が東部戦線で始まったことを新聞で知った。大本営の気分は高揚していた。毎晩、ヒトラーの主任副官シュムントが大本営勤務の文民に、軍隊の前進状況を地図で説明した。ヒトラーは勝ち誇っていた。攻撃作戦には賛成しないで防禦によって戦線を改善しようとした将官たちに、ヒトラーは再び勝ったのである。フロム上級大将も、その作戦開始当時には、私に、この作戦は我々が現在おかれている「貧者」の状況下ではぜいたくなことだと語っていたものだが、今や確信にみちていた。キエフの東方の左翼戦線はますます長く延び、部隊はスターリングラードまで接近していた。新占領地域に応急的に鉄道交通を確保し補給線を維持するために、多大の努力が払われた。

大成功の進撃開始三週間後、ヒトラーはウクライナのヴィニツァ近くに総統大本営を移動させた。ロシア側からの空襲はなかったし、西部戦線は、今度は心配性のヒトラーにとってさえ、あまりにも遠く離れてしまったので、彼はこの建物に特別な防空設備を要求しなかった。コンクリートの建造物の代わりに、森のなかに散在させて一群のブロックハウスが作られた。

私は総統大本営に飛行機で行き、自由な時間があるとよく郊外にドライブをした。キエフにも一度行った。十月革命直後には、ル・コルビュジエ、エル・リシツキーなどの前衛芸術家がロシアの近代建築に多大の影響を及ぼしていたが、スターリン支配下の一九二〇年代末には、保守的なクラシック建築様式に移っていった。たとえば、キエフの会議場はパリ美術学校の優秀な出身者の一人が設計したものであった。私はその建築家を捜し出してドイツで活動させたいと考えた。クラシック様式の競技場はギリシャ・ローマの例にならい、闘技者の像で装飾されていたが、滑稽にもこの像は、海水パンツあるいは海水着をつけていたのである。

キエフで最も有名な教会の廃墟を見にいったとき、そこにおかれてあったソヴィエト軍の火薬庫が爆発したのだと、だれかから聞かされたことがある。後にゲッベルスが私に、ウクライナ民族の誇りの象徴であるこの教会はウクライナ民政長官エーリヒ・コッホの命令で爆破されたのだと話してくれた。ゲッベルスはこのことを不愉快そうに話し、彼自身も占領地域で行なわれている残虐なやり方に呆《あき》れかえっていた。実際、当時ウクライナはまだきわめて平和だったので、私は護衛もつけないで広い森を歩き回ることができた。しかし半年後には、民政長官の誤った政策のおかげで、いたるところで、パルチザンが活動しはじめた。

私は工業中心地ドニエプロペトロフスクにも行った。そこで私は建設中の大学都市に強い感銘を受けた。それはドイツの標準をもしのいでおり、第一級の技術国になろうとするソ連邦の意図を強く印象づけられたのである。また私は、ロシア人自身が爆破したザポロジェの火力発電所を訪れた。そこではドイツの工兵部隊が、ダムの損傷部分を閉鎖してドイツ製のタービン設備を作っていた。ロシア人は退却するときオイルスイッチの方向を切り替えフル回転している機械の注油を中止したので、機械は焼けきれ、まったく使いものにならない部品の山となっていた。たった一人がハンドル一つを切り替えることで実行できた効果的な破壊方法であった。後に私は、ドイツを砂漠に変えてしまおうというヒトラーの意図を知ったとき、この破壊方法を思い出しては眠れぬ夜を過ごしたのであった。

ヒトラーと将校たち

総統大本営でも、ヒトラーは側近たちと食事をする習慣を守っていた。内閣官房府では党員の制服が支配していたが、ここでのヒトラーは、大本営の将官・将校たちに取り囲まれていた。ぜいたくな家具が置かれた内閣官房府の部屋に比べ、ここの食堂は田舎町の駅の食堂のようであった。木の壁、普通のバラック建築の窓、約二〇人用の長方形のテーブル、その回りに質素ないすがあるだけだった。ヒトラーは窓側の長いテーブルの真ん中の席につき、カイテルが彼に向かい合ってすわった。ヒトラーの両側の席は、絶えずやって来る訪問者用に取っておいてあった。ベルリンでと同様に、ヒトラーはあいかわらずのお気に入りのテーマについて長々と話し、食卓のお客は静かにこれを聞いていた。彼は明らかに、自分をよく知らず、そのうえ家柄や教養で自分よりすぐれている人々に、自分の考えをできるだけ印象深く話そうと努力していた。大本営の食卓での会話の水準は、内閣官房府のときよりもずっと高かった。

攻撃開始後数週間は、食卓でもいい気分で、南ロシアの平野における急速な進展について議論したものだったが、八週間後には逆に、人々の顔は次第に元気がなくなり、ヒトラー自身も自信を失いはじめていた。

わが軍はマイコプの油田を占領していた。戦車隊の先頭は既にテレクの近くまで前進しており、交通機関もない草原を越えアストラハンの近くで南ボルガに突入した。攻撃開始ごろのテンポも、この時分になると既ににぶっていた。後方からの補給は絶え、在庫部品もかなり以前に底をつき、最前線の戦闘部隊は次第に少なくなっていった。月間軍需生産も、こんな広大な地域に対する需要を十分にみたしうる状態にはなかった。その当時のドイツは、一九四四年の戦車のわずか三分の一、大砲の四分の一しか生産し得なかった。それは別としても、このように戦線が広がっては、戦闘がなくても消耗はかなり大きかった。クマースドルフの戦車試験場の規定によると、重戦車は六〇〇キロから八〇〇キロを走行すると車台あるいはエンジンの修理をする必要があることになっていた。

ヒトラーは何もわからなかった。敵の弱点をつくというねらいで、疲れ切った軍隊にコーカサスの南、ジョージア（グルジア）に向かって前進せよと命令した。それは、マイコプを経てソチに突入し、そこから狭い沿岸道路を通り、南下してスフミに到達するという作戦計画だった。弱体化した先頭部隊からかなりの兵力がさかれたのである。彼は作戦の重点をそこに集中するようにとの緊急命令を出した。彼は北部コーカサスはどっちみち容易に入手できると考えていた。

部隊はどうしようもなかった。ヒトラーの命令にもかかわらず前進できなかった。作戦会議のときヒトラーは、ソチの前方にある通過不能のクルミの森林の空中写真を見せられた。ハルダー陸軍参謀総長は、南部作戦は成功の見込みがないことをヒトラーに納得させようと試みた。というのも、ロシア軍が険しい崖を爆破して、もともと大部隊の行動には狭すぎる沿岸道路を長期間使用不能にしてしまったからである。しかし、ヒトラーは考えを変えず「すべての困難が克服しうるように、この困難にも打ち勝つのだ。まず第一に道路を占領すべきだ。そうすればコーカサスの南部平原への道が解放される。南部平原でわが部隊をゆっくりと再編成して、補給基地を作ることもできる。一、二年のうちに英帝国の下腹部に対する攻撃を開始しよう。わずかな兵力で、我々はペルシャとイラクを解放することもできよう。インド人も我々の軍団を大歓迎するであろう」

一九四四年、我々が印刷業部門での急ぐ必要もない注文類を整理しているとき、ペルシャ向けの莫大な量の地図や語学案内書などがライプツィヒで作られていることがわかった。しかし、これもすぐ忘れられてしまった。

この攻撃は死に向かって突っ走っているのが、素人《しろうと》にも容易にわかった。そのような時、ドイツの山岳部隊が、広い氷河に覆われた五六〇〇メートルのコーカサス地方の最高峰エルブルスを征服し、そこにドイツの軍旗を立てたという報告がはいった。もちろんそれは、熱心な登山家の冒険としか理解できないような、必要もないきわめて小規模な企てにすぎなかった。我々は、この些細なさして重要とは思われないこの行動にも十分な理解をもっていた。しかし、この報告を受けたときほどヒトラーが激怒したのを見たことがなかった。彼は何時間も、自分の全作戦計画がこの行動によってめちゃめちゃにされてしまったかのように怒り狂った。数日たってもまだ、彼は絶え間なくあらゆる人に「このバカな登山家たちは軍法会議ものだ」とののしっていた。「全力をスフミに結集するよう命令したにもかかわらず、戦争の最中に彼らはばかげた名誉を追いかけてばかげた頂上を占領したのだ。自分の命令がこんなふうに実行されているのは意外である」と怒ってもいた。

急ぐ用事ができて私はベルリンに戻った。その二、三日後、コーカサス作戦を指揮していた軍集団司令官は、ヨードルが強く弁護したにもかかわらず解任されてしまった。私がおよそ二週間後に再び大本営に戻ると、ヒトラーと、カイテル、ヨードルおよびハルダーとの仲が不和になっていた。ヒトラーは彼らとあいさつの握手もしないし、ともにテーブルにつこうともしなかった。その時から戦争の終わるまで、彼は食事を自分の防空壕に運ばせ、そこにはただ時折り数人の選ばれた人たちだけが招かれるようになった。ヒトラーの軍事的な側近たちとの関係は永久に破れてしまった。

それは実際、彼が多くの望みをかけていたにもかかわらず決定的に破滅してしまった攻撃のためだったのだろうか。それとも彼は初めて事態の転回を予感したためだろうか。その時から将校たちをテーブルから遠ざけるようになったのは、彼がもはや凱旋将軍としてではなく、破滅者としてすわらなければならなくなったということが、原因であったのかもしれない。あるいは、これらの人の集まりで彼のアマチュア的な一般的な報告も論じ尽くされてしまい、もはや自分の魔力がいうことをきかなくなったと感じたからであろうか。

ヒトラーは、ここ数週間心配げにこっそり歩き、熱心に勤務しているカイテルに再びいくらか親しげにするようになった。またその性格にふさわしく、なんの反応をも示さなかったヨードルとの仲も再び正常に戻った。陸軍参謀総長ハルダー大将は去らねばならなかった。静かで無口な彼は、ヒトラーの卑俗なダイナミックさにはおそらく耐えられず、いつもいくらか途方にくれているようだった。彼の後任者クルト・ツァイツラーはまったく正反対であり、率直で、無神経で、大声で報告する男だった。自主的に考える軍人のタイプではなく、ヒトラーが必要としたタイプでもあった。信頼しうる「補佐」とヒトラーが好んでいったように、「私が命令すると、長く考えずに直ちに全精力を傾けて遂行する」ような人間であった。それゆえヒトラーは、そのような人間を高位の将官たちの中から選ばなかったのだろう。ツァイツラーはそれまで、軍隊組織の中ではあまり重要でない職務に従事していたのだった。彼は直ちに二階級特進した。

前線での作戦会議

新参謀総長の任命後、ヒトラーは、私をさしあたりただ一人の文民として、いわゆる作戦会議に参加することを許可した。私はこれを、上昇し続ける生産高に対する彼の満足のあらわれと解釈した。しかしながら、ヒトラーは、もし私の前で反対論や、激化した論争、あるいは対立などによって面子を傷つけられることに気を使わなければならなかったとしたら、おそらくこんな許可は与えはしなかったであろう。嵐はまた和らいで、ヒトラーは再び熱中しはじめた。

毎日正午になると、「大戦況《グローセ・ラーゲ》」（作戦会議）が開かれた。それは通例、二時間か三時間かかった。ヒトラーは長方形の作戦地図用机に向かって、葦《あし》で編んだ座のついた簡素な肘《ひじ》かけいすにすわっていた。このいすのまわりに、この会議に参加している人たちが立った。

副官のそばに、国防軍最高司令部や陸軍参謀本部の将校、空軍・海軍・武装親衛隊とヒムラーのそれぞれ連絡将校らが並び、彼らは平均して若く好感の持てる顔をしており、たいていは佐官クラスであった。彼らの間にカイテル、ヨードルそれにツァイツラーもくつろいだ様子で立った。ときにはゲーリングも来た。ヒトラーは、ゲーリングを特別に栄誉ある客として、クッションのついた低い腰掛けを持ってこさせ、自分と並んですわらせた。

長いつり手にさがった電球が地図を照らし出していた。まずはじめに、東部方面の戦況が取り上げられた。横二・五、縦一・五メートル四方の三、四枚はり合わされた参謀本部の地図が、順にヒトラーの前の作戦地図用机にひろげられた。東部方面北部の戦況から始められた。地図には前日の行動の詳細な経過、個々の事実、おのおのの進撃状況、あるいは偵察行動まで書きこまれていた。そして記入されたことについて参謀総長が逐一説明した。一枚ずつ地図がめくられ、ヒトラーは、はっきりとその場その場で戦況を観察することになった。比較的重要な戦況のところでは、長い時間をかけて個々の変化を前日のそれと比較してメモを取っていた。参謀総長や将校たちは、この会議における報告の準備をするために毎日およそ一、二時間ほど、重大な事態の時にはより長い時間をかけた。この報告の準備のほかにもっと重要な仕事があったし、彼らにとっては、これは大変な時間的負担であった。私は素人《しろうと》ではあったが、ヒトラーが報告を聞きながら師団をあちこちに動かし、細かなことにまで命令を下すのに驚いていた。

　このような会議中、彼は、少なくとも一九四二年までは、大きな失敗でも、冷静にあるいはその兆候をみせはじめていた無感覚さをもって受け入れていた。ともかく表面的には自暴自棄的な反応は示さず、悠然として、何ものにも動じない将軍のごとくであった。ヒトラーは、自分が細部にわたる軍事的洞察力を体得したのは、第一次世界大戦当時の塹壕《ざんごう》での経験であり、陸軍大学校が部下の軍事顧問たちに教えた以上のものをそこで学んだのだと、たびたび主張していた。このことは部分的には当たっていた。多くの将校たちの意見によると、彼はまさにこの「塹壕戦的なものの見方」によって実戦にはマッチしないような考え方を得たのであり、一介の伍長としての彼の細かい知識は、この場合むしろ妨げとなっていた。フロム上級大将は、東部戦線で一度も戦ったことがなく、その方面の重要問題には何の理解も示せない伍長よりは、総司令官としては、むしろ文民のほうがずっとましだと考えていた。

　ヒトラーは量見の狭い「靴直し屋」のようだった。その上彼は、地図をながめる限りでは、地形状況をまったく不十分にしか理解できないはずだった。一九四二年初夏、彼は初めて戦闘準備のできたティーガー型戦車の出撃を決めたが、これまでの新兵器があげたようなセンセーショナルな戦果を期待していた。彼はかなりの距離からドイツ軍の戦車を攻撃できたソ連製七七ミリ対戦車砲が、もはやいくら砲撃してきてもムダであり、ティーガー型戦車がいかにして最終的にソ連の対戦車砲基地を打ち破るかについて、空想力豊かに語った。彼の参謀が、ヒトラーの選んだ地域の道路は、両側が湿地帯であり、戦車作戦の展開は不可能であると注意したにもかかわらず、ヒトラーは、この異議をちょっと考えた上で棄却した。このようにして第一回目の「虎」作戦が始まった。全員がその結果に注目していたし、私もまた、技術的にすべてが機能を発揮するかどうか心配していた。というのも技術的な最終試運転は時間的にその余裕がなかったからである。

　戦車はロシア軍の対戦車砲陣地のそばを通過したが、ロシア兵たちはすぐには手を出さなかった。それは、先頭と最後尾のあまり装甲されていない部分を攻撃するためであった。そのため間にはさまった四台は前にも後にも、左右の湿地帯へも逃げられず、あっという間に破壊されてしまった。ヒトラーは、この完敗の報を黙って受け取り、二度とこの敗北について口に出そうとはしなかった。

　引き続いて西部戦線およびアフリカの戦況が、ヨードル上級大将によって報告された。ここではヒトラーは、細かい点までたちいって質問を浴びせた。ロンメルが何度もヒトラーの機嫌をそこなった。というのも彼が、これまでは作戦の現況についてはなはだ不明瞭な報告、つまり大本営に対してカムフラージュされた報告しかせず、今となって不意に戦況の一大変化を知らせてきたからである。しかし、ロンメルに個人的な好意を寄せていたヒトラーは、たとえ不機嫌にはなってもこれを黙認していた。

　元来、ヨードルが国防軍最高司令部作戦部長として、各戦線の状況を調整しなければならなかったのだ。しかしヒトラーはこの点を大して気にもせず、自分で独占していたのである。結局、ヨードルははっきりとした管轄権をもたなかったのである。しかしながら、とにかく、行動の場をうるために、国防軍最高司令部は、個々の戦場で独自の指揮をとろうとしたため、最後には陸軍には二つの競合する参謀本部が存在するようなこととなり、この間にヒトラーが仲裁者として登場したことは、例の「分権の法則」に合致するものであった。だから戦況がむずかしいものとなればなるほど、競合する二つの指揮系統は、東から西への、あるいは逆の、部隊の移動をめぐって一段と激しく争うこととなった。

陸軍の状況報告が終わると、ついで、空軍の状況あるいは海軍の状況が、この二四時間に起こったできごとについてまとめて報告された。これらの報告はたいてい連絡将校や副官からなされ、総司令官自身によってなされることはごくまれであった。イギリスに対する攻撃、ドイツの都市への空襲については簡単に報告され、潜水艦戦の最新の成果も同様であった。空軍や海軍の指揮については、ヒトラーは彼の参謀たちに最大限の権限を付与し、ごくまれに単なる助言を与える程度にしか干渉しなかった。引き続いて、カイテルが二、三枚の書類をヒトラーに提出してサインを求めた。その大部分は、時には嘲笑され、時には恐れられた「援護命令」、つまり、カイテルや他の人々が後でヒトラーから非難されないためのものであった。私は当時、このやり方はヒトラーのサインの濫用であり、許されるべきでないと考えていた。なぜなら、まったく実現不可能な行動が、このような方法によってしばしば命令形式を得、おかげで見通しも立たない混乱状態を作ってしまったからである。

比較的小さな部屋にたくさんの人々が同席しており、部屋の空気は濁ってしまい、たいていの人は早くも疲れてしまった。換気装置が付けられていたものの、ヒトラーがそれは頭痛とか意識の混濁を起こさせる重圧を作りだすものだといったので、その装置も「作戦会議」の前後しか動かされなかった。天気がいい時でも、たいてい窓は閉ざされ、昼間からカーテンが引かれていた。こうした状態が非常に息苦しい雰囲気をかもしだしていた。

私はこの作戦会議の席上では、慎み深く静粛にと思っていたが、報告に参加していない将校たちが、たとえ声を低めてにせよ、遠慮なくおしゃべりしているのには驚かされた。ヒトラーのいる会議にもかかわらず、ずっと後ろの席につく者もいた。たくさんの人間が絶えず隅のほうでこそこそと話しているざわめきが、私をいらいらさせた。しかし、ヒトラーはただ、わきでの話し声があまりに大きくなった時にうるさそうな表情をするだけだった。彼が不快げに頭を上げただけで、すぐに騒ぎはおさまった。

作戦会議中に、重要問題について初めて反対意見がはっきりと出るようになったのは、一九四二年の秋以降であり、それもきわめて用心深い言い方をしたものだった。ヒトラーは、外部の者の反対論は大目にみたが、側近たちが反対すると黙ってはいなかった。ヒトラーは人を説得しようとするとき、詳しく過去のことまで遡って話し、できるだけ長く一般論にとどまろうとした。彼は、相手にはほとんど口をはさませなかった。会議の間に議論の余地のある点が現われると、ヒトラーはたいてい巧みにそれをかわし、その解決を次の会議まで留保してしまうのであった。彼は、軍の最高幹部たちは幕僚の前では譲歩するのをためらいがちであると考えていた。彼はまた、自分の魔力と説得力がよりうまく演出できるように努力した。彼の魔力も説得力も電話を通してでは効果を出すのに限度があった。そのためにヒトラーは、電話で重要な論争をすると、いつも露骨に不機嫌そうになった。「大作戦会議」とは別に、夕方も遅くなってもう一つの「夜の作戦会議《アベント・ラーゲ》」が行なわれた。そこでは比較的若い参謀本部の将校が過去数時間の戦況を報告した。この時は、ヒトラーはその将校と二人きりになった。私がヒトラーとともに食事をするたびに、彼は私をそこに連れていった。彼は明らかに「大作戦会議」の時よりもリラックスして、雰囲気も打ち解けていた。

忠実な部下

ヒトラーが自分の超人的能力を過信していたことには側近の者にも責任がある。ヒトラーの最初で最後の国防大臣ブロムベルク元帥ですら、好んでヒトラーの卓越した戦略的天才ぶりを賛美していた。ヒトラーよりもずっと自己抑制的で謙虚な人間でも、絶え間ない賛美と喝采を受ければ自己判断の基準を失う危険にさらされたであろう。

ヒトラーは、自分よりも戦況をもっと楽観的に、もっと幻想的に考えている人々の勧告だけを受け入れた。このことは、カイテルにもあてはまることだった。ヒトラーが将校たちの大半から同意を得られないで、出席者の沈黙のうちに決定を下すときでも、カイテルだけは説得力豊かに、皆を激励しようとした。カイテルは常にヒトラーの身辺におり、まったく彼の影響に屈していた。尊敬すべき小市民的な真面目さをもった将軍も、時がたつにつれて、お世辞好きで不正直な下僕となってしまった。つまり彼は、自分自身の弱さに悩んでいた。ヒトラーとの話し合いの見込みのなさが、ついには彼自身を自分の意見を放棄するところまで追いやってしまったのである。もし彼が抵抗して自分の意見に固執し続けようものならば、別のカイテル的な人物と交代せしめられたであろう。

一九四三年から四四年にかけて、ヒトラーの首席副官で陸軍人事局長シュムントが他の多くの者たちと共謀して、カイテルをエネルギッシュなケッセルリング元師と更迭させようとした時、ヒトラーは、カイテルを手放すことはできないといい切った。というのもヒトラーにとって、カイテルは犬のように忠実な部下だったからである。カイテルは、ヒトラーが自分の側近に必要とした最も典型的なタイプになってしまっていたのだろう。

ヨードル上級大将も、ヒトラーにはめったに表立って反対することはなかった。彼は巧妙に立ち回っていた。たいてい自分の考えは黙っておいて、ヒトラーに考え直させたり、あるいは既に決定したものを取り消させたりして、困難な事態を解決したのであった。彼もときたまヒトラーについて否定的な見解を表明したが、これは、彼が冷静な洞察《どうさつ》力を持っていることを示していた。カイテルの次官ヴァルリモント大将のような部下たちは、カイテル自身よりもずっと勇気がなかった。カイテルは彼らがヒトラーに攻撃された時でも彼らを弁護しなかった。時々彼らは、ヒトラーにはわからないように一見目立たない付則をつくって自分たちに気に入らない命令を無効にしようとしていた。屈従的で依存的なカイテル指揮下の国防軍最高司令部は目的を達するために、あらん限りの回り道をしなければならなかった。

恒常的な過労が将官たちを服従させる手助けをしていたかもしれない。ヒトラーの仕事の区分は国防軍最高司令部の日常勤務計画と交錯していたので、そのために十分な睡眠がとれないこともしばしばあった。おそらく、このような純粋に肉体的な過度の要求は、長時間にわたって高度の能率を必要とするときには、一般に考えられている以上に大きく影響するのであろう。個人的な付き合いも、カイテルやヨードルを疲労させ虚脱感を与えた。マンネリ化してしまった古顔の集まりを打開するために、私はフロムと並んで私の友人ミルヒ元帥を総統大本営に連れていった。

私は彼を、中央計画について報告させると称して、その後何回か総統大本営へ連れていったのである。二、三度はうまくゆき、あらかじめ考えていた、大爆撃部隊の代わりに戦闘機計画を繰り込むというミルヒの計画が、ヒトラーのところで有力となった。しかし、ゲーリングが、彼を大本営に連れて来るのを禁じてしまった。

一九四二年、彼の短期滞在用に大本営の中に建てさせた小さな家で会談したとき、ゲーリングは疲れ切った様子であった。彼は、ヒトラーの執務用防空壕にある簡素な家具よりもずっと気持ちの良い安楽いすにすわっていた。意気消沈した様子で彼はいった。「もしドイツがこの戦争の終わった後も一九三三年の国境を保持しているとしたら、我々は喜ばねばならない」。彼はこの言葉を直ぐにごくありふれた強がりで取り消そうとしたが、私は、彼がいつも大声でヒトラーと話し合った大胆さにもかかわらず、敗北が近づきつつあると考えているような印象を受けた。

総統大本営に到着すると、ゲーリングはまず数分間自分の家に立ち寄った。すると、ゲーリングとヒトラーの連絡将校であるボーデンシャッツが、作戦会議室を出て、議論の焦点について電話で報告していたようだ。一五分後にゲーリングは作戦会議室に現われた。彼は自分からすすんで、ヒトラーが、いま将官たちの反対を押して強行しようとしている見解を強力に弁護するのであった。ヒトラーは、「みろ、大元帥だってまったく私の考えと同じだ！」といって周囲を見まわした。

北アフリカ戦線

一九四二年十一月七日の午後、私はミュンヘンまでヒトラーに同行した。私はこの旅行中、総統大本営での仕事から解放されて、ヒトラーと、一般的な軍備問題についてゆっくり話し合うつもりであった。この特別列車には、無線電話、テレックス、電話交換室が備え付けてあり、ヨードルと何人かの参謀本部将校もヒトラーに同行した。

空気は緊張していた。列車は既に数時間も遅れていた。大きな駅では、電話線を鉄道電話と接続させて最新情報を受けとるために、長い間停車しなければならなかった。その朝、大艦隊に護衛された大輸送船団がジブラルタル海峡から地中海へと航行していた。

以前には、ヒトラーは列車が止まるたびに特別列車の窓に姿を現わした。今となっては、彼は外界との出会いを好まないようであった。ホーム側のブラインドは全部おろされていた。夜おそく紫檀《したん》ばりの食堂で、豊富な食物の並べられた食卓についていたとき、はじめのうち我々のだれ一人として側線に貨物列車が止まっているのに気づかなかった。家畜専用車の中から腹をすかして衰弱した東部戦線からやってきた負傷したドイツ兵が食卓のほうをじっと見つめていた。ヒトラーは、窓から二メートルばかり離れたこの陰気な光景を、いらいらしながらながめていた。あいさつもせず、なんの反応も示さないで、ヒトラーはす早くブラインドをおろさせた。このように、戦争の後半には、かつては自分もその一人であったような一般の戦線兵士との、珍しい出会いの光景は見られなくなったのである。

駅ごとに、次から次にもたらされる船舶の報告は増加していった。異例の作戦が始まったのである。連合軍船団の海峡通過は成功した。航空偵察の報告によると、全船団は地中海を東に向かって航行していた。「これは歴史上かつて見られなかった上陸作戦だ」とヒトラーは、この瞬間この作戦が自分に向けられたものでありながら尊敬の念をこめて評価した。翌朝までには、上陸船団はアルジェリアとモロッコの沿岸の北方にあった。

この夜、ヒトラーは、この謎めいた敵の作戦を解釈しようとした。彼は、追いつめられたドイツのアフリカ軍団に対する連合軍大攻勢のための大増援部隊である可能性が一番強いと考えた。船団が集合したのも、暗いうちに、ドイツの空襲を避けながらシチリア島と海峡を通過するためだとも彼は思った。この解釈は、結局ヒトラー自身の考え方にあてはめたものにすぎなかった。「敵は今夜にでも中部イタリアに上陸するだろうし、そこではほとんど抵抗にぶつからないだろう。ドイツ軍はいないし、イタリア人たちはどっちみち逃げてしまうだろう。その結果彼等はイタリアをその南と分断してしまうだろう。そうするとロンメルはどうなるだろうか。彼は近いうちに負けてしまうだろう。彼は予備軍を持っていないし、我々は増援補給軍を送ることもできない！」。ヒトラーは、自分では長い間あきらめていた遠大な作戦の可能性に酔い、次第に自分を敵の立場に置きかえていた。「私ならすぐにローマを占領し、そこに新しいイタリア政府を建てるだろう。あるいは、第三の可能性としてなら、この大船団を率いて南フランスに上陸するだろう。我々は常に譲歩的だった。それでいったいどうなるんだ！　そこには要塞もなければドイツ軍もいない。我々がそこに何も置いておかなかったのは失敗だった。ペタン政府はもちろん何一つ抵抗しないだろう」

彼はしばらくの間、彼自身がその敵に対して、生死をかけた危険にさらされている側だということを忘れているかのようだった。現実はヒトラーの熟慮とはかけ離れた結果となってしまった。このような上陸作戦が奇襲と結びつくものではないということを、ヒトラーはまったく考えたことすらなかった。

生命の危険が何もない状況で軍隊を上陸させ、そこから作戦を展開させていき、必要でないものには何一つとして危険を犯さない――これは、ヒトラーの知らない戦略だった。

包囲されたスターリングラード

しかし、この夜、一つの事実が明らかになった。今や、第二戦線が現実になりつつあったのだ。その翌日、一九二三年の失敗した一揆の記念日にヒトラーが演説をしたとき、私がどんなに驚いたかは記憶になまなましい。少なくとも戦況をまじめに言及し、ぎりぎりの線までの力の緊張を訴えるのではなく、彼は勝ち誇ったように、確信に満ちて、平気な振る舞いをしていた。「彼らはまったくバカだ」。彼は、昨日までは尊敬をもって敵の作戦を学んだはずだったのに「もし彼らが、いつの日かドイツを打ち砕けるなどと思っているとしたら……。我々は絶対に負けないだろう。従って、敵が負けるのだ！」と述べた。

一九四二年の晩秋、ヒトラーは戦況会議で勝ち誇ったように決めつけた。「今や、ロシア人たちは幼年学校の生徒まで戦線に送っている。それは彼らが既に追いつめられたという最も確実な証拠だ。もはや何も残っていない土壇場にしか将校の後継者までも送らないものだ」

二、三週間後の一九四二年十一月十九日、数日来、オーバーザルツベルクに引きこもっていたヒトラーのもとに、その九週間後にはスターリングラードの敗北を招いたソヴィエト軍の冬季大攻勢の第一報が届けられた。激烈な砲兵隊の攻撃の後、強力なソヴィエト軍が、セラフィノフでルーマニア師団の陣地を打ち破ってしまった。ヒトラーは、はじめは、彼の同盟国の戦闘力の弱さを軽蔑してこの崩壊を説明し、軽くあしらおうとした。しかしその直後、ドイツ師団まで打ち負かされてしまったのである。戦線は崩れはじめた。彼は山荘の大きな広間を行ったり来たりしていた。「我が軍の将軍連はまたいつもの誤りをおかしている。彼らはロシア人を過大評価しすぎる。前線報告によれば、敵の人的資源は不十分であり、衰弱しているのだ。彼らはあまりにも多くの血を流した。このような報告はだれも知るまい。ロシア軍の将校はどれもこれも、訓練がなっていない。彼らは決して攻撃軍など編成しないだろう。我々は編成するためには何が必要かを知っている。ともかくロシア人はただそこにいるというだけで、突撃すらできやしない。その間に我々は、再び秩序を回復し、二、三の新しい師団を東部戦線へ投入できよう」

ヒトラーは山荘に引きこもったまま戦線でなにが起こっているか考えようともしなかっ

た。三日の後、凶報を伝える使者がやってきて、彼は大急ぎで東プロイセンに出発した。

それから数日後、彼はラステンブルクの参謀本部で、ヴォロネジからスターリングラードまで二〇〇キロにわたる南部一帯に多くの赤い矢印が書きこまれた地図を見た。それはソヴィエト軍の攻撃の動向を示し、小さな青い丸印がドイツとその同盟国の残存師団の反撃地点を示していた。スターリングラードはすでに赤い輪で取り囲まれていた。落ち着かない様子でヒトラーは、すべての戦線と占領地域から、できるだけ速かに南部に部隊を送るようにと命令した。というのも、ツァイツラー将軍が、敗北のずっと以前から、南ロシアの各師団はきわめて長い戦線を防御しなければならないし、ソヴィエト軍のエネルギッシュな攻撃に直面して明らかに劣勢であると指摘していたにもかかわらず、戦闘予備軍は作られていなかったからである。

スターリングラードが包囲されたとき、ツァイツラーは、徹夜して真っ赤になった顔で、頑強かつエネルギッシュに、第六軍団は西方を突破しなければならないと主張した。彼は詳細に、包囲された軍団の不十分な糧秣《りょうまつ》状況を公表し、さらに燃料の不足のために、廃墟や雪の原野で、零下何十度という中に配備された兵士たちには温かい食事すら与えられない事実をも説明した。これに対してヒトラーは、あたかもツァイツラーの興奮はただ恐怖による心理障害であるとでもいいたげに、冷静に、身動きもせず決めつけた。「私が命令した南からの反撃が、まもなくスターリングラードの包囲を解くだろう。それで状況は再び一変する。このような状況をこれまでにもたびたび経験している。結局、最後には我々はこの種の問題を有利に解決してきた」。彼は反撃のために結集した軍隊に、引き続きスターリングラードの包囲を突破するように、また直ちに必要な救援部隊となる救援・補給列車を配備するように命令を下した。ツァイツラーが反対したが、ヒトラーは彼の話を中断しなかった。「反撃のために予定されている戦力はあまりにも弱い。もし彼らが、西方へ脱出した第六軍団と合流できれば、きっと南方に新しい陣地をつくれる」。ヒトラーの反論にもかかわらず、ツァイツラーは譲歩しなかった。ついに議論は三〇分を越え、ヒトラーの堪忍袋の緒が切れた。「スターリングラードは守られねばならないのだ。そうしなければならない。そこは鍵となる地点だ。もしここでボルガ川の交通を止めることができれば、ロシア人たちの最大の弱点を握ることになるのだ。そうすれば、彼らはどうやって穀物を南ロシアから北へ輸送できるだろうか」。しかし確信ありげな様子ではなかった。私は、スターリングラードがヒトラーにとってシンボルであるかのような感じを受けた。議論はこの対立を機に一応終了した。

翌日、戦況はますます悪化していた。ツァイツラーの軍事要請はますます強くなっていった。作戦会議の雰囲気は重苦しく、ヒトラーでさえ疲れ切って打ちひしがれた様子であった。ある時は彼は突破作戦について報告し、二〇万人以上の兵士の戦闘力を維持するのに必要な量を新しく見積もらせた。

第六軍団の壊滅

二四時間後、包囲された軍隊の運命は決定的なものになってしまった。ゲーリングは、あたかも勝利に輝いた元帥を演じている喜歌劇のテノール歌手のように、生き生きと機嫌よく作戦室に現われた。意気消沈し苦りきった声でヒトラーは彼にたずねた。「スターリングラードへ空から救援をしたらどうだろう」。ゲーリングは姿勢を正してもったいぶって説明した。「総統！　スターリングラードの第六軍団への空からの救援は私が保証します。私を信頼してください」。私が後にミルヒから聞いたところによれば、既に空軍参謀本部によって、スターリングラードへの救援は不可能であるという結論が出されていたのだ。ツァイツラーもまた即座に疑念を表明したが、ゲーリングはそっけなく、必要な試行を実行するのが空軍の仕事だと説明した。山のような数字をつくることには良心的であったヒトラーも、この日だけはどのようにして必要な飛行機が確保されうるかについては一度として議論させなかった。ゲーリングのいい加減な言葉で、彼はすっかり元気を取り戻し、例の決断力を取り戻した。「それならスターリングラードは保持できる。引き続いて第六軍団の脱出について話すのは意味がない。第六軍団はすべての重火器を失い、そしてもはや戦闘力を持たないであろう。第六軍団はスターリングラードに残るのだ」

ゲーリングはスターリングラードに包囲されている軍隊の運命が、彼が保証した言葉にかかっていることを知っているにもかかわらず、一九四二年十二月十二日、破壊されたベルリンオペラの再開を機に、リヒャルト・ヴァーグナーの「ニュルンベルクのマイスタージンガー」の盛大な上演に私を招待した。夜会服や燕尾服を着て、我々は大きな総統観覧席に席をとった。前線でのできごとに思い悩むのとは対照的な楽しい行事に、私は招待を受けたことを長いこと後悔していた。

二、三日後、私は再び総統大本営にいた。ツァイツラーは毎日、第六軍団に空から投下した食糧品と弾薬の数量の報告を提出した。しかし、それらはゲーリングが確約した量のほんの一部分にしかすぎなかった。ゲーリングはヒトラーにあいかわらずその話をしたが、彼は弁解につとめた。「天気が悪かったのだ。霧・氷雨・吹雪が投下を妨げたのだ。もちろん天気が好転すれば予定のトン数が運べましょう」

この結果、スターリングラードでの食糧配給量はさらに少なくなった。ツァイツラーは総司令部の将校食堂で、わざとスターリングラードの兵士とまったく同じ食事をし、目に見えるほどやせていった。二、三日の後、ヒトラーは彼に、もし参謀総長が彼の神経をそういった連帯感の表示で使い果たすなら、それはくだらないことであり、十分の食事をすべきであると通告した。そうするうちに、ヒトラーは二、三週間にわたりシャンパンやコニャックの飲用を禁じてしまった。気分は次第に重苦しくなり、顔はマスクのように硬直してきた。ときどき沈黙がつづき、我々も一緒に立っていた。だれひとりとして数か月前には勝ち誇っていた軍隊の没落について話したがらなかった。

しかしヒトラーは、私が一月二日から七日まで再び大本営にいたときに、まだ希望をもっていた。ヒトラーの命令で、スターリングラード周辺の包囲を突破し、壊滅しかかっている軍隊に新しい援軍を送るという反撃作戦は、すでに二週間前に失敗していた。もし、盆地を撤退することに決定すれば、まだわずかな希望が生じたかもしれない。

ある日私は、作戦室の控の間で、ツァイツラーがカイテルに、少なくとも今日だけはヒトラーが撤退命令を出すよう自分を支持してくれと懇願しているのを見た。それは、恐ろしい破滅を避けるための最後の瞬間だった。カイテルは力強くツァイツラーに同意し、彼に要請された助力を約束した。しかしながら、ヒトラーは作戦会議で、新たに、スターリングラード持久戦の必要を強調した。カイテルはヒトラーのところへ行き、この町のわずかばかり残った太い赤線で囲まれた地図を示し、「総統！　我々はここを死守します」といった。この見込みのない状況下にあった一九四三年一月十五日、ヒトラーはミルヒ元帥に特別の全権を与えた。それは、スターリングラードの救援のために必要であると考えられるすべての指令を発する権限を彼に与えたのだった。私は当時、ミルヒに何度も電話して、スターリングラードに包囲されている私の弟を救ってくれるよう頼んだ。まったく混乱しているスターリングラードで彼を見つけだすのは、不可能なことであった。弟から絶望的な手紙がきた。彼は黄疸《おうだん》になり手足がむくんでしまったので野戦病院に入れられたが、そこにいるのが耐えられずに、からだを引きずって砲兵隊の監視所の戦友の所へ戻ったと書いてあった。それを最後に彼は消息を絶ったのだ。私の両親と同様に、その包囲された町から航空便を長いこと受けとっていた何十万という家族にも、すべてが終わる前に同じようなことが起こった。彼とゲーリングだけに責任のあったこの破滅について、ヒトラーはその後、もはやひと言も話そうとはしなかった。彼はその代わりに、没落したその名声を再建すべく、新第六軍団を編成するよう命令を下した。

第18章　陰謀の渦

「三人委員会」

一九四二年冬、スターリングラード危機の間に、ボルマン、カイテル、ラマースの三人がヒトラーの周囲に頑丈な綱（三人委員会）を張りめぐらしてしまった。元首ヒトラーの裁可をうる必要のある指令の提出までがこの三人を通さなければならなくなったのである。というのも、軽率な指令や命令権の行使による混乱を防止するためであった。ヒトラーは最終的決断を下しさえすればよかった。申請者たちのまちまちな見解も、この三人によってあらかじめ調整され、ヒトラーは客観的な報告と、公正な作業処理を信頼していればよかったのである。

この三人はそれぞれの担当分野を決めていた。たとえば、カイテルは国防軍に関するすべての指令を下す権限を持つことになったのだが、空・海軍の総司令官たちが、彼を監督者として迎えることを強く拒否したため、はじめから行き詰まってしまった。

閣僚の管轄権の変更および国務・行政問題はラマースの担当となった。しかし、彼の権限も以前より一段とボルマンの力に左右されることとなった。というのも、ボルマンが彼をヒトラーになかなか会わせないように計らったからである。

ボルマンが、すべての国内問題に関して、ヒトラーへ報告することとなった。ところが、ボルマンには知性が欠けており、それればかりか、外部との接触の経験もほとんど持っていなかった。彼はここ八年以上も、常にヒトラーの影の存在であり、それまで一度も長期にわたる出張や休暇をとったことがなかった。しかも彼は、絶えず「ひょっとしたら自分の影響力は弱まってしまうのではないだろうか」という不安にとらわれていた。

ボルマンは、ヘスの代理をやっていた時代から、野心を持った代理人というものがいかに危険であるかをよく承知していた。というのもヒトラーは、ある男の代理人が紹介されると、その男に直ちに任務を与えたり、あるいは幕僚の一人として処遇する傾向があったからである。

こうしたヒトラーの行動はある権力が出現するとそれを分割するという彼の性癖からくるばかりでなく、彼は新しい人に会い、新しい人物をためすのが好きだったからである。自分の管轄内にこうした競争者が現われないように、慎重な閣僚たちは、知的で行動力に富む代理人を置かないようにしていたのである。

もしもこの三人に代わって、独創力・空想力・責任感に富んだ他のものがこうした三人委員会を形成していたとしたら、ヒトラーのもとに集まる情報をあらかじめ整理し、彼の権力をコントロールすることによって、ヒトラーの「単独政治」を抑制しえたかもしれない。しかしこの三人はヒトラーの名のもとで行動するように教育されてきており、もっぱらヒトラーの意のままに奴隷的に行動するようになっていた。まもなくヒトラーは、自分の性格にも反するようなこの三人委員会の規制を無視しようとしたが、その後もこの三人委員会は、周囲の人々を怒らせていたし、また彼らの力を弱めていったのである。

ボルマンだけが最高幹部層の死活を左右できるような重要な地位を占めていた。彼は、軍人以外のものがいつヒトラーに面会できるか、すなわちだれがヒトラーに面会でき、だれができないかを決定することができたのである。閣僚、党全国指導者、大管区指導者の何ぴとたりともヒトラーに直接会うことはできず、まずボルマンに願いをたてなければならなかったのである。ただしボルマンは、依頼された案件はきわめて迅速《じんそく》に処理した。普通なら解決まで何か月もかかるような問題も、ボルマンに頼むと、数日後には文書による回答をうることができた。

私だけは例外であった。私に与えられた権限は軍事的なものであったので、ボルマンを通さなくても直接ヒトラーに面会することが許されていたのである。私はヒトラーとの面会の約束を彼の軍事副官を通じて得ていた。

ボルマンは時折り、ヒトラーと私が話し合っているところに、不意に副官を通じて予告するだけで、書類を持ってはいってくることがあった。彼は自分のところに送られてきた文書の内容を一見具体的かつ簡潔に報告した。ヒトラーは短く「了解」といってうなずくだけだった。またボルマンは、ヒトラーがたいした責任も持たずに発言したことまでも、しばしば長い指令に仕立てあげ、ときには、わずか三〇分間たらずのうちに一〇以上の重大決定がなされることもあった。

事実上ボルマンが全ドイツの内政の実権を握っていたのである。一九四三年四月十二日、ボルマンはヒトラーに、ごく目立たない書類にサインをさせてしまった。つまりボルマンは「総統秘書」となってしまったのである。厳密にいうなら、彼の権限は、今まで党務に限定されていたのだったが、この書類が発効することによって彼は党・政府・軍等あらゆる分野にわたっておおっぴらに活動する権限を獲得してしまったのである。

破局に直面して

私が、軍需生産部門でいくつかの最初の成果をあげると、リダ・バーロヴァ事件後私に向けられていたゲッベルスの不機嫌な態度は、好意へと転じてきた。一九四二年夏、私はゲッベルスに宣伝省の機関を利用させてくれるように頼んだのであった。週間ニュース、写真新聞、各新聞が私のあげた成果について報道してくれたおかげで私の評判は高まり、私は全ドイツで最も有名な人物の一人に仲間入りすることとなった。国内での私のウエートがこのように高まった結果、私は、国家と党との板ばさみになっていた私の同僚たちを保護する格好となったのである。

ゲッベルスを、その演説に特有な陳腐さ、狂信性をもって、血の気の多い熱血漢と決めつけるのは間違いであろう。彼は勤勉な働き者であり、より正確にいうなら、自分の考えを実行するにあたっては、全体的な展望を失うことなく精密かつ正確であった。

彼は問題を、それに付随する事情から切り離して考えうる才能を持っており、当時の私には、具体的判断を下しうる人物と映った。彼の冷笑的《シニカル》傾向だけではなく、大学教育を通じて得た論理的思考も私には印象深いものであった。しかし、ヒトラーの前に出たときだけは、彼は気弱そうになってしまうのであった。

緒戦《しょせん》の成功の段階では、ゲッベルスは少しも野心を示さなかったし、むしろその逆であった。既に一九四〇年ころから彼は、戦争が勝利に終わった後は隠退して自分の趣味に専念したいし、次の世代の若者たちこそが今後の責任を担うべきだ、といっていたものである。

一九四二年十二月、事態が破局的展開をとげると、ゲッベルスは三人の同僚、すなわちヴァルター・フンク、ローベルト・ライ、それに私をしばしば自分のところへ招いた。この人選こそ、まさに彼の性格を示す典型的なものであった。我々はいずれも大学教育を修了していたものだったからである。

スターリングラードの悲劇は、我々をひどく動揺させた。ドイツ第六軍団兵士の悲劇というだけでなく、ヒトラーの命令がかくも破滅的結末を招いたことのほうがより重大な意味を持っていたのである。というのも、従来はいかなる敗北を喫しても、あらゆる損失あるいは敗北を帳消しにして余りある何らかの成果が必ずあったものだった。ここにきて我々は、初めて無条件降伏を経験したのだった。

ゲッベルスが一九四三年初めのある会議で述べているように、ドイツは開戦当初、十分な戦争準備もないままに、軍事的大成功を勝ち得ていたのである。それゆえに我々は、その後もたいした努力もせずに勝ち進めるであろうと信じ込んでいたのである。これに反してイギリスはある意味で幸運であった。というのも、彼らは、戦争の初期の段階でまさにダンケルクの悲劇を経験したからである。この敗北が、イギリス人をして一般大衆の欲望をきびしく制限するきっかけを与えたのである。スターリングラードこそまさに我々にとってのダンケルクだったのだ。有頂天になっているだけで戦争に勝てるわけはないのだ！

ゲッベルスは、彼の多面的な情報網からはいる世間一般にみなぎる不安や動揺に関して、ドイツ国民のためにならないすべての贅沢《ぜいたく》をやめるよう要求した。つまりさし迫った困難にそなえるだけではなく、指導層への信頼を高めるためにも厳しい制限が必要であるといおうとしていたのである。

相当な犠牲が必要であるということは、軍需生産面からも要請されてきた。ところがヒトラーは、生産増強を促しながら、同時に東部戦線における膨大な死傷者を補充するために、八〇万人の比較的若い熟練工を国防軍に編成してしまったのである。その結果、ドイツの労働者数が削減されるたびに、工場生産は著しい困難に陥っていったのである。

しかしこの当時はまだ、空襲によってひどく破壊された都市の生活も平常通りに動いていた。空襲によって税務台帳が焼失したにもかかわらず、税収入だけはほとんど減少しなかったのである。私は、工業の自主責任制という考えを導入することによって国民に信頼感を与え、それによっておよそ三〇〇万人以上の人間が働いている監督・行政諸官庁が縮小されるはずであると提案した。納税者の関心を高めて自己申告制を導入するとか、納税者に対する新たな査定を取りやめるか、あるいは所得税を一定額に固定して事務を合理化する、といったような新しい計画が討議された。

毎月数十億マルクが戦費として費やされているときに、わずか数億マルクが個人の不正によって国庫に納入されないとしても大した問題ではないというのがゲッベルスと私の論拠であった。

一般官庁の勤務時間を軍需生産労働者の労働時間と同じにすべきだという私の提案も、一大センセーションを巻き起こした。計算してみると、そうすることによっておよそ二〇万人の公務員が軍需生産に振り向けられうるのだ。そのほか私は、上流階級の生活水準を大幅に引き下げることによって、さらに数十万人を解放してやりたかった。

中央計画局において、私はこの急進的な計画の効果を特に強調して、「これは、戦争が続けば、もしも戦争が長びけばの話であるが、極端にいえば我々全員も労働者となることを意味しているのだ」と演説した。

今にして思えば、私が自分の計画を貫徹しなかったのはかえってよかったと思っている。もしそうしていたら、結果的にドイツは敗戦後数か月の異常な負担に耐えきれず、経済的に弱体化し、行政的にも崩壊してしまったことだろう。しかし私は、たとえばイギリスでならば、同じような状況でも、こうした考え方は徹底的に具体化されていっただろうと確信している。

「総力戦」

ヒトラーは、行政簡素化、需要抑制、さらに文化事業の縮小という我々の提案に、ためらいながらも同意した。しかし、この任務をゲッベルスに委任したらどうかという私の提案も、野心的なライバルが権力を増すことを恐れるボルマンによって阻止されてしまった。そこでゲッベルスの代わりに、三人委員会でのボルマンの同盟者ラマースがその任に当たることとなった。彼は、創意性も空想力も持たない、官僚機構に固執している人間であった。

ラマースは、一九四三年一月以降初めて再開された閣議を、ヒトラーに代わって主宰していた。この閣議は、必ずしも閣僚全員が招集されていたわけではなく、議事日程の案件に関係のある閣僚が集まるだけだった。

しかしこの閣議を通じて、三人委員会がいかに権力を握っているのか、あるいは付与されているのかが改めて確認された。

閣議では激しい討論が行なわれた。ゲッベルスとフンクが私の急進的見解を支持したのに反し、フリック内相とラマースは予期したとおり決断を下さず、ザウケルはザウケルで、自分の要求した労働者の数も、さらに熟練工さえも国外から調達できると率直に述べた。ゲッベルスが、党の指導者層に与えられていたほとんど無制限なまでの生活水準を制限しなければならないといかに要請しても、彼らの生活水準は決して変わらなかったであろう。ふだんは控えめなエーファ・ブラウンまでが、パーマネント禁止令の立案と、化粧品生産が中止されるということを聞くや、早速ヒトラーまでも引っぱり出してきた。ヒトラーの態度はあいまいとなった。彼はこの禁止令の代わりに、染毛剤および美容に不可欠な物資の黙認とパーマネント機械の修理の中止を勧告してきた。

何回かの閣議をへた結果、ゲッベルスと私には、軍需生産の活発化をボルマン、カイテル、ラマースらにまかせておいたのでは大した効果があがらないだろうということがはっきりしてきた。我々の努力は、およそ意味のない些細なことのみを取り上げているにすぎなかったのである。

一九四三年二月十八日、ゲッベルスが「総力戦」についての演説を行なった。彼の演説は、一般国民に向けたものでもあったが、同時に、間接的には、国内の予備力を断固動員すべしという我々の主張を認めようとしない一部の指導層に向けたものであった。実のところ、彼のねらいは、ラマースやその他のすべての優柔不断な人間を、世論の圧力のもとに置こうとしたものであった。

ゲッベルスのこの演説は、彼の演説のうちでも最も成功したものであり、民衆は大変な熱狂ぶりを示した。驚いたことに、ゲッベルスは家に戻ってくると、老練な俳優が立派に演じ終えたときのように、演説の中のやま場の部分が聴衆にどのような心理的影響を与えたかを分析していた。その晩の演説にすっかり満足して「気がついたかね。聴衆はきわめて微妙なニュアンスに対しても敏感に反応したし、適切なところで拍手もした。今日の大衆はドイツ中で最も政治的に訓練された聴衆だった」

組織的に人々が動員され、ハインリヒ・ゲオルゲのような庶民的知識人や俳優がゲッベルスの演説に好意的な反応を示し、これが週間ニュース映画を通じて国民にも印象づけられたのである。この演説は、ある非政治的な目的をも持っていた。すなわち軍事面ばかりに向いているヒトラーの思考方法を、政治によって補完することをもねらったものであった。

ゲッベルスはこの演説を通じて連合国側に対して印象的なアピールをしたと信じていた

のであり、全欧州が東方の脅威にさらされているのだと警告したのである。数日後、連合国側の新聞が、この主張について好意的な記事を載せたことに大変満足していた。

そのころ、ゲッベルスは外相になろうという野心を持っていた。彼はすばらしい弁舌をふるってリッベントロップを解任するようヒトラーを扇動し、一時は成功するかのようにみえた。ヒトラーは、いつもの彼がするようには、さして重要でない喜ばしからぬ話題へとそらすこともなく、黙ってゲッベルスの話を傾聴していた。ゲッベルスはもはやこの企てに成功したと思い込んだのだが、突然ヒトラーは、リッベントロップの業績、すなわち「同盟者」と討議することにかけての才能をたたえはじめ、最終的にはそれを強調しだした。「君はリッベントロップをまったく誤解している。彼は現代人の中で最も偉大な人物の一人であり、歴史は彼をビスマルク以上の人物と評価するだろう。彼はビスマルクより偉大である」。また、ヒトラーはゲッベルスに、スポーツ宮殿での演説のような、連合国に探りを入れるようなことはしてはならない、と厳命した。

ともかく、ゲッベルスの総力戦についての演説後、大かたの世論の賛成を得た行動が続けられたのである。彼はベルリンの豪華なレストランや贅沢な娯楽施設を閉鎖させたのである。これに対してゲーリングは、お気に入りのレストラン・ホルヒャーを閉鎖させまいとしたが、ゲッベルスが動員したデモ隊の一部がレストランの窓ガラスを破壊しにやってきたので、結局あきらめたのであった。この事件以後、ゲッベルスとゲーリングの間には深刻な不和が生じたのであった。

政治への第一歩

スポーツ宮殿で演説のあった夜、戦争直前にブランデンブルク門のすぐ近くに建てさせたゲッベルスの官邸には多数の招待客が集まった。そのなかには、ミルヒ元帥、ティーラク法相、シュトゥッカート内務次官、ケルナー次官、フンク、ライらがいた。ここで初めて、ミルヒと私とが提案した、ゲーリングの「帝国《ライヒ》防衛閣僚評議会議長」としての全権を内政強化に利用するという案件が討議された。

九日後、ゲッベルスは、フンク、ライおよび私を官邸に招いた。贅沢な設備をもったこの大きな建物もその日はあまりぱっとした印象がなかった。というのは、ゲッベルスは「総力戦」の完遂を自ら率先するために、官邸の大広間を閉鎖し、ロビーや各部屋の電球の大半を取りはずしてしまったのである。

広さ四、五〇平方メートルのきわめて狭い部屋で、制服の給仕がフランス産のコニャックと紅茶を出した。ゲッベルスは給仕たちに引きさがるように命じて、語りはじめた。「こんなことではもうだめだ。我々は今ベルリンにいるのだ。ヒトラーは現在の状況について、私のいいたいことも聞いてくれない。私は彼に政治的な影響を与えることもできない。そのうえ、一度だって私の管轄下の最緊急の処置についてすら彼に直接話すこともできやしない。万事がボルマンまかせだ。ヒトラーをもっと頻繁にベルリンに出てくるようにさせなければならない」

彼はさらに語り続けるのだった。「内政問題はヒトラーの手を離れ、ボルマンが独占してしまっている。ボルマンは、ヒトラーに内政の実権は依然としてヒトラー自身が握っているかのごとくさせる術《すべ》をよく知っている。ボルマンは、野心しか持っておらず、また教条的な男であり、今後の合理的発展にとっては大きなマイナスである。何はさておいても、彼の影響力を弱めなければならないのだ」

ふだんとは異なり、ゲッベルスはヒトラーまでも批判したのである。「我々は指揮系統の危機だけでなく、総統の危機にも直面しているのだ！」

生まれついての政治家であるゲッベルスにとって、ヒトラーが、本質的にさして重要でもない戦況の指揮にかかりきって、より重要な政治を放棄していることがまったく理解できなかったのである。

我々にはこのゲッベルスの言葉にただ何もできなかった。うなずく以上のことは。だれ一人として、その政治的実力においては、ゲッベルスにはとうてい及ばなかったのである。ゲッベルスの発言は、スターリングラードが、何を意味しているかを明らかなものとしていた。彼は、ヒトラーの命運と、その勝利とに疑念を抱きはじめたのであり、我々もこれと同意見であった。

私は、開戦当初ゲーリングに付与されていた任務を、彼に実践させるように提案した。この当時でも、ヒトラーの承認なしでも法令を公布しうるゲーリングの全権委任はまがりなりにも存在していた。ボルマンやラマースでさえ、今ではゲーリングの怠慢によって大して機能していないこの機構に従わなければならなかったのだ。しかしレストラン・ホルヒャー事件以来、ゲッベルスとゲーリングの仲は不和になっていたので、出席者全員は、私がこの件についてゲーリングと話し合うようにと依頼した。

今日の観察者からみれば、ここ数年来、よりによって、臆面《おくめん》もなく贅沢な生活に溺《おぼ》れていたゲーリングを選んだことは、我々が全力をあげて最後の試みをしていたことを考えあわせると意外に思えるかもしれない。しかし、ゲーリングは昔からこんなふうだったわけではない。四か年計画を遂行し空軍を育てあげた当時の彼は、乱暴でエネルギッシュな抜け目のない男であるとの評判であった。私は、我々が要請すれば、昔の果敢な実行力を再び発揮するのではないかと期待した。よしんばそうならなくても、帝国防衛評議会《ライヒ》こそ、ともかく断固たる決定を下しうる唯一の機構となると考えたのである。

今にして当時を回顧してみると、ボルマンやラマースの権力を奪ったところで、結局、事態は大して変わらなかったろう。というのも、我々がやろうとした方向転換は、たかだかヒトラーの秘書を失脚させるだけにすぎず、ヒトラー自身を変えない限り不可能であったのだから。所詮、こうした方向転換は不可能なことであった。あるいは、たとえばボルマンによって危うくされていた我々の個人的地位を回復しえたとしても、おそらく、用心深いラマースや陰謀家のボルマンのもとで行なわれた以上には、泥沼に落ち込んでいた状況を転換させることはできなかったであろう。我々がたとえわずかであっても、方向転換することがきわめて重要なことだと思い込んでいたのは、結局、我々が閉鎖された世界で動いていたことを証明するにすぎないのだ。

ともかく、この行動を通じて私は、技術者としての控えめな態度を捨て、政治的なできごとに関連を持つようになったのである。私はそれまで、政治に直接関与することを注意深く避けてきたのであったが、いざ第一歩を踏み出してしまうと、それが当然なことと思えてきたのである。従来、もっぱら建築技術畑だけで活動できるなどと信じてきたことは、まったくの幻想にすぎなかった。ある権威的体制の下で、指導者層にあることを望む限り、相争う政治の世界に踏み込むことは避けられないことなのだ。

ゲーリング・ゲッベルス会談

ゲーリングは、オーバーザルツベルクの別荘で夏を過ごしていた。ミルヒから聞いたところでは、彼は空軍の指揮に関してヒトラーからきびしく叱責されたことを怒り、長期休暇をとってここに引きこもってしまっていたのだった。ゲッベルス邸での会談の翌日、一九四三年二月二十八日、私はさっそくゲーリングに面会を申し入れた。

長時間にわたったこの会談は友好的に進められ、比較的小さな家のもつ親しみのある場にふさわしいリラックスしたものだった。私を驚かし、今でも私の記憶に残っているのは、彼の赤くマニキュアした爪と、明らかに化粧した顔であった。彼の緑色の絹ビロード地のガウンについていたとてつもなく大きなルビーのブローチは、私にはいつも見慣れたものであった。

ゲーリングは、我々の提案とベルリンでの話し合いについての報告を静かに聞いていたが、その間にも、ときどきポケットからまだ細工されていない宝石を取り出してはもてあそんでいた。我々が彼のことを考慮したという事実が、彼を喜ばせたようであった。彼もボルマンが提案した計画がもつ危険性を見抜いており、我々の計画に賛成の意を表した。ただゲッベルスに対しては、例のレストラン・ホルヒャー事件のいきがかり上まだ不満を持っていたようなので、私はこの計画について根本的に話し合うために、ゲッベルスを個人的に招いたらどうかと提案をした。

翌日、早速ゲッベルスがベルヒテスガーデンに到着したので、私は彼にゲーリングとの会談の模様を報告し、一緒にゲーリングを訪問した。私が席をはずしている間に、彼ら二人の間には絶え間ない緊張があったようだが、お互いに腹蔵なく話し合ったようだった。私が許されて再び入室してみると、ゲーリングはこれから始まる闘争を予想してか、もみ手をしながら満面に喜びの表情を表わしていた。

まず第一に、帝国《ライヒ》防衛閣僚評議会のメンバー構成が問題となった。私とゲッベルスはその一員となるべきだった。我々二人がその地位についていなかったということだけでも、従来この機関が重要視されていなかったことを表わしていた。さらに、リッベントロップ解任の必要性についても話し合われた。合理的政策をとるようヒトラーに説得すべき外相が、ガタガタになった戦況のもとで、何らかの政治的解決を見いだそうとして、ヒトラーの単なる代弁者になってしまっていたのだ。

興奮してゲッベルスはいった。「リッベントロップ同様、総統はラマースのことをまるで見抜いていない」。ゲーリングも立ち上がっていった。「彼がしょっちゅう口をはさむので、いつも失敗するのだ。いまこそ彼を取り除かなければならない。これは私が引き受けよう。諸君！」。ゲッベルスはゲーリングの憤激ぶりを楽しんでいるかのごとくだったが、同時に、戦術面ではあまり優秀でない帝国《ライヒ》元帥の感情の激しさを少々心配しているようだった。「ゲーリングさん、どうか我々にまかせてください。我々はボルマンとラマースに関してヒトラーの目をさまさせてみますよ。しかもあまり度を越さない程度にゆっくり前進しなければならない。あなたは総統のことをよくご存じのはずだ」。彼は注意深くつけ加えていった。「我々は閣僚評議会のほかのメンバーとあまりおおっぴらに話してはならない。彼らに我々が三人委員会の勢力をだんだんとなくしていくということを知らしてはならないのだ。我々こそ、総統に対する忠実なまことの同盟者なのだ。我々は個人的野心などまったく持っていない。そうはいっても、もし我々の一人ずつが総統に、我々のうちのだれかについて有利なことを話すとすれば、我々の立場は他の者に対して強くなり、総統のまわりに堅い防壁を築くことができるんだ！」

ゲッベルスは非常に満足して戻ってきた。「これはおそらくモノになるぞ！　君はゲーリングが完全に生き返ったとは思わんかね？」。私も、ゲーリングがここ数年来、今日ほど潑剌《はつらつ》かつ断固として、大胆になったのを見たことがなかった。のどかなオーバーザルツベルクでの散歩をしながら、ゲーリングと私は、ボルマンが選んだ進路について話し合った。私は、はっきりゲーリングにいった。「ボルマンは、ヒトラーの後継者をもって自任しているし、我々のうちのだれかがヒトラーに接近せんとしようものなら、彼はその者をおとしいれるために、ありとあらゆる奸策《かんさく》を弄するであろう」

そこで私は、ボルマンが帝国元帥《ライヒ》の勢力を失墜させようとしていると説いた。ゲーリングはますます緊張してきて、耳を傾けた。私はさらにオーバーザルツベルクでのヒトラーと一緒のお茶の時間のことを語った。ゲーリングはそこには呼ばれていなかったのである。そのとき、私はボルマンの戦術を間近で観察できたのだ。

彼のやり方は、直接攻撃をすることなく、小さなできことを注意深く積み重ねていって、全体として効果を出させるようなやり方であった。たとえば、ボルマンは茶のみ話をしながら、ヒトラー・ユーゲント指導者シーラッハを中傷する目的でウィーン時代のスキャンダルを語りはじめた。にもかかわらずヒトラーのシーラッハに関する否定的な発言に同意することを注意深く避け、むしろシーラッハをほめるほうが賢明だと考えたのだ。もちろんこのほめ方も、ヒトラーには否定的なあと味を残させるようなものだった。その一年後、ボルマンは、ヒトラーがシーラッハを排斥し、ときには敵意さえも示すように仕向けたのであった。さらにボルマンは、ヒトラーがいないところでは、下劣にも一歩すすめて、一見軽くあしらっているようでも、事実上相手をも破滅させてしまうような調子でシーラッハを中傷したのであった。こんなふうにしてボルマンは、ゲーリングをおとしいれようとするだろう、と私は付け加えた。

もちろんボルマンがゲーリングをおとしいれようとすることは大してむずかしいことではなかった。ゲーリングはたくさんの弱点を持っていたのである。ゲーリングは、彼をよく知らない者にとってはきわめて異様にみえる「バロック式ガウン」を身につけていたし、個人的行動においても、空軍総司令官としてはやるべきでないことも平然と行なっていたのである。かなり後になって、一九四五年の春、ヒトラーが作戦会議の席上で帝国元帥《ライヒ》を出席者の前であからさまに侮辱したとき、ゲーリングはヒトラーの空軍副官ベローに次のようにもらしたことがある。「シュペーアがいつか警告したことは正しかった。いまボルマンはそれをやり遂げたのだ」。しかしゲーリングは間違っていた。ボルマンは既に一九四三年の春からゲーリングの失墜をはかっていたのである。

ライバル意識

数日後の一九四三年三月五日、私は、若干の軍需問題関係の案件にヒトラーの裁可をもらうために大本営へと飛んだ。しかし、私の主たる目的はゲーリング、ゲッベルスおよび私の団結を強固なものとすることにあった。私にとって、ヒトラーをしてゲッベルスを招くようにさせることはさして困難なことではなかった。話好きな宣伝相を招けば大本営の寒々とした集まりをにぎやかなものとするであろうという私の着想がヒトラーには気に入ったようであった。

三日後、ゲッベルスは大本営に現われた。彼は私を隅のほうに呼び寄せ「ところで総統のご機嫌はどうかね、シュペーア君」と聞いてきた。私は、ヒトラーがゲーリングに対して好意を持っていないという私の印象を詳しく話し、この問題については、一応控えめな態度をとり、これ以上無理押ししないほうがよいだろうと思い、それ以上進展させなかった、と報告した。ゲッベルスも私に賛成した。「君のいうことがおそらく正しいだろう。今のところ総統とゲーリングは同じ道を歩むことはできない。もし同じ道を行くとすれば、それこそかえってメチャクチャになってしまうだろう！」

この二、三週間、絶え間なく続く大規模かつ無制限な連合国側の空襲が、ただでさえ落ちめにあるゲーリングの地位を弱くしていた。ヒトラーは、ゲーリングについて話すとき、航空戦計画において彼は怠慢であったと、われを忘れるほど激しく非難した。

同じ日、ヒトラーはこのような連続的な空襲は、単に都市を破壊するというだけでなく、民族の存亡にとってとりかえしのつかない損失を与えるおそれがあると、再三警告した。しかし、ヒトラーもイギリスの爆撃戦略と同じような誤謬をおかしていたのである。

ヒトラーは、ゲッベルスと私を昼食に招待した。奇妙なことに彼にとっては欠くことのできない人物ボルマンは招かれていなかったのである。こうした点からみると、ヒトラーはボルマンを一介の秘書としてしか遇していなかったのだ。ゲッベルスに刺激されてか、ヒトラーは、これまでになく口数も多く生き生きとしていた。ヒトラーはこの機会に日ごろのうっぷんを晴らそうとするかのようだった。彼は同席していた我々を除く他の部下のことについて、軽蔑的ないい方をした。

食事を終えて私は退席したが、ヒトラーとゲッベルスは二人だけでさらに数時間残っていた。ヒトラーが別れぎわに私に親しげにお愛想をいったのも、彼が公私の区別をはっきりさせていることを物語るものだった。

夕食時に、私は二人のところへ戻った。ヒトラーは暖炉に火を入れさせた。給仕は我々のためにワインを、ヒトラーにはファッヒンゲンの水（ミネラルウォーター）を持ってきた。夜が明けるまで、我々は眠ることもなく大変気持ち良く打ちとけて語り合った。しかし、私はほとんどしゃべらなかった。というのも、ゲッベルスがヒトラーを楽しませる術《すべ》を十分に知っていたからである。流れるような雄弁さ、磨き抜かれた言葉、適切な個所での皮肉、ヒトラーがそれを待ち望むようなときには感嘆し、対象に相応した感傷性、ときにはうわさ話、恋愛事件などもまじえた会話だった。ゲッベルスは巧みに演劇、映画、あるいは昔のことまでもすべてミックスして話した。いっぽうヒトラーは、いつもそうするように、ゲッベルスの子供たちについて詳しく話すことを求めた。ゲッベルスの子供がどんな話をしているか、どんな遊びが一番好きか、あるいは子供たちが時にはそのものズバリの発言をする、といったような話が、その夜のヒトラーを日常の心配事から解放させたのである。

ゲッベルスが、昔の困難な時代を回顧し、ヒトラーがいかにそれを克服してきたかを思い起こさせてヒトラーの自信を強め、さらに軍事的環境の味気なさに不満だったヒトラーに巧みにお世辞をいうと、ヒトラーは彼なりに感謝し、ゲッベルスの宣伝相としての業績をほめ——従ってゲッベルスも宣伝相としての自負心を高めたのであった。第三帝国の高官たちは、お互いにほめあい、相互に認めあっていたのだ。

若干の危惧《きぐ》の念もあったが、ゲッベルスと私はその夜、「帝国《ライヒ》防衛閣僚評議会」の活発化に関する我々の計画を、ヒトラーにそれとなくほのめかせようと申し合わせていた。炉辺でのなごやかな空気が、ニュルンベルクが激しい空襲を受けているとの報告がはいって中断されたとき、ヒトラーの国政のとり方に対する間接的な批判にもなり、彼の気持ちをそこなうことにもなりうる、我々の本来のテーマを持ち出す絶好機が作り出された。

しかしヒトラーは、我々の計画をあたかも予知していたかのごとく――おそらくボルマンが警告したのであろうが――めったに見せたこともないような場面を演じたのである。直ちにヒトラーはゲーリングの先任副官ボーデンシャッツ空軍少将を寝室から呼び出し、「無能な帝国元帥《ライヒ》」に対する激しい非難を浴びせかけた。ゲッベルスと私が、ヒトラーに冷静になるようにとなだめた結果、やっと彼も気を鎮《しず》めた。しかし、我々のねらいは結局失敗に帰してしまったのだ。ゲッベルスも一応その夜は我々のテーマを見送ったほうが賢明であると考えた。それどころかゲッベルスは、ヒトラーからいたく称賛されたことによって、彼自身の政治的地位が著しく上昇しているのに気づいたのである。それ以後彼は、「総統の危機」ということを口にしなくなったのである。彼はその夜、ヒトラーに対する昔のような信頼関係を回復したかのようだったが、ボルマンとの闘争だけは今後も継続していくつもりだった。

三月十七日、ゲッベルス、フンク、ライ、そして私が、ライプツィヒ広場にあるゲーリングのベルリン官邸に集まった。ゲーリングは彼の執務室に我々を迎え入れた。彼は巨大な机の向こうのルネッサンス風のいすにすわっており、我々はあまりすわり心地のよくないいすに彼と向き合って腰をおろした。ゲーリングと我々の間には、最初のうち、オーバーザルツベルクでのあの親しさは消え去っていた。ゲーリング自身、自分の軽率さを遅ればせながら後悔しているかのようにみえた。

我々の大部分が、ほとんど黙ってすわっていたのに、ゲーリングとゲッベルスの二人だけが、ヒトラーを取り巻く三人委員会の危険性について語りながら次第に興奮してきて、しまいには、あたかも、今すぐにでもヒトラーを孤立状態から解放できるかのごとき幻想に溺れきってしまったのだった。

ゲッベルスは、つい二、三日前にはヒトラーがゲーリングをさして高く評価していなかったこともすっかり忘れてしまったようだった。二人とも目的達成は既に目前であると思っていた。あるときは無気力になり、あるときは上機嫌になったりしているゲーリングは、大本営内での派閥の持つ影響力を過小評価していたのであった。「我々は決して彼らを過大評価してはならない。ゲッベルスさん、ボルマンやカイテルなんてもともと単なる総統秘書にすぎないじゃないですか。連中に何がやれるというのだ。いったん権力の座から滑り落ちたら、彼らはゼロに等しい存在だ」

しかしゲッベルスは、ボルマンが大管区指導者との直接的関係を利用して、我々の努力に対抗する拠点を作るのではないかと、ひどく心配している様子だった。私は、ゲッベルスが、党組織部長としてのライをボルマンに対抗させようと試み、さらに国家防衛閣僚評議会が大管区指導者を召喚し、その責任を追及する権限を持つべきだと提案したことを思い出す。ゲーリングは、自分ではこの会議にそう頻繁に出席できないのを十分承知の上で、週一回会議を招集することを提案し、さらに付け加えて、もし自分が出席できない場合には、ゲッベルスが自分の代理として議長を務めることができると述べた。彼はゲッベルスのほうを見もしないでこう決定した。大いなる権力闘争の背後には、いまだに昔のライバル意識が残っていたのである。

陰謀の挫折

ザウケルが工業生産用に提供しようと公約した労働者数、すなわちヒトラーに対して説明していた大まかな労働者数は、企業内の実際の労働者数とは一致しておらず、そこにはおよそ一〇万人もの開きがあった。私は、ボルマンの部下であるザウケルに本当の数字を公表させようと、我々のグループに提唱した。

ヒトラーの発議で、ベルヒテスガーデンに、内閣官房府用に素朴なバイエルン風の建物が作られた。何か月にも及ぶヒトラーの滞在中は、ラマースとその部下たちもここで内閣官房の事務を執っていた。一九四三年四月十二日、ゲーリングは、ラマースを通じて、この会議室に我々のグループおよびザウケル、ミルヒを招集させた。ゲーリングは、会議に先立ち、あらかじめミルヒと私から、我々の要請についての報告を受けた。彼はもみ手をしながら「あなたたちのために、私はそれを軌道にのせましょう！」と語った。

驚いたことに、我々のほかに、ヒムラー、ボルマン、カイテルまでが会議室に現われた。

さらに我々にとって不利なことに、グループの一人であるゲッベルスが、ベルヒテスガーデンのすぐ近くまで来て肝臓疝痛《せんつう》にかかってしまい、特別列車の中で寝込んでしまったと謝ってきたのである。いまもって私には、果たしてゲッベルスはすばらしい勘の持ち主であったのかどうかよくわからないのである。この会議は我々の団結の終焉《しゅうえん》を告げるものであった。ザウケルは、経済全体のために二一〇万人の労働者が必要であるという私の要求に対して疑念を抱き、自分はすべて必要なものを調達したと誇らしげに語り、私が彼のあげる数字は間違っていないかといったときは、彼は憤然とした表情をした。

ミルヒと私は、ゲーリングとザウケルが、我々に説明を求め、労働配置政策に適切な変更を求めるのではないかとひそかに期待していた。しかしことは予想に反して、ゲーリングは、ミルヒに対して、従って私に対して激しい攻撃のほこ先を向けてきたのであった。「君がこんな面倒をかけようとは思いもよらなかった。同志ザウケルはこのような骨折りを自らかって出て、そして成功を収めてきたのだ。とにかく、君は彼に対して感謝しなければならないのだ。君はザウケルの業績をまったく知らないのだ」。ゲーリングは、まるで見当違いのことを口走りだしたのであった。引き続き労働力の不足に関して広範囲な討論がなされたが、出席していた閣僚たちも、ほとんど専門知識を持っていなかった。ヒムラーなどは、まったく落ち着き払って、不足分の一〇万人の労働者はおそらく死んでしまったのだろうというありさまであった。

会議はまさに失敗だった。問題となっている労働力不足も解決できなかったし、ボルマンに向けて開始された大きな闘争も挫折《ざせつ》してしまったのである。

会議の後でゲーリングは、私を片すみに呼び寄せていった。「私は君が私の次官であるミルヒと親密であり、喜んで一緒に働いているのを知っている。私はもっぱら友人として君に忠告する。ミルヒには注意したまえ。彼は信頼できない男だ。自分の利益にならないときには親友でさえ見捨ててしまうような男なのだ」。私がゲーリングのこの言葉をそのままミルヒに伝えると、彼は笑っていった。「数か月前にもゲーリングは、私に向かって、あなたについてまったく同じようなことをいっていましたよ」。不信の種をまくようなゲーリングの言動によって、一つのブロックを作ろうという我々の協定はまったく裏目に出てしまった。不信を抱くと、友情でさえ脅《おど》しとしか感じられなくなるものである。

この会議の数日後、ゲシュタポが、ゲーリングは慢性モルヒネ中毒患者であるという証拠を握ったことを聞いた。そして彼が倒れてしまったということを、ミルヒから聞いた。ミルヒは以前から私に、ゲーリングの瞳孔《どうこう》をよく注意して見るようにいっていた。戦後、ニュルンベルクの法廷で、私の弁護士フレクスナー博士は、ゲーリングは既に一九三三年からモルヒネ中毒患者であったといって、モルヒネ注射の乱用について審理中の彼を弁護したのである。

金銭的な理由からみて、ゲーリングを動かしてボルマンに対抗させようという我々の試みは最初から失敗することはわかりきったようなものだった。というのも、ボルマンは、工業界の「アドルフ・ヒトラー基金」からゲーリングに――これはニュルンベルク裁判の記録でわかったことだが――六〇〇万マルクの贈与をしていたのだった。

放心したゲーリング

我々の企てが失敗に帰した後、ゲーリングは驚くべきことに私に対しても攻勢をかけてきた。異例にも数週間後ゲーリングは私に、鉄鋼業界の主要指導者層たちをオーバーザルツベルクに招集しようともちかけてきたのだった。この会議は私のアトリエで行なわれたのだが、ゲーリングの態度だけが印象的であった。彼はご機嫌な様子で目を細めて現われ、鉄鋼業界から集まった専門家たちを前に、鉄鋼生産についての詳細な講演を行ない、高炉や精錬についての彼が持つすべての知識を披瀝《ひれき》してみせたのであった。そしてきまり文句が続いた。「我々はもっと生産しなくてはならない。合理化を一段と進めなければならない。工業界は伝統にとらわれて硬直しており、自ら飛躍することを学ばなければならない」等々。二時間もしゃべり続けると、ゲーリングの話し方は緩慢になり、次第に放心した表情となってきた。しまいには、彼は顔をじかにテーブルの上にのせて眠ってしまった。彼にバツの悪い思いをさせないように、我々は栄誉ある国防軍元帥の見事な制服のまま眠っているゲーリングのほうを見ないで、我々の問題を討論し続けていくほうが利口であると考えた。そして彼が目をさましたとき、いま会議が終わったところだと説明してやった。

翌日、ゲーリングは電波探知器計画の問題点について会議を開いたが、それはそれ相当の成果をあげて終了した。再び彼は小国の国王きどりの上機嫌さに転じ、専門的知識も持たないのに、出席していた専門家たちに向かって矢継ぎ早に説明し、ついには、太っ腹の気まぐれでもっていろいろと指図を下したのである。私は、彼が会議の席をはずしてから、彼によって引き起こされた損害を、ゲーリングを真っ正面から攻撃することなく処理するのに追われた。なにしろこのできことは非常に重大であったので、私はヒトラーに頼んで、一九四三年五月十三日、政府の威信を回復すべく実業家たちを大本営に招待するよう了解してもらわねばならなかった。

我々の計画が挫折《ざせつ》して数か月たったある日、私は大本営でヒムラーと出会った。無愛想に脅かすような調子で彼はこういった。「君が再び国家元帥をかつぎ出そうなんて無意味なことだ！」

とにかく、それはもはや不可能なことであった。ゲーリングはこれ以降、再び放心状態に陥ってしまったのであり、ニュルンベルク裁判になって初めて目ざめたのである。


（下巻に続く）

本書について

本書は Albert Speer "*ERINNERUNGEN*" ULLSTEIN BUCHVERLAGE GMBH 1969. の全訳、『ナチス狂気の内幕　シュペールの回想録』（読売新聞社　一九七〇年十一月刊）を文庫化したものである。

文庫化にあたり同書の中公文庫版『第三帝国の神殿にて　ナチス軍需相の証言』上下（二〇〇一年七月、八月刊）を底本とし、改題した。

底本中、明らかに誤りと考えられる箇所は訂正し、人名・地名・役職名などは現在一般的であるものに改めた。

本文中、今日の人権意識に照らして不適切な語句や表現が見受けられるが、訳者が故人であること、刊行当時の時代背景と作品の文化的価値を考慮して、底本のままとした。

ERINNERUNGEN
by Albert Speer

中公文庫

ナチス軍需相《ぐんじゅしょう》の証言《しょうげん》（上《じょう》）
——シュペーア回想録《かいそうろく》

2001年7月25日　初版発行
2020年5月25日　改版発行

著　者　アルベルト・シュペーア
訳　者　品田《しなだ》　豊治《とよじ》
発行者　松田陽三
発行所　中央公論新社
〒100-8152　東京都千代田区大手町1-7-1
電話　販売 03-5299-1730　編集 03-5299-1890
URL http://www.chuko.co.jp/
DTP　ハンズ・ミケ
印　刷　三晃印刷
製　本　小泉製本

Published by CHUOKORON-SHINSHA, INC.
Printed in Japan　ISBN978-4-12-206888-9 C1122

定価はカバーに表示してあります。落丁本・乱丁本はお手数ですが小社販売部宛お送り下さい。送料小社負担にてお取り替えいたします。

中公文庫既刊より

チ-2-1
第二次大戦回顧録 抄
チャーチル
毎日新聞社 編訳
ノーベル文学賞に輝くチャーチル畢生の大著のエッセンスをこの一冊に凝縮。連合国最高首脳が自ら綴った、第二次世界大戦の真実。〈解説〉田原総一朗
203864-6

マ-13-1
マッカーサー大戦回顧録
マッカーサー
津島一夫 訳
日米開戦、屈辱的なフィリピン撤退、反攻、そして日本占領へ。「青い目の将軍」として君臨した一軍人が回想する「日本」と戦った十年間。〈解説〉増田 弘
205977-1

マ-15-1
五つの証言
トーマス・マン
渡辺一夫
第二次大戦前夜、戦闘的ユマニスムの必要を説いたマンへの共感から生まれた渡辺による渾身の訳業。寛容論ほか渡辺の代表エッセイを併録。〈解説〉山城むつみ
206445-4

た-89-1
雪あかり日記／せせらぎ日記
谷口吉郎
一九三八年、ベルリンに赴任した若き日の建築家。建設総監シュペールとの面会、開戦前夜の市民生活などが透徹な筆致で語られる。〈解説〉堀江敏幸
206210-8

な-68-2
歴史と戦略
永井陽之助
クラウゼヴィッツを中心にした戦略論入門に始まり、愚行の葬列である戦史に「失敗の教訓」を探る。『現代と戦略』第二部にインタビューを加えた再編集版。
206338-9

フ-10-1
ヨーロッパ諸学の危機と超越論的現象学
E・フッサール
細谷恒夫
木田元 訳
著者がその最晩年、ナチス非合理主義の嵐が吹きすさぶなか、近代ヨーロッパ文化形成の歴史全体への批判として秘かに書き継いだ現象学的哲学の総決算。
202339-0

シ-10-1
戦争概論
ジョミニ
佐藤徳太郎 訳
19世紀を代表する戦略家として、クラウゼヴィッツと並び称されるフランスのジョミニ。ナポレオンに絶賛された名参謀による軍事戦略論のエッセンス。
203955-1

各書目の下段の数字はISBNコードです。978－4－12が省略してあります。

ク-6-1
戦争論（上）
クラウゼヴィッツ
清水多吉訳
プロイセンの名参謀としてナポレオンを撃破した比類なき戦略家クラウゼヴィッツ。その思想の精華たる本書は、戦略・組織論の永遠のバイブルである。
203939-1

ク-6-2
戦争論（下）
クラウゼヴィッツ
清水多吉訳
フリードリッヒ大王とナポレオンという二人の名将の戦史研究から戦争の本質を解明し体系的な理論化をなしとげた近代戦略思想の聖典。〈解説〉是本信義
203954-4

ハ-12-1
改訂版 ヨーロッパ史における戦争
マイケル・ハワード
奥村房夫
奥村大作 訳
中世から現代にいたるまでのヨーロッパの戦争を、社会・経済・技術の発展との相関関係においても概観した名著の増補改訂版。〈解説〉石津朋之
205318-2

ク-7-1
補給戦 何が勝敗を決定するのか
M・v・クレフェルト
佐藤佐三郎訳
ナポレオン戦争からノルマンディ上陸作戦までの戦争を「補給」の観点から分析。戦争の勝敗は補給によって決まることを明快に論じた名著。〈解説〉石津朋之
204690-0

い-10-2
外交官の一生
石射猪太郎
日中戦争勃発時、東亜局長として軍部の専横に抗し、戦争終結への道を求め続けた著者が自らの日記をもとに綴った第一級の外交記録。〈解説〉加藤陽子
206160-6

と-18-1
失敗の本質 日本軍の組織論的研究
戸部良一／寺本義也
鎌田伸一／杉之尾孝生
村井友秀／野中郁次郎
大東亜戦争での諸作戦の失敗を、組織としての日本軍の失敗ととらえ直し、これを現代の組織一般にとっての教訓とした戦史の初めての社会科学的分析。
201833-4

S-22-25
世界の歴史25 アジアと欧米世界
加藤祐三
川北稔
人間の限りない欲望を背景にして人、物、金が世界を巡り、アジアと欧米は一つの世界システムを構成していく。海洋を舞台に、近代世界の転換期を描く。
205305-2

S-22-26
世界の歴史26 世界大戦と現代文化の開幕
木村靖二
柴宜弘
長沼秀世
世界恐慌の発信地アメリカ、ヒットラーが政権を握ったドイツ、スターリン率いるソ連を中心に、第二次世界大戦前の混迷する世界を描く。
205194-2

各書目の下段の数字はISBNコードです。978－4－12が省略してあります。

S-22-27
世界の歴史27 自立へ向かうアジア
狭間直樹
長崎暢子
反乱、革命、独立への叫び。帝国主義列強の軛から逃れ、二度の世界大戦を経て新しい国づくりに向かうアジアの夜明けを、中国、インドを中心に綴る。
205205-5

S-22-28
世界の歴史28 第二次世界大戦から米ソ対立へ
油井大三郎
古田元夫
第二次世界大戦の勃発、原爆投下、植民地独立、冷戦時代の幕開け、ベトナム戦争に介入したアメリカの敗北――激しく揺れ動く現代史の意味を問う。
205276-5

S-22-29
世界の歴史29 冷戦と経済繁栄
猪木武徳
高橋進
二十世紀後半、経済的繁栄の一方、資本主義と共産主義の対立、人口増加や環境破壊など、かつてない問題が生まれていた。冷戦の始まりからドイツ統一まで。
205324-3

S-22-30
世界の歴史30 新世紀の世界と日本
下斗米伸夫
北岡伸一
グローバリズムの潮流と紛争の続く地域問題の間で、新世紀はどこへ向かうのか？　核削減や軍縮・環境問題・情報化などの課題も踏まえ、現代の新たな指標を探る。
205334-2

お-2-13
レイテ戦記（一）
大岡昇平
太平洋戦争の天王山・レイテ島での死闘を再現した戦記文学の金字塔。巻末に講演「『レイテ戦記』の意図」を付す。毎日芸術賞受賞。〈解説〉大江健三郎
206576-5

お-2-14
レイテ戦記（二）
大岡昇平
リモン峠で戦った第一師団の歩兵は、日本の歴史自身と戦っていたのである――インタビュー「『レイテ戦記』を語る」を収録。〈解説〉加賀乙彦
206580-2

お-2-15
レイテ戦記（三）
大岡昇平
マッカーサー大将がレイテ戦終結を宣言後も、徹底抗戦を続ける日本軍。大西巨人との対談「戦争・文学・人間」を巻末に新収録。〈解説〉菅野昭正
206595-6

お-2-16
レイテ戦記（四）
大岡昇平
太平洋戦争最悪の戦場を鎮魂の祈りを込め描く著者渾身の巨篇。巻末に「連載後記」、エッセイ「『レイテ戦記』を直す」を新たに付す。〈解説〉加藤陽子
206610-6